古代歷史文化 研究輯刊

十九編

王明蓀 主編

第6冊

漢代統治者的民論研究

孫 妍 著

國家圖書館出版品預行編目資料

漢代統治者的民論研究／孫妍 著 — 初版 — 新北市：花木蘭
文化事業有限公司，2018〔民 107〕
目 4+202 面；19×26 公分
（古代歷史文化研究輯刊 十九編；第 6 冊）
ISBN 978-986-485-402-8（精裝）
1. 民本思想 2. 中國政治思想 3. 漢代
618   107002302

ISBN-978-986-485-402-8

9 789864 854028

古代歷史文化研究輯刊
十九編 第 六 冊   ISBN：978-986-485-402-8

漢代統治者的民論研究

作　　者　孫妍
主　　編　王明蓀
總 編 輯　杜潔祥
副總編輯　楊嘉樂
編　　輯　許郁翎、王筑　美術編輯　陳逸婷
出　　版　花木蘭文化事業有限公司
發 行 人　高小娟
聯絡地址　235 新北市中和區中安街七二號十三樓
　　　　　電話：02-2923-1455／傳真：02-2923-1452
網　　址　http://www.huamulan.tw 信箱 hml810518@gmail.com
印　　刷　普羅文化出版廣告事業
初　　版　2018 年 3 月
全書字數　190425 字
定　　價　十九編 39 冊（精裝）台幣 100,000 元

漢代統治者的民論研究

孫　妍　著

作者簡介

孫妍，北京大興人，本科、碩士和博士就讀於南開大學歷史學院。研究生期間的研究方向爲中國古代政治思想史，師從張分田教授。2011年，以中學歷史教師的身份就職於北京匯文中學。2016年，以產品設計師的身份就職於北京一家教育公司，研發面向中學歷史教學的軟件、硬件產品。現爲人民教育出版社歷史編輯室編輯，從事中學歷史教材的編寫、編輯和研究工作。已發表論文多篇，參與主編《中國古代歷史精粹》系列叢書。

提　　要

在政治生活中，「民」作爲國家的政治基礎和物質基礎始終是統治者最爲關注的群體之一。漢代統治者十分關注民的問題，並形成一整套系統的理論，即「民論」。

本文試圖解決的問題：一是漢代統治者民論的理論體系問題；二是漢代統治者民論的特點；三是評估漢代統治者民論在當時的實踐效果以及對政治的指導意義。

漢代統治者的民論是在總結先秦以降各種民論的基礎上，面對時代新問題，爲緩和政治運行中的各種矛盾、衝突逐步構建起來的。漢代統治者對民的政治屬性、政治地位進行了深入的思考和分析。他們提出了民性論、民本論、治民論、恤民論和民樸論。其中，民性論是理論的基礎，民本論爲理論的核心，治民論和恤民論是理論的實踐總結，民樸論是理論的最高目標。

漢代統治者民論具有全息性、陰陽組合性與實踐性三大特點。這三個特點使民論不僅對漢代的現實政治具有指導意義，也爲後代統治者的民論奠定了理論與實踐的基礎。

目

次

導　論

一、問題的提出

　　本文討論的主題是漢代統治者對民的認識，包括如何看待民、如何治理民的問題。在政治生活中，「民」作爲國家的政治基礎和物質基礎始終是人們最爲關注的群體之一。梁啓超在 1924 年出版的《先秦政治思想史》開篇就提到：「文化演進較深之國，政治問題，必以國民生計爲中心，此通義也。我國蓋自春秋以前，以重視此點。」〔註1〕人們很早就意識到民在國家政治、社會中的重要地位和作用。由此，典籍中出現了以「民惟邦本，本固邦寧」〔註2〕「民貴君輕」「民爲國本」等爲代表的民本思想。人們深知「民存則社稷存，民亡則社稷亡」的道理。從古至今的政治思想、政治理論無不彰顯著人們對「民」這一群體的高度關注。歷朝歷代的君臣、思想家、政論家們也都在積極討論民這一群體的特徵以及如何處理好君民關係、臣民關係，如何治理好百姓，如何實現國富民強的問題。直到今天，「立黨爲公，執政爲民」的思想依然彰顯了人們對民這一群體的重視以及對民在國家政治社會中重要作用的認識。可以說，整個人類社會中，只要有「在上者」與「在下者」的存在，就始終無法迴避「在上者」如何看待「在下者」、如何治理「在下者」的問題。但凡擁有政治理性的治國者，就必須直面如何處理人數眾多的「民」的問題以保證國家的正常運轉。

〔註 1〕　梁啓超：《先秦政治思想史》，上海：中華書局、上海書店聯合出版，1986 年
　　　　　第一版，第 5 頁。
〔註 2〕　「民惟邦本」語出自《尚書・五子之歌》。《五子之歌》係僞，應爲後代人所
　　　　　作。

在中華文明的早期，王、天子的訓誡或者其與臣下的議政被一些文獻記載下來。在這些政論中，有相當多的內容都是關於「民」的問題。據《史記・五帝本紀》記載，黃帝爲天子，「監於萬國」，設官「以治民」。〔註3〕《尚書・大禹謨》：「德惟善政，政在養民」。〔註4〕《尚書・皋陶謨》：「安民則惠，黎民懷之」。〔註5〕周朝以後，相關論述更是精到。如孟子引《泰誓》的「天降下民，作之君，作之師」〔註6〕、《尚書・酒誥》的「人無於水監，當於民監」〔註7〕等等都是典型例證。西周之所以能夠取代商朝，很大原因就在於周文王、周武王、周公等人所擁有的政治智慧，這當然也包括其在治民方面的獨到見解。周公就以其「敬天保民」的政治思想而傳於後世。自周平王東遷以後，周王室的統治日漸衰微，大權旁落，整個國家出現分裂的迹象。此時，各諸侯國也開始相互征戰，拉開了春秋戰國的序幕。這一時期，各諸侯國都在積極變法圖強，力爭在紛繁複雜的戰爭中佔有優勢。這時的諸侯選賢使能，不遺餘力地進行政治改革。他們積極探索強國之道、治民之道，因爲國富民強才是國家得以存在的基礎，才是戰爭勝利的保障。在此過程中，人們對戰爭的認識更加深入，同時也深刻地體會到只有得民心、重民生、善理民才是實現國富民強的根本之路。這一時期，活躍在各個諸侯國的思想家們，也針對民是什麼、爲什麼要治民、如何治民提出了自己的見解。此時，以儒、道、墨、法爲代表的四家成爲論「民」的核心力量。儒家的孔子主張富民足君和以禮治民、孟子主張施行仁政以治民、荀子主張富國富民；道家的老子提出「無爲而治」，主張不擾民和愚民之策，又提出「小國寡民」的理想政治；墨家嚮往「上下調和」的理想政治狀態〔註8〕，並發出「饑者不得食，寒者不得衣，勞者不得衣」〔註9〕的吶喊，足見其對民的重視；法家主張以法治國，也

〔註3〕 《史記》卷一《五帝本紀》。司馬遷：《史記》，北京：中華書局，1959年第一版，第7～8頁。

〔註4〕 《尚書・大禹謨》。十三經注疏整理委員會：《尚書正義》，北京：北京大學出版社，2000年第一版，第106頁。

〔註5〕 《尚書・皋陶謨》。十三經注疏整理委員會：《尚書正義》，第123頁。

〔註6〕 《孟子・梁惠王下》。十三經注疏整理委員會：《孟子注疏》，北京：北京大學出版社，2000年第一版，第45頁。

〔註7〕 《尚書・酒誥》。十三經注疏整理委員會：《尚書正義》，第449頁。

〔註8〕 劉澤華：《中國政治思想史（先秦卷）》，杭州：浙江人民出版社，1996年第一版，第459頁。

〔註9〕 《墨子・非樂上》。吳毓江撰，孫啓治點校：《墨子校注》，北京：中華書局，1993年第一版，第380頁。

提出法令「合於民心」「合於民情」〔註10〕的主張。春秋戰國時期，思想家們對與民相關問題的討論實在是不勝枚舉，而相關書籍也很多，在此就不一一贅述了。

　　先秦時期，人們對政治問題的認識不斷深入，對「民」的討論也日漸增多，且更趨於理性化和系統化。這些關於「民」的政論，也沒有停留在紙面上、口頭上，而是經過實踐的檢驗。例如管仲、商鞅的變法就是其治民思想的實踐。這一時期，人們對「民」的認識、對如何治民的思考乃至政治實踐，都表明在國家中，「民」這一群體的重要性。爲什麼「民」具有如此重要的地位呢？因爲他們既是國家存在的物質基礎，是國家的衣食之源、賦役之本，又是國家得以存在的現實基礎，即人們很早就明白「得民心者得天下」的道理。不僅如此，民眾的力量集合起來甚至可以推翻政權。一旦某一地方的民眾揭竿而起，他們就可以帶動整個國家民眾的反抗情緒，從而對王朝的統治造成威脅。因此，「民」也是王朝更替運動中的主要力量。

　　儘管中國古代的君主〔註11〕、大臣、思想家們在討論政事時，無一不論及「民」，儘管很多人對如何治民提出一些非常好的建議，但這些思想中的部分內容可能只是在「思想史」中具有某種理論建設的「意義」。事實上，相當多的政論、建議，尤其是思想家們在其著作中的論述內容，沒有被實踐或者不能完全被實踐。人們總是希望設立一個理想主義的標準來要求統治者。儒家所構建的「大同世界」就是一個等級分明、沒有紛爭、人民安居樂業的理想政治。儒家思想家認爲只要君主聖明、大臣勤政、君臣懷著一顆愛民如子的心，運用禮樂教化等手段就可以走入這樣的「大同世界」。但在現實的政治生活中，人們不得不面對諸如自然災害、戰爭，乃至君臣個人道德上的缺失、地方民風不樸等問題。眞正要實現「大同」談何容易！即使是中國歷史上的一個個盛世、治世，也是在一定時期內，國家治理得比較好，大部分民眾生活較爲安穩，國勢相對強盛，而其所能持續的時間相對較短。我們不否認很多精彩的政論在思想史上的重大意義及其對後世的影響，但有一個問題必須提出，那就是：究竟眞正影響政治運作、涉及民生、付諸實踐的那些政論的內容是什麼？這些政論到底在多大程度上付

〔註10〕　《管子・形勢解》。黎翔鳳撰，梁運華整理：《管子校注》，北京：中華書局，2004 年第一版，第 1170 頁。

〔註11〕　這裡指史料中記載過其言論的君主，那些處於襁褓、幼沖的兒皇帝不在此列，那些因太后臨朝、權臣秉政而史料中較少記載其政論的君主不在此列。

諸實踐？誠然，思想史需要高屋建瓴、理論深厚的哲理性研究，需要對中國古代史中那些具有深厚理論性、系統性、邏輯性的思想以及對後世思想界產生深遠影響的思想進行研讀和剖析。然而，在現實世界中，思想與社會、思想與人的行爲、風俗習慣、政策法規的制定等問題是一體的——沒有脫離現實的思想，更沒有脫離思想的現實。我們可以從人們的政論中探究現實存在的諸多問題，更可以從各種政策、措施的制定、施行中探尋它的理論依據。思想與社會、思想與言行的一體性，使得我們在深入剖析各種思想理論的同時，需要關注思想對現實的指導性；使得我們在梳理各種政治實踐的同時，需要關注現實對思想的影響。當然，眞正做到思想與社會的互動是很困難的：既要理清思想本身的理論體系又要關注社會的變動、政治實踐中存在的各種問題，更要突出二者的互動關係，這恐怕是我們需要進一步努力探索的方向。

二、本文的研究對象

既然民這一群體在社會政治生活中的地位是如此重要，既然思想與社會互動的研究更能體現哪些有關「民」的政論、政策眞正付諸實踐，由此，我們提出本文的研究對象是「漢代統治者的民論」。「漢代統治者的民論」概言之，是指漢代統治者在治民的政治實踐中所形成的對民這一群體的認識。「民論」包括民是什麼，爲什麼要治民以及如何治民。「民論」涉及到養民的理論依據、民性、民在政治中的地位和作用、治民方略、政策、原則、措施等一些列相關問題。漢代統治者的民論本身是一個理論體系，它涉及到漢代政治思想的方方面面，它屬於漢代統治者治國思想的一部分。我們需要強調的是：一方面，漢代統治者的「民論」是統治者在政治實踐中所形成的一整套與民相關的政治理論，它本身就來源於政治實踐；另一方面，「民論」本身作爲治國的理論、方略又被反過來應用到具體的政治實踐中。可以說，「民論」來源於政治實踐，它是治國方略中重要的組成部分，也是統治者對實踐經驗的總結，更是統治者對現實政治的指導思想。既然我們的研究對象是「漢代統治者的民論」，那麼我們首先要清楚「統治者」以及「民」的概念。

事實上，要想回答「究竟眞正影響政治運作、涉及民生、付諸實踐的那些政論的內容是什麼」這一問題，我們首先要明晰：我們所要討論的政論的提出者必須是在國家中掌握政治權力的人，因爲這些人才是施政者，是國家

各種政策、措施的制定者和執行者，他們對民性的判定、對與民相關問題的認識程度、對何以治民問題的思考將直接關係到整個國家統治的興衰、治民效果的好壞。由此，我們引出一個概念——「統治者」。「統治者」一詞，顧名思義即指掌握國家政治權力的人。加塔諾・莫斯卡認為：「在任何時候，在所有人類團體中，總是少數的統治者和多數的被統治者。」〔註12〕在中國古代，就臣民來說，君主本人是全體臣民的統治者，而且是最高統治者。君主在國家的政治中具有絕對的權威和絕對的權力，君主的一言一行，就是「聖諭」「聖旨」。就民來說，一切掌握政治權力的人即為統治者，而民是沒有任何政治權力的被統治者。這樣說來，「統治者」在此類似於「統治集團」或者「統治階層」的意思，即統治者不僅包括最高統治者——皇帝，還包括掌權的皇室成員、王侯，以及行政系統內從中央到地方的各級官吏。統治者對民有生殺大權，對民負有教化、治理、引導、撫恤、賑濟等責任。統治者可以制定政策，採取措施，來治理天下之民，這樣的政治才能運轉良好。「統治者」大致有三種情況：一是君主具有絕對的政策制定權，而所有的「臣」則為政策的執行者；二是君主及其中央決策機構的成員具有政策制定權，中央的低級官吏及地方官吏則為執行者；三是地方上具有決策權的官吏對治理某地的百姓具有決策權，而地方低級官吏則為執行者。無論是決策者還是政策執行者，對民而言，都是「在上者」，都是統治者。因此，我們要討論哪些政治思想被真正應用到政治實踐當中去，就需要明白政治中的決策者、「在上者」——統治者，這一群人對民的認識以及對如何治民的思考等問題。由此，我們選擇「統治者的民論」為切入點，試圖解釋那些影響政治運作、涉及民生、付諸實踐的政論內容是什麼及其政治實踐問題。我們關注的不僅僅是與民相關的各種政論本身，更加關注的是這些政論是如何被應用到現實政治中的。

此外，我們還需要闡明「民」的概念。如前所述，「民」是被統治者。民在本文特指中國古代所謂之「黎民」，其與現代意義的「國民」「公民」不同，主要是因為社會政治制度不同。謝扶雅在《中國政治思想史綱》就曾提到：「政治倫理一貫，又可於『人民』一語證之。作者曾以『人學』說明中國倫理思想……由人本的思想推衍而來的政治思想，自然邏輯地演為民本主義；而其政治學說遂得諡為『民學』，但須知此『民』之為民『民』，決非西洋近代之

〔註12〕　（意大利）加塔諾・莫斯卡著、賈鶴鵬譯：《統治階級》，上海：譯林出版社，2002 年第一版，英譯本前言第 2 頁。

所謂民，蓋吾族原有觀念中的『黎民』之民……」。〔註13〕民是指沒有政治權力的人，他們在整個政治生活中基本處於受動者的地位，即他們中的大多數只能被動地接受統治者所施行的各種政策、措施。儘管民眾本身也有參政意識、進言的渠道，但對於大多數目不識丁的普通百姓來說，在其所能承受的範圍之內，他們也只是默默地接受統治者的統治。就「民」字的產生和字義演變來看，「民」在甲骨文中沒有出現，但在金文中有「民」字。中國古代較早的文獻如《尚書》中「民」字已經普遍出現了。郭沫若認為民在周代時即為奴隸。他說：「民是橫目帶刺」。也就是說「民」字是一個橫著的「目」被刺的形象。郭沫若認為「民」字的這種情況是「盲其一目」，即有一隻眼睛被刺瞎。這樣有一隻眼睛被刺瞎的形象是奴隸的特徵——「蓋盲其一目以外奴徵」。〔註14〕也有學者指出「民」本義並非是奴隸，民字當為「萌」的本字。〔註15〕王玉哲也認為「民」可能在最初是指「奴隸」，但到了周代並非指「奴隸」，而是指當時的「生產大眾」。〔註16〕有的學者還指出民字本身在概念上具有模糊性〔註17〕。還有學者從字音、字義、字形等方面全面解釋「民」字，詮釋出作為政治文化符號的「民」字之義。〔註18〕無論是將民釋為「奴隸」還是「生產大眾」，民始終是處於被統治地位的「在下者」。〔註19〕「民」字在漢代許慎的《說文解字》中的解釋為：「民，眾萌也。」清朝段玉裁的注解為：「萌，猶懵懵無知貌也。」〔註20〕也就是說，民是愚昧無知的芸芸眾生。此外，「民」本身的含義字也隨語境的變化而不同。

〔註13〕 謝扶雅：《中國政治思想史綱》，長沙：新中國書局，1943年版，第10頁。

〔註14〕 郭沫若：《古代研究的自我批判》，《十批判書》，《郭沫若全集（歷史編）》第二卷，北京：人民出版社，1991年第一版，第41頁。

〔註15〕 （美）San Jose 姚：《民字本義試探》，《學術論壇》，2001年第3期。

〔註16〕 王玉哲：《兩周社會形態的探討》，歷史研究編輯部編：《中國的奴隸制與封建制分期問題論文選集》，北京：三聯書店，1956年第一版，第265頁。

〔註17〕 邵勤：《釋「民」——兼談民在概念上的模糊性》，《歷史教學問題》，1986年第5期。

〔註18〕 張分田：《政治文化符號視角的「民」字核心詞義解讀》，《人文雜誌》，2007年第6期。

〔註19〕 事實上關於周代「民」是否為奴隸的問題，關係到對周代社會性質的認識問題。由於涉及太多，本文不做過多的論述了。但就春秋戰國時的文獻看，「民」字解釋成與統治者相對的廣大的被統治者可能更為貼切，並不僅僅是指「奴隸」。如孟子的「民為貴，社稷次之，君為輕」等語，應該指廣大的庶民。

〔註20〕 《說文解字‧民部》。許慎撰，段玉裁注：《說文解字注》，杭州：浙江古籍出版社，2006年第2版，第627頁。

第一，「民」泛指人類。王筠在《說文句讀》中認爲：「民亦人之通稱：《詩》曰：厥初生民謂始祖也；曰民之初生，由子孫以溯先人也……」。〔註21〕

第二，「民」特指農民。《史記・殷本紀》記載《湯誥》的內容：「古禹、皋陶久勞于外，其有功乎民，民乃有安。東爲江，北爲濟，西爲河，南爲淮，四瀆已修，萬民乃有居。后稷降播，農殖百穀。三公咸有功于民，故后有立。」〔註22〕「后稷降播，農殖百穀」而有功於「民」，這裡的「民」則指耕種土地之人。

第三，「民」指四種不同職業的人。古代有「四民」，即士民、農民、工民、商民。《國語・齊語》：「四民者勿使雜處」。注釋爲「民，謂士、農、工、商。」〔註23〕《漢書・食貨志》：「士農工商，四民有業。學以居位曰士，闢土殖穀曰農，作巧成器曰工，通財鬻貨曰商。」〔註24〕

「民」字就其字義演化來說相對較複雜，其所指的具體人群也因時代不同、語境不同而有所區別，但「民」作爲一個群體來說，他們總是「在下者」，即其本身具有卑、賤的特點。因此，就本文來說，民是相對於統治者而言的被統治者的總稱。

與「民」意思相同或相近的詞語還有很多。例如「百姓」「庶民」「庶人」「蒸庶」「黔首」「民萌」「黎萌」「氓黎」「氓隸」「元元」「黎元」「細民」「小民」等。其中，「百姓」一詞，詞義較爲複雜。最初是指具有姓氏的貴族，後來成爲庶民的代稱，表示普通的民眾。「庶」最初是「多」的意思，「庶民」常常表示沒有爵位的布衣。「黔首」是秦始皇時對民的稱呼。「黎」本義也是「多」的意思，指民數眾多。「萌」字如前所引《說文解字》對「民」的解釋，即爲懵懂無知之貌，也是形容民本身的愚昧無知。「氓」本義就是「民」的意思，與民的區別在於「氓」是「自他歸往之民」〔註25〕。「元元」意爲「善」，也指民眾。「細民」即爲「小民」之義，意在指民之貧弱。從與「民」意義相

〔註21〕《說文句讀》卷二十六《民部》。王筠：《說文句讀》第四冊，北京：中國書店，影印本，1983 年第一版，第 25 頁。

〔註22〕《史記》卷三《殷本紀》，第 95 頁。

〔註23〕《國語・齊語》。徐元誥撰，王樹民、沈長雲點校：《國語集解》，北京：中華書局，2002 年第一版，第 219 頁。

〔註24〕《漢書》卷二四上《食貨志》。班固：《漢書》，北京：中華書局，1962 年第一版，第 1117～1118 頁。

〔註25〕《孟子》：「則天下之民，皆悅而願爲之氓也。」趙岐注：「『氓者，謂其民也』。按此則氓與民小別，蓋自他歸往之民，則謂之氓。」

同或相近的這些詞語看，表示不同的民、民所處的狀態不同則有不同的稱呼。但歸根結底，這些與「民」意義相近的詞語，基本都是對民為「卑微者」「在下者」「弱者」「無知者」「人數多者」的表示。由此我們可以判定：作為被統治者的「民」是一群人數眾多、沒有政治權力、地位低下的人。他們只能在統治者的引導、治理下生活。

　　最後一個問題：本文為什麼選擇漢代？

　　當秦國由西部起家，通過商鞅變法而成為強國之後，任何國家也沒能阻止秦朝兼併各個諸侯國的腳步。最終，秦王嬴政於公元前 221 年統一六國，建立了中國歷史上第一個統一王朝——秦朝。此時的秦朝有很多個「第一」——除了秦朝是中國歷史上第一個統一的王朝外，它還是中國歷史上建立的第一個君主專制中央集權的國家。秦朝建立了相對完善的、影響深遠的、從中央到地方的政治制度；第一次統一了文字；第一次統一了度量衡；第一次……然而，這樣一個具有眾多「意義」在身的王朝卻在歷史上僅僅存在了十幾年的時間。公元前 207 年，這樣一個龐大的帝國就如同通天大廈一樣轟然倒塌了。面對這樣一個龐大的秦帝國的短命而亡，西漢初乃至東漢的統治者不得不思考，更不得不引以為戒。在這一過程中，統治者更加關注民的問題。此其一。其二，選擇兩漢而不是專門選擇西漢或者東漢，主要是因為兩漢在各個方面都具有歷史的承繼性。東漢時期的人們稱西漢為「前漢」，而自稱「後漢」。這兩個王朝統稱為漢代表示其在政治、經濟、文化方面所存在的緊密、前後承繼的關係。其三，歷時四百年的漢朝，雖然其依然處於帝制建立的初期，但在各個方面的制度也都日臻完善了。由於兩漢的歷史承繼性，我們認為漢代是中國古代第一個長時期存在的、實行君主專制的中央集權制度的朝代。在一個社會制度相對穩定的長時段中，對漢代政治思想的梳理更有利於我們抓這個社會的問題，更有利於我們探討統治者對民的種種認識、看法，同時也使所得結論相對可靠。其四，就漢代史料而言，較之先秦乃至秦朝更為豐富，這為我們進一步探究統治者是如何將治民方略應用到實際政治中，提供了現實的基礎。最後，漢代統治者吸收了先秦以降有關政治的、經濟的、思想的、文化的各個方面的成果，並將這些有關制度的、措施的、思想的、思辨的成果應用到其治國理民中去。不管效果如何，他們中的一些人在治民過程中所體現的憂患意識與努力精神還是值得肯定的，更是值得思考的。

我們試圖循著兩漢統治者治民的思路詮釋其對民的種種認識，並試圖將這種認識與其政治實踐相溝通，以此來展現統治者由政治思想到政治實踐的過程，展現統治者由頒佈政策指導思想到制定措施、實施措施再到反饋實際問題的過程。

三、前人研究成果〔註26〕——以研究領域爲劃分

對於中國古代論「民」的問題，近代以來的學者討論頗多，相關著作可謂汗牛充棟。最早，梁啓超在 1922 年開設「先秦政治思想史」的課程，開始講授相關問題。1923 年，謝无量出版《政治思想史研究》一書。他認爲孟子的政治目的就是「爲多數的民眾謀安樂」，這是「孟子政治學說的特色」，從而多用孟子討論「民」問題的材料來談論孟子的政治思想。〔註27〕

我們看到，人們從政治史、思想史、哲學史、文化史等方面來探討關於「民」的問題。針對思想家或者統治者「論民」來說，人們則更多的在政治思想、政治哲學、思想史、哲學史這樣的領域內討論。

（一）民本思想研究中的「民論」

近代以來，學者們對「民」問題的關注，以及開始討論中國古代的治民問題，是從民本思想開始的。人們通過對民本思想的剖析以瞭解中國古代各家各派的思想家對「民」在國家政治生活中的地位和作用的認識，從而探討如何治理民的問題。正是在對民本思想的梳理過程中，人們逐步廓清關於「民」的各種理論。有關民本思想中的「民論」研究，我們可以大致分爲以下幾個方面：

第一，早期學者對民本思想的研究是「民論」研究的開始。學者們開始關注古代思想史中的「民本」思想，最早應該追溯到西方「民主」觀念傳入中國。在西方強調以人爲本、人民享有權利、建立民主政治的政治思潮衝擊下，近代學者根據西方政治思想中的「民主」一詞，在中國古代文獻中找出諸如「民惟邦本」「民爲貴」「民爲本」等表示民之重要性的思想，將之命名爲「民本」思想。學者們試圖以中國古代固有的民本思想來理解、解釋、區別近代西方所傳入的民主思想。那時，「民本」思想研究爲學者們

〔註26〕本文是筆者的博士論文，學術史回顧大體時間範圍爲 1922 年至 2011 年。
〔註27〕謝无量：《古代政治思想研究》，北京：商務印書館，1923 年版，第 21 頁。

所熱衷，幾乎所有研究政治思想的著名學者都討論過民本思想，諸如梁啓超、謝扶雅、楊幼炯、蕭公權、薩孟武等。例如，楊幼炯認為「中國政治思想之第三個特徵，即民本思想的發達」，進而闡述早期統治者是如何利用「民本」思想來治民的問題。〔註28〕此外，一些哲學史、思想史、文化史方面的研究，也將民本思想納入其研究體系。學者們對民本思想的系統梳理，是中國古代思想史、哲學史、文化史以及政治思想史研究中對民這一群體重要性認識的開始，是著重思考「民」在國家政治社會中地位的開始。人們開始關注中國古代「民」這一群體，其結果是有關「民論」的研究逐步開始。

　　第二，研究民本思想的深入與「民論」研究的理論化。建國以後，侯外廬主編的《中國思想史》、馮友蘭的《中國哲學史新編》、張豈之主編的《中國思想史》等著作都對中國歷史上某一思想家的民本思想有深入的研究。隨後，劉澤華主編的《中國政治思想》三卷本、朱日耀的《中國政治思想史》、曹德本的《中國政治思想史》等書都有論及民本思想的篇章，一般以某一思想家的民本思想為主。金耀基的《中國民本思想史》，為系統論述民本思想的開山之作。與此同時，專門討論民本思想的論著更是不勝枚舉，在此就不一一贅述了〔註29〕。2009 年，張分田所撰《民本思想與中國古代統治思想》一書出版，開篇就提出此書專門為「判斷中國古代專制主義與民本思想的關係而作」。〔註30〕該書系統分析了民本思想與統治思想的關係、辨析了「民本」的概念、在梳理歷代民本思想的前提下，分析了民本思想與政治關係、治民

〔註28〕楊幼炯：《中國政治思想史》，上海：上海書店，1984 年第一版，影印本，第
　　　　15～16 頁。

〔註29〕除了著名思想家對「民本」思想的梳理，從近代到當代，相當一批學者都對
　　　　民本思想有所涉及。例如呂濤：《孟子「民貴君輕」思想述評》，《文匯報》，
　　　　1981 年 1 月 28 日；姜榮海：《孟子「民貴君輕」思想述評》，《齊魯學刊》，1984
　　　　年第 5 期；邵勤：《析「民本」》，《歷史研究》，1985 年第 6 期；王鑫義：《先
　　　　秦兩漢時期民本思想的發展軌跡》，《安徽大學學報（哲學社會科學版）》，1993
　　　　年第 3 期；劉家和：《〈左傳〉中的人本思想與民本思想》，《歷史研究》，1995
　　　　年第 6 期；謝貴安：《試論明末清初「新民本」思想》，《明清史》，2004 年第
　　　　2 期。相關論文數量非常之多，有關民本研究的綜合評述詳見胡波：《20 世紀
　　　　中國民本思想研究述評》，《學術月刊》，2001 年第 5 期。

〔註30〕張分田：《民本思想與中國古代統治思想》，上冊，天津：南開大學出版社，
　　　　2009 年第一版，第 1 頁。

方略、政治調節等理論之間的聯繫，並提出民本思想自身的理論結構、基本特徵等一系列理論問題。此書可謂民本思想的集大成之作。書中關於政治本體論、治民方略、政治關係論等方面的研究，使得養民的理論依據，民與君、民與官的政治關係，治民之道等與「民論」直接相關的一系列問題得以系統梳理，使我們對統治思想中的「民論」問題有了整體性的瞭解和認識，爲進一步開展具體朝代的深入研究奠定了堅實的基礎。

　　第三，民本思想研究是學者們研究與「民」相關問題的重鎮。目前，對民問題的認識與研究，主要以研究民本思想爲依託，其中又以研究思想家的民本思想或者總論儒家的民本思想爲重點。學者們通過對歷代民本思想的論述，廓清了民本思想的概念、內容、特徵、性質、思路、理論框架及其在思想史、哲學史、文化史等方面的意義和作用，還包括其與中國古代統治思想的關係、其與民主觀念的關係等方面。民本思想的研究是對「民論」研究的主要切入點。學者們在探討中國古代民本思想的同時，也將其中所蘊含的、圍繞民本思想所展開的統治者養民的理論依據、治民原則、恤民政策、惠民措施以及如何處理民與社會其他階層之間的關係有深入的闡述。這些研究爲我們認識「民」、關注「民」，討論如何治民提供了有益的借鑒。

　　第四，漢代的民本思想研究集中在漢代思想家論「民」。就專門研究漢代民本思想的著作來說，大部分是對思想家民本思想的闡述。其中，多數研究都爲陸賈、賈誼、董仲舒、王符、王充這些著名思想家的民本思想，而很少論及漢代統治者的民本思想。〔註31〕例如周桂鈿的《秦漢思想史》中重點對賈誼的「民本主義」、王符《潛夫論》的「民本思想」作了系統闡述。〔註32〕此外，相當一部分思想史、政治思想史、哲學史的著作但凡論及漢代的民本思想，也大多是以這些著名思想家爲研究重點。〔註33〕因此，這一部分的「民

〔註31〕這一部分內容將在第一章第三節有所論述。

〔註32〕周桂鈿：《秦漢思想史》，石家莊：河北人民出版社，2000年第一版，第63～71頁；第419～422頁。

〔註33〕例如：張一中：《賈誼的民本思想》，《湖南師範大學社會科學學報》，1983年第2期；劉修明：《賈誼的民本思想和漢初社會》，《學術月刊》，1986年第9期；李森：《賈誼的民本思想及其歷史地位》，《鄭州大學學報（哲學社會科學版）》，1992年第5期；徐立新、陳萍萍：《蒼生與鬼神：賈誼民本思想的現代詮釋》，《貴州社會科學》，2003年第2期；汪高鑫：《略論董仲舒民本思想》，《學術界》，1994年第4期；萬廣義、林倩：《董仲舒的民本思想新探》，《江西師範大學學報（哲學社會科學版）》，2004年第5期；王鑫義：《略論王符的

論」內容主要集中在對這些著名思想家民本思想的論述上，從中也可以提煉出相關的治民思想。

總之，20 世紀以來，學者們對中國古代民本思想的研究對我們瞭解、認識古代「民」這一群體在中國古代的地位、作用及其與中國古代統治思想關係等方面具有重要的借鑒作用。由民本思想闡發的相關論點有助於我們全面認識中國古代各個時期、各個學派主要思想家對「民」問題的論述，這就為我們研究統治者的「民論」創造了理論基礎。所有民本思想研究的相關思路、理論框架等都可以作為進一步系統研究「民論」的基礎。

（二）治國思想研究中的「民論」

20 世紀以來，學者們關注政治家、思想家所構建的治國理論，這一部分常常以某個思想家或者某一學派、某一階段的治國思想為重點展開論述，在思想史、哲學史、文化史等研究領域都有所涉獵。研究內容有的是專論，如政治思想史、政治哲學等方面的著作；有的是某一章節的論述，如思想史、哲學史、文化史等方面的著作。研究重點為某個思想家、某個學派治國思想的內容，此外還有部分是針對某個皇帝統治時期的治國方略的內容。這樣的研究區別於專門的「民本思想」研究，他們沒有將研究重點放在「民本」上，而是更加注重研究對象本身政治思想的來源、內容、性質、特徵、理論體系、影響等問題，進而揭示出其治國思想的內容。由於研究內容頗為豐富，本文專門就漢代研究來闡述。

第一，就某一時期的治國思想或某個皇帝的治國思想來說，學者們更加關注漢初黃老政治、漢武帝時期、新莽時期、光武中興這些時間段以及漢武帝、漢宣帝、光武帝這些著名皇帝的治國思想。金春峰在《漢代思想史》中詳細地考察了漢初的黃老思想，認為其實質仍是「法治」。這使得我們對漢初的治國方略有了進一步的認識。〔註 34〕學者們在梳理黃老政治思想的淵源、內容之外，更注重其在漢初政治的實行，通常認為「無為而治」是其主要內

民本思想》，《人文雜誌》，1986 年第 1 期；周桂鈿：《議邊・論赦──王符民本思想的特色》，《甘肅社會科學》，1991 年第 1 期；李學勇：《試論民本思想在王符思想體系中的地位》，《甘肅社會科學》，1994 年第 3 期。還有一些政治思想史、思想史著作中也列舉兩漢著名思想家的民本思想。在此就不一一列出了。

〔註34〕金春峰：《漢代思想史》，北京：中國社會科學出版社，2006 年第三版，第 43頁。

容。〔註35〕曹德本主編的《中國政治思想史》對漢武帝的「雜霸政治術」有專門論述，指出其採取了「德刑並用」的治國之法。〔註36〕劉澤華主編的《中國政治思想史（秦漢魏晉南北朝卷）》則著重分析了王莽的復古改制思潮以及光武帝的「柔道」治國思想。書中對光武帝建國之初所施行的惠民政策論述頗多。〔註37〕政治思想史類著作較少有對統治者治民思想的論述。當然，還有相當一批論文討論兩漢時期君主所施行的治國政策，也是值得我們借鑒的。〔註38〕

　　第二，就思想家來說，學者們更加關注陸賈、賈誼、董仲舒、桑弘羊、晁錯、王符、王充、仲長統等著名思想家關於治國理論方面的貢獻。20 世紀三十年代，馮友蘭相繼出版了《中國哲學史》上下冊，其中就專門討論過董仲舒政治哲學的內容。他認為董仲舒的政治哲學以人性論的理論作為治國的理論依據──「惟因人之性未能全善，故虛王以治之」。〔註39〕薩孟武認為王符的政治主張是「必先富民」「富民之法在省役」。荀悅的政論主張也是「富民」，其主張「人主有公用，無私費，有公賜，無私惠」。〔註40〕事實上，早在 1932 年陳安仁就在其《中國政治思想史大綱》中系統地分析了陸賈、賈誼、董仲舒、劉向、揚雄、桓寬、桓譚、王充、王符、荀悅、崔寔等人的政治思

〔註35〕 王子今、方光華、黃留珠：《中國思想學說史（秦漢卷）》，桂林：廣西師範大學出版社，2008 年第一版，第 122～145 頁。

〔註36〕 曹德本主編：《中國政治思想史》，北京：高等教育出版社，2004 年第一版，第 134～135 頁。

〔註37〕 劉澤華主編：《中國政治思想史（秦漢魏晉南北朝卷）》，杭州：浙江人民出版社，1996 年第一版，第 286～287 頁。

〔註38〕 例如：李之喆：《漢初政治非「黃老刑名之治」論》，《人文雜誌》，1998 年第 6 期；寧國良：《論黃老思想與劉邦的治國實踐》，《西北大學學報（哲學社會科學版）》，2005 年第 2 期；楊生民：《漢宣帝時「霸王道雜之」與「純任德教」之爭的考察》，《文史哲》，2004 第 6 期；甄盡忠：《漢宣帝的治國法律思想》，《文博》，2006 年第 2 期；韓星：《「霸王道雜之」：秦漢政治文化模式考論》，《哲學研究》，2009 年第 2 期；王俊峰：《劉秀君臣「儒者氣象」試探》，《中國史研究》，1987 年第 4 期；艾森：《試論漢光武帝用人與治國》，《探索》，1988 年第 3 期；曹金華：《劉秀「柔道」思想述論》，《南都學壇》，1990 年第 2 期；陳勇：《論光武帝「退功臣而進文吏」》，《歷史研究》，1995 年第 4 期；曹金華：《東漢前期統治方略的演變與得失》，《安徽史學》，2003 年第 3 期。

〔註39〕 馮友蘭：《中國哲學史》，上冊，上海：商務印書館，1947 年增訂第三版，第 524 頁。

〔註40〕 薩孟武：《中國政治思想史》，北京：東方出版社，2008 年第一版，第 212 頁；第 222 頁。

想，並指出他們的治國思想。〔註41〕此外，還有韋政通的《中國思想史》、張豈之主編的《中國思想史》、徐大同主編的《中國古代政治思想史》、朱日耀的《中國政治思想史》、劉澤華主編的《中國政治思想史》三卷本，等等專著都是這種模式的闡釋。此外，關於陸賈、賈誼、董仲舒、王符、荀悅等人治國思想的論文，其中也有關於「民論」的探討，也有利於我們瞭解兩漢著名思想家治國思想中有關「民」問題的闡述。〔註42〕

　　第三，就思潮來說，學者們更加關注西漢中期以後、東漢末年社會批判思潮中的治國思想。侯外廬主編的《中國思想通史（秦漢卷）》對西漢中期以後、東漢末年社會思潮都有所關注。人們對這些社會危機的總結主要是君主昏庸、政治腐敗、吏治問題之類的問題，而最終受罪的依然是百姓。學者們找出當時一些思想家的批判性政論，試圖說明這些社會危機對百姓生活、思想家思想的影響。〔註43〕任繼愈主編的《中國哲學發展史（秦漢卷）》中，除了介紹思想家的治國思想以外，還對東漢末年社會批判思潮中的治國思想有所論述，尤其對君民關係問題討論頗多。〔註44〕祝瑞開的《兩漢思想史》也著重分析了西漢晚期、東漢晚期的社會、政治批判思潮。他列舉了貢禹、谷永、鮑宣對西漢朝廷的批判，這些人幾乎都是在為民謀福利。而東漢末年的著名思想家如崔寔、王符、荀悅，等等也都是為民說話的人。〔註45〕祝瑞開

〔註41〕 陳安仁：《中國政治思想史大綱》，上海：商務印書館，1932年版。
〔註42〕 例如：王蘭鎖：《試論陸賈的治國之道》，《齊魯學刊》，1986年第5期；林風：《陸賈與漢初政治》，《史學月刊》，1988年第3期；關健英：《陸賈與漢初的治國理念略論》，《齊魯學刊》，2003年第3期；馬育良：《漢初政治與賈誼的禮治思想》，《孔子研究》，1993年第4期；劉永豔：《論賈誼崇仁尚禮的治國方略》，《貴州社會科學》，2007年第9期；管峰：《賈誼的政治哲學》，《學術論壇》，2007年第7期；劉澤華：《董仲舒的政治思想》，《歷史教學》，1965年第6期；劉凌：《論董仲舒的政治思想》，《天津師範大學學報(社會科學版)》，1988年第2期；黃樸民：《董仲舒社會政治思想新探》，《學術月刊》，1989年第2期；韓進軍：《董仲舒社會控制思想初論》，《河北學刊》，1998年第5期；李森：《董仲舒治國方略簡論》，《殷都學刊》，2000年第1期；張躍年：《董仲舒的社會政治思想芻議》，《湖北社會科學》，2009年第12期；王步貴：《試論王符的政治思想》，《甘肅社會科學》，1983年第3期；杜永梅：《荀悅政治思想淺論》，《江淮論壇》，2007年第1期。
〔註43〕 侯外廬、趙紀彬、杜國庠、邱漢生著：《中國思想通史》第二卷，北京：人民出版社，1957年第一版，第160～190頁；第415～422頁。
〔註44〕 任繼愈主編：《中國哲學發展史（秦漢）》，北京：人民出版社，1985年第一版，第726～732頁。
〔註45〕 祝瑞開：《兩漢思想史》，上海：上海古籍出版社，1989年第一版，第224～232頁；第354～418頁。

的研究有助於我們瞭解在野思想家和在朝爲官之人對漢代社會問題的看法，以及他們對如何治國理民的思考。此外，還有政治思想史著作指出，東漢末年興起的政治批判思潮，實際上是思想家們對君、臣、民三者政治關係的設計和反思。〔註46〕

　　第四，就漢代某一專著的研究來說，學者們關注《淮南子》《鹽鐵論》《白虎通》等專著中治國思想的研究。美國學者安樂哲的《主術：中國古代政治藝術之研究》一書，主要以剖析《淮南子》第九卷《主術》爲主，探討其治國思想。安樂哲在文中專門闢出一章來寫「利民」，即他認爲《淮南子・主術》中實際上涵蓋著豐富的利民思想。「利民，顧名思義，即是要求首先考慮民眾的福利」。他認爲，體現利民思想的是《主術》中對君民關係、君主以利民思想的論述。〔註47〕此外，專門就《淮南子》《鹽鐵論》《白虎通》等書自身內容、理論體系的研究也相當豐富，其中一些研究也關注這些漢代著作對「民」問題的討論。

　　漢代治國思想分散在各類思想史、哲學史、政治思想史的著作中，而其中涉及的「民論」內容的數量多少不一，主要以論述君民關係、治民政策爲主。

（三）統治思想研究中的「民論」

　　在政治思想史研究中，一些論著專門論述有關統治思想研究的理論。徐大同主編的《中外政治思想史》中撰有《秦漢時代統治思想模式的確立與發展》一章，專門討論了君、臣、民的關係。〔註48〕劉澤華、張分田主編的《政治學說簡明讀本（中國古代部分）》在「中國古代政治學說」專題中，就君主的治民政策原則有專門的論述，將其劃分爲「君主無爲論」「因民心論」「不竭民力論」「先富後教論」「以農爲本論」「君主調整君民關係論」。〔註49〕這爲本文專門論述漢朝統治者的「民論」奠定了基礎。張分田還撰寫一批文章

〔註46〕劉澤華主編：《中國政治思想史（秦漢魏晉南北朝卷）》，第262～269頁。

〔註47〕（美）安樂哲著、滕復譯：《主術：中國政治藝術之研究》，北京：北京大學出版社，1995年第一版，第147～150頁。

〔註48〕徐大同主編：《中外政治思想史》，北京：中央廣播電視大學出版社，2004年第一版，第273～274頁。

〔註49〕劉澤華、張分田主編：《政治學說簡明讀本（中國古代部分）》，天津：南開大學出版社，2001年第一版，第268～271頁。

專門討論「統治思想」中對「民」問題的討論，文章大部分都在其《民本思想與中國古代統治思想》一書中收錄。此外還有一些論述統治思想研究思路〔註50〕以及專論漢代統治思想的文章〔註51〕，也爲我們研究漢代統治者的民論提供了有益的借鑒。

（四）思想與社會互動研究方面的「民論」

目前，一些學者開始注重思想與社會研究的互動。南開大學曾於 2001 年專門召開「思想與社會」研討會，是對思想與社會互動研究的嘗試。劉澤華認爲：「思想史研究大抵主要是研究思想家的文本、思想邏輯、學術傳承和抽象繼承，相對而言，很少注重與社會歷史的關係；社會史研究的主流是社會的實質問題，相對來說，疏於與思想的結合。」〔註52〕由此，劉澤華提出應該注重思想與社會互動關係的研究。龐樸也認爲：「（思想與社會互動的研究）是要將思想當做觀念化了的社會、將社會當做物質化了的思想來看待，來研究，來說明。這樣的研究，將既不屬於社會史，也不屬於思想史；既可視爲思想史，也可視爲社會史。」〔註53〕學者們開始著手從思想與社會互動的視角展開中國古代思想史、社會史的研究。就漢代思想史中關於民問題的探討，臺灣學者盧瑞容出版《西漢儒家政治思想與現實政治的互動》一書。該書以奏議爲主，佐以思想家的著作，考察這些知識分子的奏議是否對西漢政治起到作用。其中，他對黃老政治的剖析也著重論述了當時知識分子對如何治民問題的探討。〔註54〕劉敏所作《不必過份拔高儒家思想的治民功效——從漢代循吏在國家與社會互動中的作用兼說》一文，旨在以儒家思想與現實互動的研究視角，探尋漢代循吏、酷吏的治民效果。該文對漢代官吏是治民效果

〔註50〕例如劉澤華、張分田：《開展統治思想與民間社會意識互動研究》，《天津社會科學》，2004 年第 3 期；張分田：《深化中國古代統治思想研究的幾點思考》，《天津師範大學學報（哲學社會科學版）》，2007 年第 3 期。

〔註51〕例如：熊鐵基：《秦漢時期的統治思想和思想統治》，《華中師範大學學報（人文社會科學版）》，1987 年第 2 期；張強：《道德倫理的政治化與秦漢統治術》，《北京大學學報（哲學社會科學版）》，2003 年第 2 期；孟祥才：《曹參治齊與漢初統治思想與統治政策的選擇》，《管子學刊》，1998 年第 4 期。

〔註52〕劉澤華：《開展思想與社會互動的整體研究》，《歷史教學》，2001 年第 1 期。

〔註53〕龐樸：《思想與社會的互動》，《天津社會科學》，2001 年第 1 期。

〔註54〕盧瑞容：《西漢儒家政治思想與現實政治的互動》，臺北：花木蘭文化出版社，2009 年第一版，第 59～74 頁。

的探索性文章。〔註 55〕這將有助於我們進一步探索漢代統治者治民的政治實踐問題。

（五）人性論中的「民論」

人們對民性的認識，是對「民論」問題的基本把握。學者們對中國古代人性論的研究，滲透著其對民性論的認識。他們從孔、孟、荀的人性論推演開來，梳理了歷代著名思想家的人性論內容。1919 年，胡適在《中國哲學史大綱》中對孟子和荀子的人性學說有了較爲系統的分析。〔註 56〕張岱年在《中國哲學大綱》中專門設有《人性論》一章，主要剖析先秦的人性論思想，同時對兩漢有一個判斷：「到前漢，多數學者都主張性有善有惡論。後漢至唐代，性三品論成爲大部分學者之共同思想。」〔註 57〕這一論斷爲我們認識漢代人性論提供了借鑒。1944 年，石峻在《略論中國人性學說之演變》一文中，較爲全面地分析了從董仲舒到王充，兩漢著名學者的人性論。他認爲：「漢儒多分『性』與『情』爲二元，以善歸之於性，以惡歸之於情。」〔註 58〕徐復觀在《中國人性論史・先秦篇》對先秦思想中的人性論進行了系統而深入的研究。1968 年，唐君毅在《中國哲學原論・原性篇》中，梳理了漢代學者所討論的「性」，這裡既包括對人性的討論，又包括如何成就人之性的內容，即如何達到人性的最高境界。他還就董仲舒對「民性」的看法進行分析，認爲（民）「性必待教而後善，善必全而後聖。三名異義，故性不可言善也」〔註 59〕。國內學者也有將先秦至兩漢的教育思想與人性論結合來研究的例子，提出「兩漢思想家的人性論是其思想文

〔註 55〕劉敏：《不必過份拔高儒家思想的治民功效——從漢代循吏在國家與社會互動中的作用兼說》，載劉澤華、羅宗強主編：《思想與社會研究（第一輯）》，北京：社會科學文獻出版社，2007 年第一版，第 58～75 頁。該文例舉了漢代大量地方官吏治民的例子，對我們進一步研究地方治民的政治實踐問題有所幫助。

〔註 56〕胡適：《中國哲學史大綱》，上海：商務印書館，1919 年再版，第 289～302 頁；第 308～320 頁。

〔註 57〕宇同：《中國哲學大綱》，上冊，北京：商務印書館，1958 年第一版，第 261 頁。張岱年於 1937 年完成該書初稿，1943 年作爲講義在大學講授，1958 年由商務印書館出版，該書署名宇同。宇同是張岱年別號。

〔註 58〕石峻：《略論中國人性學說之演變》，《石峻文存》，北京：華夏出版社，2006 年第一版，第 363 頁。原載《哲學評論》第九卷第三期，1944 年 9 月。

〔註 59〕唐君毅：《中國哲學原論・原性篇》，北京：中國社會科學出版社，2005 年第一版，第 72 頁。

化或教育內容主張的理論基礎之一」〔註60〕的觀點。此外，還有相當一批
論文論及兩漢的人性論。〔註61〕事實上，「民性」在某種程度上和「人性」
相似，但在大多數情況下，「人性」包含「民性」。中國古代思想家在談論
「人性」時又會說「民性」，談到「民性」時又可能泛指「人性」。上述學
者對漢代人性論的研究中，就包含很多「民性」的內容。因此，對兩漢人
性論研究成果的梳理有助於我們進一步廓清漢代統治者的民性論。

（六）民政思想中的「民論」

「民政」一詞是現代詞彙，意思指政府處理有關人民的行政事務，如戶
政、婚姻登記、優撫、救濟等。民政思想研究是民政學領域的研究，它是以
現代「民政」的理念和視角來搜集古代的史料，以民政學的理論來詮釋中國
從先秦到明清的民政思想。目前，已出版的《中國民政思想史》對漢代皇帝
——漢高祖和漢武帝的民政思想以及主要思想家——如陸賈、賈誼、董仲舒、
王符、徐幹等人的民政思想有所論述。〔註62〕此外還有《中國民政文化史》《中
國民政史稿》《中國民政史》等著作，都對漢代的民政思想有所論述。這裡所
論述的漢代民政思想大部分內容是關於漢代思想家的，涉及這些思想家的民
本論以及治民論，還有部分內容涉及漢高祖、漢武帝等皇帝所施行的具體政
策。這些研究有助於我們從民政學的視角瞭解與民相關的各類問題，但是其
研究內容由於過於注重對具體措施的論述而缺乏系統性、理論性、實踐性——
——很少追問施行這些政策的理論依據、理論來源以及缺乏對治民效果的判

〔註60〕廖其發：《兩漢人性論與教育思想研究》，重慶：重慶出版社，1999年第一版，
　　　　第333～350頁。

〔註61〕曲興亞：《董仲舒人性論思想之我見》，《吉林師範大學學報（人文社會科學
　　　　版）》，1987年第4期；廖其發：《董仲舒的人性論與教育思想研究》，《西
　　　　南師範大學學報（人文社會科學版）》，1991年第2期；黃開國：《關於董
　　　　仲舒人性論的兩個問題——與廖其發同志商榷》，《西南師範大學學報（人
　　　　文社會科學版）》，1992年第3期；李宗桂：《董仲舒人性論析要》，《齊魯
　　　　學刊》，1992年第5期；商聚德：《試論董仲舒人性論的邏輯層次》，《中國
　　　　哲學史》，1998年第2期；曾振羽：《董仲舒人性論在認識》，《史學月刊》，
　　　　2002年第3期；王步貴：《王符人性思想發微》，《蘭州學刊》，1989年第2
　　　　期；黃開國：《論王符的人性思想》，《甘肅社會科學》，1991年第1期；李
　　　　瀋陽：《漢代人性論研究》，指導教師：劉韶軍，華中師範大學2008年博士
　　　　論文。

〔註62〕孟昭華、謝志武、傅陽：《中國民政思想史》，北京：中國社會出版社，2000
　　　　年第一版，第142～246頁。

斷。這樣的結果是我們只知其然不知其所以然，只知其功不知其效，從而很難對研究對象進行整體性的把握和判斷。

（七）人學史中的「民論」

近年來，國內學術界開始興起對中國人學史的考察。所謂「中國人學史」就是「中國歷代哲人自我認識的歷史」。〔註63〕「人學是一門綜合性的人文社會科學，它主要以人性、人生意義及人的行爲準則爲思考對象，是以人性論爲核心。兼含人生觀、人治論、仁德社會理想論構成的有機思想體系」。〔註64〕從人學史的研究對象、「人學」的定義來看，人性論、人治論的部分與本文研究之「民論」有相似之處。就兩漢部分來說，人學史著作的內容主要集中在著名思想家及某一專著的「人學」。例如《中國人學思想史》中論到兩漢著名思想家如賈誼、陸賈、董仲舒、王符、王充等人的思想，還論及《淮南子》《白虎通》的人學思想。〔註65〕這一類著作將研究重點放在人性以及人自我認識方面，其中一些關於治民論、民性論的描寫則有助於我們瞭解兩漢的情況。

（八）農民戰爭史中的「民論」

近代以來，學者們開始關注農民戰爭史的研究。這方面研究是對「民」這一群體在古代政治中對王權威懾性的認識以及對中國古代王朝興衰的認識。學者們梳理了歷朝歷代著名的農民起義所產生的原因、組織的形式、起義的結果、造成的影響等內容，試圖更加深入地剖析古代農民的生存狀況、反抗意識、甚至是其對政府的威懾力，以及農民在推翻政權中的地位和作用。20 世紀初，梁啓超所倡導的新史學爲史學研究中重視「民」的研究奠定了基礎。1902 年，梁啓超在《新民叢報》上發表長文《新史學》。他認爲中國古史只是帝王將相的歷史，而沒有普通民眾的歷史，由此掀起了中國史學研究在理論上和內容上的變革。再加上西方史學理論的影響、馬克思主義理論的影響，國內開始出現了專門討論農民戰爭的書籍。例如薛農山的《中國農民戰

〔註63〕尚明：《中國人學史（古代卷）》，北京：對外經濟貿易大學出版社，1995 年第一版，《前言》，第 1 頁。
〔註64〕祁志祥：《中國人學史》，《緒論》，上海：上海大學出版社，2002 年第一版，第 1 頁。
〔註65〕李中華主編：《人學理論與歷史·中國人學思想史卷》，北京：北京出版社，2005 年第一版。

爭之史的研究》就運用了馬克思主義的史學理論，在梳理歷代農民戰爭的基礎上，專門設有《統治階級關於消除農民暴動的對策》一節，從統治者的角度分析如何處理農民起義的問題，這其中涉及到統治者所運用的一些措施、原則等內容。〔註66〕此後，利用馬克思主義研究中國農民戰爭、農民起義的論著就相當豐富了。建國以後，《中國農民戰爭史論集》《中國農民戰爭問題》《秦漢農民戰爭史略》等相繼問世，可謂研究農民戰爭史的奠基之作。但是，農民戰爭史的研究只是注重基本事實的梳理，且在分析農民戰爭的原因、統治者處理農民起義的政策偏重於階級分析的方法。儘管如此，農民戰爭史的研究爲我們審視「民」中之「農民」這一群體在政治中的作用以及其反抗精神提供了有益的借鑒。

（九）專門研究民眾思想的論著

在思想史研究中，人們也開始關注民眾本身的思想。這一類研究有助於我們瞭解民眾對世界的基本認識、民眾在日常生活中所總結的富有哲理性的觀念以及民眾的自我意識、參政意識和反抗意識等。1931 年周容發表《中國平民思想的分析》一文，他指出：「所謂平民即是指以農人、工人、商人爲主體的庶眾而言。所謂平民的思想即是庶眾應付日常生活所具有的共同思想。」他還認爲，研究平民思想應從謠諺下手。〔註67〕如果說周容的《平民思想史》是受當時社會思潮、國民意識崛起影響的話，那麼幾十年以後葛兆光對一般民眾思想研究的關注則緣於對思想史寫作只是羅列精英思想家思想現狀的反思。無論其書是否達到了他所希望的描寫普通民眾思想的目的，但其努力的方向是值得肯定的。〔註68〕與此同時，很多學者也開始利用漢代的歌謠、童謠等作爲研究普通百姓思想的材料。他們對民間風氣、民間風俗的研究也爲我們瞭解漢代社會百姓的生活狀態、思想狀態奠定了基礎。〔註69〕更需要說

〔註66〕 薛農山：《中國農民戰爭之史的研究》，上冊，上海：神州光國社，1935 年版，第 275～278 頁。

〔註67〕 周容：《中國平民思想的分析》，《社會雜誌》1 卷 4 號，1931 年 4 月。

〔註68〕 關於葛兆光對一般民眾知識、信仰、思想的論述詳見葛兆光：《中國思想史（導論）》，上海：復旦大學出版社，2010 年第一版，第 9～24 頁。

〔註69〕 相關論文如王子今：《秦漢民間謠諺略說》，《人文雜誌》，1987 年第 4 期；仝晰綱：《漢代鄉里風謠與謠言》，《人文雜誌》，1999 年第 4 期；馬新：《時政謠諺與兩漢民眾參與意識》，《齊魯學刊》，2001 年第 6 期。人們通常認爲民眾所編之童謠、歌謠、風謠、謠諺，甚至是帶有讖語意味的讖謠都是民眾思想的表現，他們可以以此表達民聲、品評政治、申冤、頌德。

明的是，漢代普通百姓也常常會通過謠諺來品評時政或人物，這種方式是統
治者收集民意的渠道。所以說，對漢代民眾思想的瞭解將有助於我們把握漢
代統治者如何處理君民關係、官民關係以及如何瞭解民風民情，從而利於我
們把握治民政策的實施問題。

　　20 世紀以來國外對中國古代「民」的研究也很豐富，如前引安樂哲的《主
術：中國政治藝術之研究》是專門論述《淮南子》中關於民問題的典範。日
本學者早在 20 世紀三十年代就翻譯了梁啓超的《先秦政治思想史》。1925 年，
在中國生活多年的中江丑吉出版了《支那古代政治思想史》，後來在日本再版
改名爲《中國政治思想史》〔註 70〕，該書可謂日本學者研究中國政治思想史
的奠基之作。中江丑吉對漢文非常精通，他結合自己在中國的感受，寫出了
中國古代政治思想史的著作，其中更是對古代思想家討論「民」的問題議論
頗深。此外，還有板野長八的《中國古代的帝王思想》〔註 71〕、岩間一雄的
《中國政治思想史研究》〔註 72〕，都是對中國古代統治思想、政治思想研究
的力作。西方學者埃爾伯特（Elbert Duncan Thomas）的《中國政治思想史》〔註
73〕主要探討了西周時期的政治思想史。尤瑞（Yuri Pines）的《永恒帝國的構
想——戰國時代中國的政治思想》中也對戰國時「執政爲民」〔註 74〕（Ruling
for the People）思想有精彩的闡釋。這些國外政治思想史的研究成果也有助於
我們瞭解西方學者眼中的中國古代政治思想，從而開拓了我們的視野，爲我
們研究漢代統治者的民論提供了有益的借鑒。

　　20 世紀以來，從開始研究民本思想、治國思想，到以統治思想的視角、
以思想與社會互動視角研究「民」的各種問題，學者們對兩漢「民論」的研
究可謂相當深入。從以上各個領域的研究成果看，其研究現狀有以下幾個特
點：

　　第一，研究內容豐富但相對零散。從上述所列論著我們發現，研究漢代
「民論」的論著所涉及的領域非常廣，涵蓋歷史學、哲學、政治學等諸多學

〔註 70〕　（日）中江丑吉：《中國政治思想史》，岩波書店，1950 年版。

〔註 71〕　（日）板野長八：《中國古代的帝王思想》，日本評論社，1950 年版。

〔註 72〕　（日）岩間一雄：《中國政治思想史研究》，東京：未來社，1968 年版。

〔註 73〕　Elbert Duncan Thomas, *Chinese political thought: a study based upon the theories of the principal thinkers of the Chou period*, New York: Books for Libraries Press, 1969.

〔註 74〕　Yuri Pines, *Envisioning eternal empire: Chinese political thought of the Warring States*, University of Hawai'i Press, 2009.

科，其內容也相當豐富，然而卻相對零散，沒有專門對「民論」的論述。即使是對某一個思想家、某一本書、某一時期的「民論」研究來說，都是相對分散的。

第二，思想研究深入但缺乏政治實踐的研究。對漢代「民論」的研究上至哲學思辨下至具體措施，學者們對其研究可謂深入。但是相關研究或者是就思想論思想，或者是就措施說措施，很少有上達思想下達措施的論述，尤其是對那些真正影響統治者政策的頒佈、執行的理念則論述較少。

第三，對精英思想家研究較多但對統治者的研究較少。學者們傾向對思想家或某一專著中「民論」的闡釋，而較少關注漢代統治者是如何認識民、治民以及實踐各種政治措施的問題。我們認為，在研究兩漢「民」的問題時，除了需要關注精英思想家的思想外，還需要瞭解對整個國家具有政治權力的統治者的思想，他們對民的認識才是其制定政策、施行措施的指導思想和理論源泉，才是對解決實際問題真正產生作用的思想。

需要再次指出的是：我們關注的是兩漢時期作為「在上者」的統治者對作為「在下者」的民眾的認識問題。兩漢統治者對民的認識決定了他們要施行什麼樣的政策、採取什麼樣的措施，而這是一個國家得以運行的基本前提。因此，系統地梳理、分析漢代統治者的民論，將更有利於我們對兩漢的政策制定、措施實施、治民效果有所把握，從而瞭解整個國家是如何發現社會問題、解決社會問題的。當然，這只是我們的努力方向。我們將在前人研究的基礎上，吸收各個領域的研究成果，通過有限的篇幅展現漢代「在上者」是如何看待「在下者」、如何統治「在下者」的圖景，同時提出一點個人的見解。

四、本文的研究思路

我們認為，漢代統治者對民的認識，除了繼承和吸收先秦的思想精華外，更是其在施政過程中、在解決實際問題時所闡發的，因此「漢代統治者的民論」是既來源於實踐又應用於實踐的思想體系。本文分為五個部分來闡釋這一思想體系——分別為民性論、民本論、治民論、恤民論和民樸論。這一闡釋遵循的是從理論基礎、理論核心、理論內容與實踐到理想政治的敘述方式。

本文對民的定位是：民是指那些沒有政治身份的，從事士、農、工、商職業的被統治者，他們可以接受國家授田、授爵、為國家提供徭役、賦稅、

兵役，是國家中人口最爲龐大的群體。民是國家得以存在和運轉的基礎。那麼，民這樣一群人的本性是什麼呢？漢代統治者提出了自己的民性論。漢代統治者的民性論是在吸收先秦以來思想成果的基礎上，從政治實踐出發，在日常的施政過程中提出來的。從統治者對民的稱呼看，他們認爲民本性愚昧；從統治者對民欲望的認識看，他們認爲民性趨利；從統治者對民本性善惡的判斷看，他們認爲民性善情惡。統治者對民性的把握是他們對民認識的基礎，也是他們治理百姓的理論基礎。他們認爲民性愚昧，所以百姓不能自治，需要君主來統治；他們認爲民性趨利，所以可以利用百姓好利的特點來以利誘導他們，而利於統治者的統治；他們認爲民性善情惡，所以百姓需要被教化，只有統治者施行教化才能使民本性中的善眞正地顯現出來，而去除民情之惡。然而，不管民性如何，漢代統治者還是理性地認識到，一個國家的生死存亡，重要的一個影響因素就是民心的向背。由此，他們在先秦民本思想的基礎上，提出「以民爲本」的思想。漢代統治者認爲：在政治地位上，民是被統治者、「在下者」，毫無政治權力可言；在政治功能上，民是國家的根本、支柱、源泉，是國家的賦役之本、衣食之源，是國家得以生存和發展的基礎。

在對民基本認識的前提下，漢代統治者進一步構建了民本論：「天應民心」是理論基礎；「立君爲民」和「爲民治官」是兩個基本點。在對民的基本認識和各種政治關係認識的基礎上，漢代統治者開始進入如何治民、恤民的思考。在長達四百年的統治中，兩漢統治者也在積極地探尋如何才能養好民、治好民。他們在不斷探索中提出了一系列的治民方略、治民原則。尤其值得強調的是漢代統治者將社會上形形色色的「民」加以區分，並提出相應的治民之道。統治者的治民方略、治民原則是在治國理民的過程中提出來的，是在總結先秦以來思想家、政論家治民方略的基礎上提出來的。可以說，統治者的治民方略、治民原則對實現漢代統治者國富民安、天下太平的理想具有現實的指導意義和實踐意義。我們在對漢代史料的梳理過程中感到：這些治民方略、治民原則在一定程度上是付諸於政治實踐的——統治者在對漢代社會主要問題認識的基礎上，將他們所提倡的治民方略一一應用到具體的政治實踐中，同時在天災人禍之時，也有一整套應對之策。無論漢代統治者在政治實踐中的效果如何，對其治民、恤民的努力我們需要予以肯定。儘管在我們的印象中，漢代的皇帝眞正勤政愛民者並不多，然而，事實是以奢侈著稱的漢靈帝也會有關注民生的表現。在西漢中後期、東漢末年各種社會問題接踵而

至的時候，統治者中還有相當一部分人是從民生的角度出發，做了一些安民、利民的實事的。事實證明，關注民生與對百姓不聞不問的情況二者兼而有之，只是不同時期所表現的重點不同。

最後，漢代統治者在心中，塑造了一個理想之民的形象——作爲群體的民，其主要特點應該是「民樸」；作爲個體的民，他們應該是社會上的孝子賢孫、貞婦順女。統治者在對理想之民的塑造中也構建了一個理想的政治模式，即「陰陽合和」「君聖民樸」的太平之世。漢代統治者一直不斷地期許，希望通過各種治民方略、政治調節的措施實現這樣一個理想世界。然而，這樣的世界只能存在於理想之中，不可能眞正實現。

需要特別說明的是：本文所用材料以君主發布的制書、詔書、策書、敕書以及君臣朝堂議政的內容、大臣的奏疏、上書爲主，輔以官方承認的經學著作、代表官方觀點的著作、爲皇帝所認可的著作等〔註75〕，力求所用材料都能代表統治者的意願和觀點。

我們比較系統地梳理了漢代的基本史料、出土簡文，希望在總結吸收前人研究成果的基礎上試圖從以下幾點作出努力：

第一，從前人研究成果看，對漢代統治者民論的研究頗多，研究內容很豐富，但就其系統性而言，則相對薄弱。因此，本文的主要貢獻則是對這一問題的系統論述。

第二，從理論方法看，本文試圖以思想與社會互動的角度，在總結漢代統治者對民認識以及治民的基本理論基礎上，探尋其政治實踐的內容，以此來揭示在漢代那些影響政治運作、涉及民生、付諸實踐的政論內容。

第三，從所用史料看，本文改變以往思想史著作以思想家著作作爲主要史料的做法，而以漢代的詔書、制書、敕書等爲主要材料來詮釋統治者的思想，這樣既可以挖掘漢代基本史料的潛力又能夠重新審視漢代詔書、制書、敕書等官方文書的價值。

從基本理論到基本方略再到政治實踐、政治理想，本文試圖更加直觀、更加深入、更加系統地探討漢代統治者認識民、治理民、塑造民的整個歷史過程。這一過程也是漢代統治者思考採取何種理論、制度、政策、措施使整個社會得以穩定運行的過程，也是漢代統治者制定統治方略與實施治民措施

〔註75〕這一類是在史籍中明確說明的。例如桓譚的《新論》被光武帝稱道，荀悅的《申鑒》爲獻帝所稱讚等等。

二者的互動過程。

　　由於現存史料的限制，我們很難系統地考察每一位皇帝、每一位掌權大臣的民論思想。因此，本文並不能按照時間的順序詳細地敘述各個時期統治者的民論，而只能按照漢代統治者在論「民」時所遵循的一定邏輯關係來進行敘述。這就需要我們更加深入地挖掘漢代的基本史料，找出其中的邏輯關係並將其恰當地敘述出來。此外，我們所考察的只是這一長時段的主要內容。由於筆者的水平有限，在論述中，可能會出現這樣或那樣的疏漏，而有些問題如制度問題、策略問題、政治實踐以及統治者對理想之民的塑造與理想政治的構建等，可能沒有更加深入的探討，這也是本文需要進一步完善之處。

第一章 民性論

「民」是一個歷史範疇，隨著國家形態、政治制度的演變而變化。一般說來，作為政治範疇的「民」是君、臣（貴族官僚）、民三大社會等級中處於最底層的那一部分人。

大體上說，春秋以前，整個社會自上而下可分為六個等級。第一等級是天下共主，即后（夏）、王（商）、天子（周）。他們是整個國家的最高統治者，在名義上擁有天下的國土和臣民，但是他們沒有嚴格意義上的專制主義中央集權制度下所能擁有的政治、經濟、軍事的權力。第二等級是諸侯。諸侯擁有自己的土地、軍隊、臣民，對天子稱臣，又是該國的最高統治者。第三等級是卿大夫，他們是天子之國或者諸侯國內部的封君，也擁有土地和人民，對上稱臣，對下稱君，協助共主或者諸侯處理政務。第四等級是士，他們通常也有自己世襲的領地，對上稱臣，對下稱君。事實上，諸侯、卿大夫、士，既擁有爵位，又是政府的官僚。以上四個等級都是統治階層，他們擁有不同程度的權力和各自的領地。第五等級是庶民，即沒有爵位的平民，他們可以從事農、工、商業，擁有一定的政治權利，多為貴族的後裔，這一等級的人在商、周時期的稱呼也各有不同。在周代時，庶民階層中占多數的是「國人」，他們有參政權的同時也是國家軍事的主要力量。第六等級是野人、臣妾等，這一等級沒有任何權利。

春秋戰國時期，隨著諸侯、卿大夫勢力的強大，周天子的地位每況愈下，社會等級制度也隨之瓦解。同時處於下層的士和庶民也可以通過軍功等途徑改變其社會地位。在這一過程中，以分封制為基礎的等級君主制逐步向以郡

縣制爲基礎的中央集權制轉變，社會政治等級也通常按照君、臣、民三大社會等級來劃分。

秦漢以後，專制主義中央集權制正式形成，這時，君、臣、民也構成三大社會政治等級。擁有至高無上權力的是君，貴族和各級官僚爲臣，沒有政治身份的爲民。在漢代，「民」作爲政治概念，包括的人群很廣。我們認爲，大體上，民是指那些沒有政治身份的人，他們是從事士、農、工、商職業的被統治者，他們可以接受國家授田、授爵、爲國家提供徭役、賦稅、兵役，是國家中人口最爲龐大的群體。這裡需要指出，「民」只是一個政治範疇，並不是一個階級概念。在民眾中，有「豪民」「富賈」「貧民」「賤民」。有的豪民大賈爲了吞併土地還會侵奪貧民，而很多貧民則需要在富民家做耕傭。《淮南子・齊俗訓》：「其爲編戶齊民無以異，然貧富之相去也，猶君與僕虜，不足以論之」。[註1] 當然，漢代還存在奴婢，只是數量相對民來說已經很少了，甚至自漢高祖建國時就規定百姓因爲貧窮而被迫成爲奴婢的，「皆免爲庶人」[註2]。那些富民大賈，如果沒有得到官職，進入政治體系，則依然爲民。由於各種原因而淪爲奴婢之人也可以通過國家大赦、自贖等途徑成爲民。因此，作爲一個政治概念，「民」的群體是依據其是否具有政治身份和其社會政治等級而劃分的。

漢代統治者在治國理民的過程中，逐漸注意到治「民性」的重要性，他們認爲「不可不知民之性」[註3]，只有掌握了民之性，因性利導，才能使百姓趨於淳樸，有利於維護社會的統治。「民性」包括在人性當中，但又不同於「人性」。人性主要是泛指所有人類的自然屬性和特有屬性，前者指人的天賦秉性，後者則指與其他物類相區別的特殊屬性。我們籠統地可以概括爲人之所以成爲人的根據是什麼，即人的本質、本性問題。[註4]「民性」則是指整個人類群體中「民」這一群體所共有的本性，包括生而有之的天賦秉性和區別於其他社會群體的特殊屬性。從漢代的史料中我們可以看出，漢代統治者的民性論主要有民性愚說、民性趨利說、民性善情惡說。

〔註1〕 《淮南子・齊俗論》。何寧撰：《淮南子集釋》，北京：中華書局，1998年第一版，第823頁。

〔註2〕 《漢書》卷一下《高帝紀下》，北京：中華書局，1962年第一版，第54頁。

〔註3〕 王聘珍撰，王文錦點校：《大戴禮記解詁》，北京：中華書局，1983年第一版，第140頁。

〔註4〕 姜國柱、朱葵菊：《中國人性論史》，《導論》，洛陽：河南人民出版社，1997年，第7～8頁。

第一節　民性愚

民性愚是指民這一群體在本性上是愚昧無知的。漢代統治者常常用「愚」或者與「愚」意義相近的字與「民」字相連，表示「民」爲「下愚之人」。漢文帝說：「夫馴道不純而愚民陷焉」。〔註5〕他又在選舉賢良文學之士的策詔中說要「興愚民之休利」〔註6〕。大臣們也常常提到「愚民」。例如漢成帝時，災異數見，梅福上書說：「間者愚民上疏，多觸不急之法」。〔註7〕可以說，本性愚昧是漢代統治者對民這一群體的基本認識。

同時，我們也可以從漢代人對民的稱呼或者解釋中看出統治者認爲民性愚昧。漢代人對民的稱呼主要有「民萌」「萌黎」「黎萌」〔註8〕等。凡對民的稱呼中帶有「萌」字，其義基本可以解釋爲懵懵無知之民。「民」字在漢代許愼《說文解字》中的解釋爲：「民，衆萌也。」清朝段玉裁的注解爲：「萌，猶懵懵無知貌也。」〔註9〕《漢書・劉向傳》有「萌」字，顏師古解釋爲：「萌與甿同，無知之貌。」〔註10〕漢代統治者也將「冥」訓爲「民」。漢代著名的緯書《孝經援神契》上有「民者，冥也」〔註11〕的說法。鄭玄在解釋儒家經典著作《毛詩・大雅・靈臺序》的箋中也提到：「民者，冥也。」〔註12〕「冥」的本義爲幽暗，引申爲愚昧無知之義。漢代文獻中有用「冥昧」〔註13〕來表示人愚昧的用法。《禮記・哀公問》中有「寡人惷愚冥煩」。鄭玄注：「冥煩者，言不能明理此事。」〔註14〕由此可見，漢人用「冥」字來解釋「民」，正反映了其認爲民本性愚昧的看法。此外，還有將「民」訓爲「瞑」的說法。董仲

〔註5〕　《史記》卷一○《文帝本紀》，北京：中華書局，1959年，第428頁。

〔註6〕　《漢書》卷四九《晁錯傳》，第2290頁。

〔註7〕　《漢書》卷六七《梅福傳》，第2921頁。

〔註8〕　詳見《漢書》卷三六《楚元王傳》，1950頁；《後漢書》卷四三《朱暉傳附孫穆傳》，北京：中華書局，1965年，第1473頁；《後漢書》卷七八《宦者傳》，第2510頁。

〔註9〕　《說文解字・民部》，許愼撰、段玉裁注：《說文解字注》，杭州：浙江古籍出版社，2006年第2版，第627頁。

〔註10〕　《漢書》卷三六《劉向傳》，第1591頁。

〔註11〕　《孝經援神契》，載（日）安居香山、中村璋八輯：《緯書集成》，石家莊：河北人民出版社，1994年第一版，第982頁。

〔註12〕　《詩經・大雅・靈臺序》，鄭玄箋，《漢魏古注十三經注疏》，上冊，北京：中華書局，1998年第一版，影印本，第123頁。

〔註13〕　《後漢書》卷一三《隗囂傳》，第516頁。

〔註14〕　《禮記・哀公問》，鄭玄注，《漢魏古注十三經注疏》，上冊，北京：中華書局，1998年第一版，第183頁。

舒在《春秋繁露》中認為：「民者，瞑也。」他形容「瞑」的狀態為：「目臥幽而瞑，待覺而後見。」而將「民」字訓為「瞑」是因為人的本性是「未覺」的，這是「天所為也」，因此，「效天所為，為之起號，故謂之民」。〔註15〕「瞑」的本義是「翕目也」〔註16〕。將「民」訓為「瞑」就是形容民在閉上眼睛時所處的蒙昧狀態，引申義為民眾是愚昧無知的。

漢代統治者認為「天生民」〔註17〕，但是由於他們愚昧的本性，不能自治，需要統治者來治理。民性愚昧，作為「上智」的統治者治理「下愚」的民是天經地義了。民性愚的看法是統治者天立君為民說法的邏輯基礎。

漢代統治者對民性愚的看法，也是當時在國家教育領域實行精英教育的原因之一：由於民性愚，中央設太學、地方設庠序，主要目的是培養治理國家需要的人才，而不是要進行普及性的教育，這是漢代乃至中國古代統治者的基本共識。中國古代的教育是精英教育而不是大眾的普及性教育。

儘管漢代統治者認為民是愚昧無知之人，但在他們看來，「民者，弱而不可勝，愚而不可欺也」〔註18〕。這句話出自王吉給即位不久的漢宣帝的上疏中。王吉認為，一旦百姓治理不好，就會出現「百里不同風，千里不同俗，戶異政，人殊服，詐偽萌生，刑罰亡極質樸日銷，恩愛浸薄」的狀況，從而危及到整個國家的統治。只有「一世之民濟之仁壽之域」，才能俗「若成康」、壽「若高宗」。〔註19〕漢代統治者清楚地知道，民在地位上是低賤的、在本性上是愚昧的，但是民眾對於國家和君主的重要性是不容忽視的。

第二節　民性趨利

在漢代統治者看來，民的本性是趨利的。所謂「民函陰陽之氣，有好義欲利之心」〔註20〕，「民者，在上所以牧之，趨利如水走下，四方亡擇也」〔註21〕。董仲舒在回答漢武帝的「天人三策」中也提到：「夫萬民之從利也，如水

〔註15〕 《春秋繁露・深察名號》，董仲舒撰、凌曙注：《春秋繁露》，北京：中華書局，1975 年版第 1 版，第 356 頁：第 366 頁。
〔註16〕 許慎撰、段玉裁注：《說文解字注》，第 134 頁。
〔註17〕 《漢書》卷四《文帝紀》，第 116 頁。
〔註18〕 《漢書》卷七二《王吉傳》，第 3063 頁。
〔註19〕 《漢書》卷七二《王吉傳》，第 3063～3064 頁。
〔註20〕 《漢書》卷七八《蕭望之傳》，第 3275 頁。
〔註21〕 《漢書》卷二四上《食貨志上》，第 1131 頁。

之走下，不以教化隄防之，不能止也。」〔註22〕為什麼民本性趨利呢？這是因為民本身是有欲望的，最基本的就是口腹耳目之欲：「目好五色，為之黼黻文章以表其能。耳樂鍾磬，為之調諧八音以蕩其心。口甘五味，為之庶羞酸鹹以致其美。」〔註23〕百姓為了滿足「目好五色」「耳樂鍾磬」「口甘五味」，就必須或富或貴，但他們無官無爵，這就促使他們逐利。

事實上，如果只是停留在滿足最基本的口腹之欲上，民性趨利的本性對統治者來說是利於他們治民的。因為民性好利，統治者可以通過「利誘」來使百姓為他們所用。漢代常常會遷徙內地之民「實邊」，一方面是為了鞏固邊境的統治，另一方面也因為邊境地廣人稀，可以開墾土地。漢文帝被邊境問題所困擾，晁錯認為可以讓一些民眾遷徙到邊境「家室田作」，這樣就可以起到防備胡人的作用。國家可以先遷徙有罪之人，如果人數不夠，「乃募民之欲往者」，「皆賜高爵，復其家。予多夏衣，廩食，能自給而止」，文帝採納了他的建議。〔註24〕統治者認為只要滿足民眾好利的本性，他們就可能順從，成為國家的良民，為國家所用。然而，社會上總有一些過份追逐利益的百姓，他們可能通過囤積居奇、兼併土地等手段攫取大量財富而成為民中之富民、豪民，也可能無才無德且好吃懶做而成為民中之奸民、滑民，甚至是犯法之民。富民、豪民因為擁有巨額財富而勢力強大，可能威脅地方的統治；犯法之民則會擾亂地方治安，不利於地方的穩定。因此，為了控制百姓過份逐利，漢代統治者就必須施行各種方法加以控制。

第一，提倡「崇節儉」的美德。儘管漢代有些皇帝生活得十分奢侈，但從統治者發布的詔書中，大臣的上奏裏，我們看到更多的是他們對「崇節儉」的讚美。漢成帝下詔：「方今世俗奢僭罔極，靡有厭足。公卿列侯親屬近臣……或乃奢侈逸豫，務廣第宅，治園池，多畜奴婢，被服綺縠，設鐘鼓，備女樂，車服嫁娶葬埋過制。吏民慕傚，寖以成俗，而欲望百姓儉節，家給人足，豈不難哉！」〔註25〕這裡漢成帝批評公卿列侯只知道逐利而沒有給百姓起到表率作用，致使「吏民慕傚」，上下都興奢侈之風，這樣只會促使更多的民眾逐利。此外，大臣們也常常會上書勸諫統治者要崇節

〔註22〕《漢書》卷五六《董仲舒傳》，第2503頁。
〔註23〕《史記》卷二三《禮書》，第1158頁。
〔註24〕《漢書》卷四九《晁錯傳》，第2286頁。
〔註25〕《漢書》卷一〇《成帝紀》，第324～325頁。

儉，做到省宮苑、減膳費、出宮女、少游幸。統治者希望通過宣揚節儉的美德達到控制百姓逐利的目的，然而，僅僅靠道德的約束是不能完全達到理想的效果的。

第二，控制地方的富強豪民。漢代的工商業很興盛，但是「不軌逐利之民，蓄積餘業以稽市物，物踊騰糶，米至石萬錢，馬一匹則百金」〔註26〕。為了控制富商豪民的勢力過大，西漢初年，漢高祖就下令賈人不得衣絲乘車。漢惠帝、高后時，「復弛商賈之律，然市井子孫亦不得為官吏」〔註27〕。漢武帝時，人們可以買官買爵，一些富商豪民得以和政治權力結合。然而，統治者依然將其掌握在可控範圍之內。

漢代統治者根據民性趨利的特點，一方面利誘，一方面控制，使百姓之欲既為統治者所用又在統治者的掌控之中。

第三節　民性善情惡

漢代統治者在討論民性問題時，常常將「性」與「情」放在一起，即「情性論」。他們主張的是性善情惡說。在漢代的史料中，我們常常能看到「正情性」〔註28〕「理情性」〔註29〕「移情性」〔註30〕的字眼，這些說法大多是統治者針對當時存在的政治問題提出來的。

何為「情」、何為「性」？漢元帝在給東平思王劉宇的詔書中提到：「情亂其性，利勝其義」。漢魏之際的張晏注解為：「性者，所受而生也。情者，見物而動者也。」〔註31〕可見，「性」是天生之質，而「情」是後天「見物而動」之「欲」。這裡，統治者將「情」定義為人欲，將「性」定義為天賦秉性。漢代統治者認為民本身具有「五性六情」。這裡所說的「五性」即民有五常之性的意思。「五常」即仁、義、禮、智、信。《白虎通》認為民性中有「五性」：「五性者何謂？謂仁義禮智信也。」〔註32〕漢元帝說：「夫人之性皆有五常，

〔註26〕《史記》卷三〇《平準書》，第1417頁。

〔註27〕《漢書》卷二四下《食貨志》，第1152頁。

〔註28〕《漢書》卷二二《禮樂志》，第1027頁。

〔註29〕《漢書》卷八一《匡衡傳》，第3339頁。

〔註30〕《後漢書》卷四九《仲長統傳》，第1653頁。

〔註31〕《漢書》卷八〇《宣元六王傳·東平思王劉宇傳》，第3323頁。

〔註32〕陳立撰，吳則虞點校：《白虎通疏證》，北京：中華書局，1994年第一版，第381頁。

及其少長，耳目牽於耆欲，故五常銷而邪心作……」〔註33〕《漢書・刑法志》：「夫人宵天地之貌，懷五常之性」。〔註34〕《漢書・地理志下》：「民函五常之性」。〔註35〕具體「五常之性」是什麼呢？《白虎通》進一步解釋說：「仁者，不忍也，施生愛人也。義者，宜也，斷決得中也。禮者，履也，履道成文也。智者，知也。獨見前聞，不惑於事，見微知著也。信者，誠也，專一不移也。」「六情」即為「喜怒哀樂愛惡」〔註36〕。另一種解釋「六情」的說法為：「六情，廉貞、寬大、公正、姦邪、陰賊，貪狼也。」〔註37〕

漢代統治者還通過陰陽來論情性，進而得出性善情惡的說法。《白虎通・情性》說：「情性者，何謂也？性者陽之施，情者陰之化也。人稟陰陽氣而生，故內懷五性六情。」隨後，《白虎通》又引用《孝經鉤命決》的說法：「情生於陰，欲以時念也。性生於陽，以就理也。陽氣者仁，陰氣者貪，故情有利欲，性有仁也。」〔註38〕《白虎通》將「性」看作「陽之施」，將「情」看作「陰之化」，以陰陽論情與性，並通過「陽氣」具有「仁」，「陰氣」具有「貪」的特點，進而論證出「性」是「仁」，「情」有「利欲」的觀點。可見，《白虎通》用「情陰」「性陽」得出了「性善情惡」的結論。

漢代統治者深知「聖人設教，各有其方，知人情性莫能齊」〔註39〕的道理，希望通過對民眾「情性」的把握來引導百姓，使他們個人的「情性」符合儒家的倫理道德。儘管民有五常之性，但只是有「五常」的根，本身並不具備「五常」的行為，這就需要後天的教化才能使百姓真正具有仁義禮智信的道德──「人情有五性，懷五常不能自成，是以聖人象天五常之道而明之，以教人成其德也」〔註40〕。儘管民具有「惡」的「六情」，但是只要通過刑罰的約束就可以控制「情」，使「情」不至於越過儒家的倫理道德而危害社會。東漢末年荀悅的名著《申鑒》是為「政移曹氏」，「恭己而已」的漢獻帝所作，漢獻帝看到《申鑒》而善之。〔註41〕《申鑒》提到：「性

〔註33〕《漢書》卷八○《宣元六王傳・東平思王劉宇傳》，第3323頁。
〔註34〕《漢書》卷二三《刑法志》，第1079頁。
〔註35〕《漢書》卷二八下《地理志下》，第1640頁。
〔註36〕陳立撰，吳則虞點校：《白虎通疏證》，第382頁。
〔註37〕《漢書》卷七五《奉翼傳》，張晏注，第3170頁。
〔註38〕陳立撰，吳則虞點校：《白虎通疏證》，第381頁。
〔註39〕《後漢書》卷一○《明德馬皇后紀》，第413頁。
〔註40〕陳立撰，吳則虞點校：《白虎通疏證》，第447頁。
〔註41〕《後漢書》卷六二《荀悅傳》，第2058～2062頁。

雖善，待教而成，性雖惡，待法而消。」〔註42〕荀悅認爲通過教化就可以讓一半的民眾從善，通過刑法可以讓四分之三的民眾因「畏刑」而保持善的行爲，剩下的一小部分有一些是可以被教化或者畏懼刑法的，這樣「法教之於化民也，幾盡之矣」〔註43〕。

漢代統治者的情性論充分表明了其對民性看法的進一步深入。民本身含有五常之性，百姓通過循循善誘就可以成爲符合國家意志的良民。民本身又含有六情之欲，百姓通過國家的刑法就可以被約束，也能成爲符合儒家倫理道德之人。

漢代統治者主張「善治民者，治其性」〔註44〕，認爲可以通過「盡民性」「成民性」進而達到安邦定國的目的。民性愚昧，民不能自理，所以需要統治者來治理百姓，這就論證了政權的合法性；民性趨利，需要統治者採取適當的手段加以利誘和控制，這就體現了統治者的治民之術；民性善情惡，需要統治者對百姓進行改造，使之成爲符合儒家倫理道德的良民，這就彰顯了統治者對蘊含「五常」之性的民眾的期許。由此可見，民性論是漢代統治者民論理論的基礎。

〔註42〕 荀悅：《申鑒・雜言下》，《諸子集成》第七冊，上海：上海書店，1986年第一版，第27頁。

〔註43〕 荀悅：《申鑒・雜言下》，《諸子集成》第七冊，第27頁。

〔註44〕 荀悅：《申鑒・政體》，《諸子集成》第七冊，第6頁。

第二章　民本論

第一節　關於「民本」概念的爭鳴

　　從先秦的「民惟邦本，本固邦寧」〔註1〕「民爲貴，社稷次之，君爲輕」
〔註2〕，到秦漢的「聞之於政也，民無不爲本也」〔註3〕，直至明清的「民主
君客」說，民本思想可謂源遠流長，深入人心，相關的學術論著相當豐富，
從中也引發了各種學術爭鳴〔註4〕。「民本」爲現代學術界創造的概念，語出
《尙書・五子之歌》的「民惟邦本，本固邦寧」。梁啓超在其《先秦政治思想
史》中將「民本」解釋成爲重民思想。〔註5〕近代以來的學者又從文化史、哲
學史、思想史等不同角度撰寫有關「民本」思想的文章，辨析了民本思想的
內容、特徵、性質，取得了相當大的成果。幾乎每位論及民本思想的學者都
有自己對民本的理解，因而他們對民本的定義也不盡相同。金耀基在梳理歷
代民本思想的基礎上提出：儒家民本思想之第一義是以人民爲政治之主體；

〔註1〕　《尙書・五子之歌》。十三經注疏整理委員會：《尙書正義》，北京：北京大學
　　　　出版社，2000年第一版，第212頁。
〔註2〕　《孟子・盡心下》。十三經注疏整理委員會：《孟子注疏》，北京：北京大學出
　　　　版社，2000年第一版，第456頁。
〔註3〕　《新書・大政上》。賈誼撰，閻振益、鍾夏校注：《新書校注》，北京：中華書
　　　　局，2000年第一版，第338頁。
〔註4〕　胡波：《20世紀中國民本思想研究述評》，《學術月刊》，2001年第5期。
〔註5〕　梁啓超：《先秦政治思想史》，上海：中華書局、上海書店聯合出版，1986年
　　　　第一版，第29～32頁。

二為天之立君既然為民，則君之居位，必須得到人民之同意，君與民存在雙邊的契約關係；三是儒家民本思想的「保民」「養民」為君之最大職務；第四，儒家民本思想重「義利之辨」，目的在於保障人民的一般權利；第五，「王霸之爭」與民本思想呼吸相關；第六，民本思想涉及到「君臣之際」互約關係的認定問題。〔註6〕韋政通認為中國古代的民本思想大體有六種涵義：民惟邦本；民意即天意；安民愛民；重視民意；民貴君輕；革命思想。〔註7〕朱義祿將民本思想歸結為民眾為國家的根本、立君為民、民貴君輕、愛民富民四個基本觀念。〔註8〕

這些定義雖然提出了民本思想的一些特點，但由於各自強調的重點不同而顯得概括性不強、層次不清。有的定義則引入了現代解讀的內容，這就難免會產生歧義、導致誤讀。長期以來，正是學術界對「民本」概念界定的模糊與分歧從而引發了一系列的爭論。近來，張分田在系統地總結各種「民本」定義的利弊之後，將中國古代的「民本思想」概括為一個核心理念與三個基本思路。一個核心理念為「以民為本」，三個基本思路為「立君為民」「民為國本」「政在養民」，並且認為只要符合其中任意一條即可被判定為民本思想〔註9〕。從這一定義看，「以民為本」是民本思想的出發點和歸宿點，是民本思想的理論內核。「立君為民」〔註10〕涉及民本思想的終極依據，即立君是為萬民而非為君之一己私利。「民為國本」「政在養民」則涵蓋民本思想的實踐理念、實踐措施和操作原則等諸問題。所以從這一定義出發，我們可以推導出民本思想的全部內容。

此外，據筆者瞭解，系統研究漢代統治者民本思想的論著還為數不多。在一篇名為《從「制君安民」到「尊君制民」——漢代民本思想的特點及其

〔註6〕 金耀基：《中國民本思想史》，北京：法律出版社，2008 年第一版，第 11～16 頁。

〔註7〕 韋政通：《中國的智慧》，北京：中國和平出版社，1988 年第一版，第 31～32 頁。

〔註8〕 朱義祿、張勁：《中國近現代政治思潮研究》，上海：上海社會科學出版社，1988 年第一版，第 14 頁。

〔註9〕 張分田、張鴻：《中國古代「民本思想」內涵與外延芻議》，《西北大學學報（哲社版）》，2005 年第 1 期。

〔註10〕 張分田認為「立君為民」在民本思想中「佔據至關重要的位置」。張分田：《中國學術界一個集體性地重大事實誤判》，《史學月刊》，2016 年第 9 期。

價值悖反》的文章中涉及的內容也僅是董仲舒和賈誼的民本思想，而對東漢時期民本思想的情況隻字未提。〔註11〕在已有的論述漢代民本思想的論著中，學者們也大都傾向於關注精英思想家的民本論。〔註12〕還有一些學者認為自秦漢以降，民本論日益受到尊君論的排斥與壓抑，處於「在野」地位的民本主義逐漸演變為君主專制政治的反對派。〔註13〕於是筆者開始思考：在漢代，「民本」是否僅為「在野」的精英思想家們所提倡？漢代統治者是否認同民本思想？帶著「漢代統治者是否認同民本思想」這一問題，筆者翻閱了漢代的基本史料，從中發現，重民思想廣泛地滲透在皇帝發布的詔書、君臣議政的言論之中。如果按張分田對「民本」的定義來看：

第一，「立君為民」的言論明確地寫在皇帝的詔書中。例如建和三年（公元 149 年）漢桓帝給全國發布詔書說：「蓋聞天生蒸民，不能相理，為之立君，使司牧之。」〔註14〕永建元年（公元 167 年）漢桓帝駕崩後，竇后臨朝時的詔書也說：「夫民生樹君，使司牧之，……」。〔註15〕

第二，「民為國本」為統治者所認同。漢成帝時，谷永上書勸皇帝不要親幸小臣，所用的論據就是「王者以民為基」，希望成帝不要「輕奪民財」〔註16〕。張奮在給漢和帝所陳表中提到：「夫國以民為本，民以穀為命，政之急務，憂之重者也。」和帝看完後，「即時引見，復口陳時政之宜」。〔註17〕此外，荀悅在他那篇流傳千古的《申鑒》一文中，明確提出「民存則社稷存，民亡則社稷亡」〔註18〕的口號，而漢獻帝「覽而善之」。〔註19〕

〔註11〕 張俊峰：《從「制君安民」到「尊君制民」——漢代民本思想的特點及其價值悖反》，《船山學刊》，2004 年第 1 期。

〔註12〕 依筆者所見，目前論及漢代民本思想的論著多為論述王符等精英思想家的民本思想。例如：李學勇：《試論民本思想在王符思想體系中的地位》，《甘肅社會科學》，1994 年第 3 期；馮天瑜、謝貴安：《解構專制——明末清初「新民本」思想研究》，武漢：湖北人民出版社，2003 年第一版，第 47 頁。

〔註13〕 馮天瑜：《中華元典精神》，上海：上海人民出版社，1994 年第一版，第 307 頁。

〔註14〕 《後漢書》卷七《孝桓帝紀》，第 293 頁。

〔註15〕 《後漢書》卷六六《陳蕃傳》，第 2168 頁。

〔註16〕 《漢書》卷八五《谷永傳》，第 3462 頁。

〔註17〕 《後漢書》卷三五《張奮傳》，第 1199 頁。

〔註18〕 荀悅：《申鑒・雜言上》。《諸子集成》第七冊，第 20 頁。

〔註19〕 《後漢書》卷六二《荀悅傳》，第 2062 頁。

　　第三，「政在養民」的理念滲透在漢代統治者對治民之道的積極探索中。〔註20〕統治者認為，君主和官吏的存在都是為了「養民」，這是「天」這個絕對權威的旨意，統治者要嚴格執行。由此，漢代統治開始了對如何治民的探索之路，儘管在過程中不免出現各種各樣的問題，但我們在史料中還是可以體察到他們的這種努力的。

　　從以上三點，我們可以推斷：漢代統治者是認同民本思想的。

　　在統治者眼中，民是衣食之源、賦役之本。皇帝們深知「百姓不足，君誰與足」〔註21〕的道理。另一方面，統治者也認識到民眾的暴動和起義是王權再造機制中的重要因素，是王朝更替的動力之一。東漢後期，政治腐敗，社會動蕩。桓帝時有人上書說因貨輕錢薄導致民貧，所以應該改鑄大錢。劉陶則看出問題的關鍵不在「貨輕錢薄」，而在朝政腐敗，於是上書說：「伏念當今地廣而不得耕，民眾而無所食。群小競進，秉國之位，鷹揚天下，烏鈔求飽，吞肌及骨，並噬無猒。」然而，更令人擔心的是「誠恐卒有役夫窮匠，起於板築之間，投斤攘臂，登高遠呼，使愁怨之民，響應雲合，八方分崩，中夏魚潰」。〔註22〕太學生劉陶建議不要鑄大錢的主張，表明其對百姓具有推翻王朝統治力量的深刻認識。秦末農民戰爭就是對漢代統治者最好的警示。

　　除了統治者非常清楚民在國家中具有根基、根本、支柱的作用外，很多思想家如賈誼、王符等人也是著名的民本論者。他們紛紛著書立說，將民本思想滲入到其治國理民的政論當中。賈誼更是提出「民無不為本」〔註23〕的口號。王符也在《潛伏論》中充分表明自己對民本與農本關係的認識。可以說，漢代從在朝的統治者到在野的思想家，人人都認同民本思想，並將民本思想與各種治國理論、治民方略結合在一起。無論是統治者還是「在野」的思想家，人們總是希望在漢代社會中形成一種以「民本」為出發點，

〔註20〕　關於統治者對治民之道的探索，見後文。

〔註21〕　《後漢書》卷三十下《郎顗傳》中載，順帝時災異屢現，郎顗上書陳七事，在所陳第一事中就提到「百姓不足，君誰與足」。書奏，特詔郎顗為郎中。可見統治者是認同這種說法的。

〔註22〕　最終，桓帝採納了劉陶的建議，竟沒有鑄錢。詳見《後漢書》卷五七《劉陶傳》，第1848～1850頁。

〔註23〕　《新書·大政上》。王利器撰：《新書校注》，北京：中華書局，1989年第一版，第338頁。

以實現風調雨順、國泰民安爲最終目的的理想狀態。但事實常常恰恰相反。儘管統治者明白「民爲國本」的道理，儘管很多思想家都在其著作中大聲疾呼民的重要性，但仍然會出現不是很勤政愛民的皇帝、以權謀私的大臣、魚肉百姓的小吏。究其原因則在於民本思想僅僅是停留在理論層面的對統治者行爲的約束，君臣是否能眞正做到「以民爲本」只能靠他們自己的道德意識，而沒有任何實質力量——如制度方面的制約。這就導致如果君主本身仁愛民眾，那他可能會更多地考慮民生問題；如果官吏本身道德感強，那麼他們可能會有更多的愛民表現。當然，即使是一個很糟糕的皇帝，即使是一群只會謀私的官吏，人們在朝堂上、社會輿論中也始終是將民生問題、民本觀念掛在嘴邊的，因爲這才是民眾認同劉氏統治天下、認同漢朝廷的根本所在。

第二節　天應民心

在漢代統治者的民論中，統治者非常清楚民的重要性，民是國家的賦役之本、衣食之源。同樣，他們也在理論上進一步追問：爲什麼要「以民爲本」？在眾多的理由中，有一個最根本且可以制約統治者行爲的最高權威成爲統治者民本論的依據，這個最高權威就是「天」。事實上，在統治者頭頂的權威並非只有「天」，諸如祖宗、日、月、山以及各方神仙都是他們崇拜的對象。但是，在漢代統治者眾多的信仰中，「天」這個最高權威與「民」息息相關。我們認爲，「天」對民的意義既是統治者理性思考的結果又是統治者宗教崇拜的表現方式。「天」在先秦以來的文獻中多有描述。早在西周，周公就有「敬天保民」的思想。在先秦，「民之所欲，天必從之」〔註24〕「天視自我民視，天聽自我民聽」〔註25〕的思想也得到人們的推崇。到了漢代，統治者十分敬畏天。這裡的天，包括自然之天和神化之天。自然之天即自然界本身存在的天，即物質之天。神化之天是具有某種神化威力的帶有宗教信仰意味的天，甚至具有某些人格特徵，被稱爲人格神。漢代統治者對

〔註24〕《左傳·襄公》襄公三十一年引《太誓》，這句話又見於《左傳·昭公》昭公元年、《國語》中的《周語》《鄭語》等。十三經注疏整理委員會：《春秋左傳正義》，北京：北京大學出版社，2000年第一版，第1293頁。

〔註25〕《孟子·萬章上》引《太誓》。十三經注疏整理委員會：《孟子注疏》，第302頁。

天的信仰包括對天神（主要是太一和「五帝」）的祭祀，他們將天稱爲「皇天」「昊天」「上帝」，等等。漢代統治者在各種政論中，常常將自然之天與神話之天混淆在一起說，這都表明他們對天的篤信和崇拜。同時，統治者也憑著其對民的理解和把握以及對天的敬仰，描繪出新的天與民的關係論，從而爲其探尋民本論的理論依據找到了最終答案。

一、從皇帝封禪泰山說起

　　漢代統治者將天與民聯繫起來的集中體現是兩漢的封禪大典。封禪是中國古代君主舉行的國家大典，目的是向上天「報本」「報太平」。歷代皇帝都很重視封禪活動，將其視爲最高規格的國家祭祀禮儀。封禪並非每個皇帝都有資格舉行。秦漢時期，只有秦始皇、漢武帝和光武帝舉行過封禪大典。司馬談因爲沒能參加封禪大典而抱憾終生，足見人們對封禪儀式的重視。一般認爲，秦漢時期的封禪大典完全是爲了維護君權的合法性、獨尊性和宣揚君權對天下的絕對權威，甚至是統治者爲了像黃帝一樣可以得到神仙的眷顧而舉行的儀式。仔細閱讀《史記》《漢書》《後漢書》的相關內容，我們發現，秦始皇、漢武帝、光武帝的封禪大典確實反映出他們封禪的目的是神化皇權、維護統治、確立君權的合法性，甚至爲了羽化成仙，但是我們發現這其中也有他們對百姓的關照，他們將治民問題寫在了石刻中、發布在了詔書裏。我們看到，至少在表面上他們宣揚要「垂意黎民」。

　　公元前 219 年，秦始皇封禪泰山，開啓了中國古代帝王舉行封禪大典的先河。泰山石刻記載了秦始皇「親巡遠方黎民」的辛苦，並感慨了「皇帝躬聖，既平天下，不懈於治」的精神。琅琊石刻中記載秦始皇「上農除末，黔首是富」「優恤黔首，朝夕不殆」。〔註 26〕儘管泰山石刻、琅琊石刻都是對秦始皇的溢美之詞，但至少秦始皇十分注重向上天彙報其對百姓的態度和治民效果。這足以說明秦始皇封禪泰山的目的之一是向上天申明自己「優恤黔首」——向上天和天下表明自己對民的關注。

　　元封元年（前 110 年），漢武帝舉行的封禪大典，歷來被認爲是漢武帝求仙的表現。事實上，早在八年前，漢武帝就看到了司馬相如臨死前所寫的《封禪文》，上面勸告武帝要舉行封禪大典。隨後大司馬進言強調要「修

〔註26〕《史記》卷六《秦始皇本紀》，第 243 頁；第 245 頁。

禮地抵，謁款天神，勒功中嶽，以章至尊，舒盛德，發號榮。受厚福，以浸黎民」〔註27〕。這裡大司馬也將封禪的目的歸結為「以浸黎民」。武帝看後非常感慨，史書記載「天子沛然改容」，於是說：「愉乎，朕其試哉」，表明自己要封禪。〔註28〕八年後，漢武帝封禪泰山，封禪歸來下詔：「朕以眇眇之身承至尊，兢兢焉懼不任。……無出今年租稅。其大赦天下……」。〔註29〕從詔書的內容看，漢武帝對上天賜予的天子之位感到「懼」，同時也沒有忘記通過減免租稅、大赦天下的措施來向上天表明自己對百姓的關心。從封禪的目的標榜「以浸黎民」到封禪歸來下詔書宣佈要惠及百姓，漢武帝的封禪大典也披上了要「垂意黎民」的外衣，同時也彰顯了皇帝對上天的敬畏之心。

儘管我們能從秦始皇、漢武帝的封禪大典中找到他們關注民生的一些證據，但他們更多的目的仍舊是論證君權天授的合法性甚至希望促成個人的羽化成仙。到了東漢，只有開國皇帝光武帝舉行過封禪大典。而秦漢時期最後一次的封禪大典則讓我們看到了更加明顯的變化。建武三十年（公元54年），群臣上書認為應該封禪泰山。光武帝下詔：「即位三十年，百姓怨氣滿腹，吾誰欺，欺天乎？曾謂泰山不如林放，何事污七十二代之編錄？桓公欲封，管仲非之。若郡縣遠遣吏上壽，盛稱虛美，必髡，兼令屯田。」〔註30〕這裡，光武帝以「百姓怨氣滿腹」而不能欺騙上天為由拒絕大臣提議封禪泰山。因為光武帝很清楚封禪的目的是向上天報告他治民的成果，但當時的情況卻是「百姓怨氣滿腹」，這樣他才有「吾誰欺，欺天呼」的感慨。這種責令官吏不要「盛稱虛美」，欺騙上天的舉動足見其對上天的敬畏以及對封禪的目的是向上天彙報治民效果的體認。

到了建武三十二年〔註31〕（公元56年）光武帝因為夜讀《河圖會昌符》中「赤劉之九，會命岱宗」才萌生封禪泰山之意。〔註32〕於是，大臣們藉此

〔註27〕 《史記》卷一一七《司馬相如列傳》，第3067頁。
〔註28〕 《史記》卷一一七《司馬相如列傳》，第3072頁。
〔註29〕 《史記》卷二八《封禪書》，第1398頁。
〔註30〕 《後漢書》卷九七《祭祀上》，第3162頁。
〔註31〕 這一年四月改元為中元。討論封禪之事為正月，而封禪大典在二月，當時還沒有改元。
〔註32〕 當然，這裡光武帝也存在利用緯書之言為其封禪泰山造勢的嫌疑，但其之前「吾誰欺，欺天呼」的感慨也足見其對上天信仰的虔誠。

上書勸光武帝封禪，他們認為「登封告成，為民報德，百王所同」，光武帝應該「巡封泰山」「遵岱嶽之正禮，奉《圖》《洛》之明文」，這樣才能「以和靈瑞，以為兆民」。〔註33〕大臣們用「為民報德」「以為兆民」為論據勸諫光武帝舉行封禪大典，凸顯了封禪的初衷是為百姓祈福而不是為君主祈福，彰顯了封禪大典的目的是「以民為本」而不是宣揚君主的權力。至此，光武帝才決定封禪泰山。在封禪泰山前，他命人先在泰山上刻文，一般認為該石刻文為張純所作。石刻文的內容除了引用讖緯之書說明光武帝從西漢末年的戰亂中勝利並即位為皇帝的合理性以外，餘下的內容則極力渲染光武帝秉承上天的意志，「乾乾日昃，不敢荒寧」的態度，同時向上天詔告光武帝做到了「涉危歷險，親巡黎元，恭肅神祇，惠恤耆老，理庶遵古，聰允明恕」，並希望上天能夠降下福祉，「以承靈瑞，以為兆民，永茲一宇，垂於後昆。百僚從臣，郡守師尹，咸蒙祉福，永永無極」。〔註34〕從石刻的內容裏我們可以看到，光武帝提到了「黎元」「耆老」「兆民」，他對上天的「報告之義」〔註35〕是為了向天表明自己「親巡黎元」「惠恤耆老」，並祈求上天「以為兆民」而降福，至多還包括祈求保祐「百僚從臣，郡守師尹」，並沒有看到一字一句含有他祈求上天保祐自己君權的文字。

　　儘管在「報告之義」中我們能夠讀出光武帝自我標榜君權天授的意思，儘管在「以承靈瑞」的言辭中我們也能看到光武帝神化君權的舉動，但我們更能從「親巡黎元」「惠恤耆老」「以為兆民」中看到：光武帝認為舉行封禪的條件是天下百姓都沒有怨氣、封禪的主要內容是向上天報告皇帝治民的效果以及封禪的目的是為萬民祈福。可以說，封禪的整個過程無不滲透著光武帝對百姓生存狀況的關照。無論這種關照是否僅僅停留在做官樣文章的層面，至少光武帝認可這樣的政治理念：君受命於天，是為了向上天報告君主的治民狀況以及祈求上天保祐天下的百姓。光武帝認為上天會以君主治理百姓效果的好壞作為評價君主是否合格的重要標準。由此可見，到了光武帝時，統治者普遍認同的封禪大典的意義之一就是向上天彙報治民的效果，由此凸顯了天對民的關照，突出了民的重要性。

〔註33〕　《東觀漢記‧郊祀志》。劉珍等撰，吳樹平點校：《東觀漢記校注》，北京：中華書局，2008 年第一版，第 162 頁。
〔註34〕　《後漢書》卷九七《祭祀上》，第 3166 頁。
〔註35〕　《白虎通‧封禪》。陳立撰，吳則虞點校：《白虎通疏證》，北京：中華書局，1994 年第一版，第 278 頁。

從秦始皇、漢武帝到光武帝，皇帝們的封禪大典在彰顯其統治合法性的同時，也表現了其「優恤黔首」「以浸黎民」「以爲兆民」的思想。我們認爲漢代統治者的這一做法並非只是掩飾自己爲一己之身興師動眾、勞民傷財的舉動，而是出於他們篤信君主有向上天彙報其治民的效果義務。爲什麼統治者會在封禪大典上強調自己做到了「黔首是富」「親巡黎元」「惠恤耆老」呢？他們如此虔誠地向上天彙報其治民的效果的原因究竟是什麼呢？難道他們只是爲了粉飾太平？究其原因則在於統治者對天的敬畏和他們在論述民本論的過程中形成的「天應民心」思想。

二、統治者對天的敬畏

如果說漢代統治者舉行的封禪大典是爲了給百姓祈福，那麼其根源除了統治者本身對百姓的重視以外，更出於對天的敬畏。我們從主要的史書材料到思想家的著作、再到各種緯書，都可以看到人們對天的描述。統治者在論及「天」時，常常將自然之天與神化之天相混淆，我們有時很難辨別。無論是自然之天還是神化之天，在漢代統治者眼中，天始終是世界的主宰，是萬事萬物的根源，具有絕對的權威。這也是統治者如此敬畏天的原因。這樣的認識使得漢代統治者對「天意」格外重視，他們希望通過揣度上天的心意來找出統治萬民過程中所存在的問題；他們希望通過對上天心意的解釋來尋找民本論的理論依據。

（一）天生萬物

先秦時期，人們對天的討論很多，到了漢代，人們對天的認識進一步深入。我們從漢代非常流行的緯書中可以看到人們對天的各種描述，而漢代統治者對緯書的信奉則使這些說法更爲統治者所稱道。世界是如何形成的呢？《易緯・乾鑿度》認爲天地的生成是因爲太極，所謂「易始於太極。太極分而爲二，故生天地」〔註36〕。有了天地之後才有四季：「天地有春秋冬夏之節，故生四時」。四季生八卦，八卦生各種自然現象，所謂「四時各有陰陽剛柔之分，故生八卦。八卦成列，天地之道立，雷風水火山澤之象定矣」。〔註37〕天地都是由太極而來，然後有四季之分，才有各種氣象。天

〔註36〕 《易緯・乾鑿度》。載（日）安居香山、中村璋八輯：《緯書集成》，第 7 頁。
〔註37〕 《易緯・乾鑿度》。載（日）安居香山、中村璋八輯：《緯書集成》，第 8 頁。

又是什麼樣子的呢？《河圖叶光紀》：「元氣鬪陽爲天」〔註38〕。《尙書・考靈曜》說：「天者純陽，清明無形」。〔註39〕可見，天爲「純陽」的「元氣」所構成，並且是清明無形的。此外，對於天的運行，緯書中也有記載：「周天三百六十五度四分之一，夫一度爲千九百三十二里，則天地相去十七萬八千五百里」。〔註40〕漢代統治者也將天人格化，同時設立代表天的天神。一般來說，漢代的天神有六位，包括獨尊的「太一」（「泰一」）和輔佐太一的「五帝」。「太一」是漢武帝時設立的天神。「五帝」即白帝、青帝、黃帝、赤帝、黑帝。至此，從自然之天到神化之天，漢代統治者構建了天的信仰系統。

在漢代的文獻中，「天」常常與「地」並用，人們認爲天地生成了萬事萬物。這種對天地生萬物的描述，在文獻中很常見。《周易》中就有「天地感而萬物化生」〔註41〕的記載。《淮南子》這樣描寫天地生萬物：「天地之襲精爲陰陽，陰陽之專精爲四時，四時之散精爲萬物」。〔註42〕董仲舒也有類似的天地生萬物的說法：「天地之氣，合而爲一，分爲陰陽，判爲四時，列爲五行。」〔註43〕同樣，在漢代人們日常的生活中，天生萬物的思想已經成爲一種常識而爲人們所提及，作爲統治者來說，「天生萬物」更是一種可以應用到日常政務中的政治常識。例如東漢時，一個郡的小吏童恢所管轄的地區，「民嘗爲虎所害，乃設檻捕之，生獲二虎」，童恢對捕獲來的老虎說：「天生萬物，唯人爲貴，虎狼當食六畜，而殘暴於人。王法殺人者死，傷人則論法。汝若是殺人者，當垂頭服罪。自知非者，當號呼稱冤。」於是，「一虎低頭閉目，狀如震懼，即時殺之。其一視恢鳴吼，踊躍自奮，遂令放釋」。〔註44〕儘管這個例

〔註38〕 《河圖・緯叶光紀》。載（日）安居香山、中村璋八輯：《緯書集成》，第1162頁。

〔註39〕 《尚書・考靈曜》。載（日）安居香山、中村璋八輯：《緯書集成》，第344頁。

〔註40〕 《洛書・甄曜度》。載（日）安居香山、中村璋八輯：《緯書集成》，第1262頁。

〔註41〕 《周易・咸卦》。十三經注疏整理委員會：《周易正義》，北京：北京大學出版社，2000年第一版，第164頁。

〔註42〕 《淮南子・天文訓》。何寧撰：《淮南子集釋》，北京：中華書局，1998年第一版，第166頁。

〔註43〕 《春秋繁露・五行相生》。蘇輿撰、鍾哲點校：《春秋繁露義證》，北京：中華書局，1992年第一版，第362頁。

〔註44〕 《後漢書》卷七六《循吏傳・童恢傳》，第2482頁。

子看似比較荒誕，但是，地方小吏用「天生萬物」的思想來處理政務的事實是不容置疑的。

　　天生萬物，將天作爲世界生成的一個重要因素，從而抬高了天的作用，確立了天的權威。

（二）天育眾人

　　既然天具有造育萬物的能力，那麼天也就擁有統治萬事萬物的絕對權威，並負有養育眾人的責任。《白虎通》一書中有關「天」的定義就彰顯了天的絕對權威：「天者何也？天之爲言鎭也，居高理下，爲人鎭也」。〔註45〕這裡的「鎭」字可以理解爲「鎭撫」，引申義爲「治理」，意思爲天是「居高理下」、治理世人的最高統治者。《說文解字》中對「天」的解釋爲：「顚也。至高無上。」清朝段玉裁的解釋爲：「顚者，人之頂也，以爲凡高之稱始者，女之初也，以爲凡起之稱，然則天亦可爲凡顚之稱。臣於君，子於父，妻於夫，民於食者皆曰天是也」。〔註46〕這裡也認爲天的權威是至高無上的。既然天的權威是至高無上的，那麼天就有統治眾人的絕對權力。因此，天是整個世界的主宰，是統治君、臣、民的最高權威。

　　天如何統治眾人呢？漢代統治者認爲，天並不能直接統治眾人，需要派遣一個能代替天行使權力的人來統治萬民，那個人就是「天子」。一般認爲，西周時才出現「天子」這一稱謂，用來指統領各諸侯國的王。《史記‧殷本紀》中記載：「湯既勝夏，欲遷其社，不可，作《夏社》。伊尹報。於是諸侯畢服，湯乃踐天子位，平定海內」。〔註47〕有學者指出這裡稱湯爲「天子」是司馬遷根據後人的稱呼來記錄的，商王並不稱「天子」。從卜辭來看，商王稱「王」或者「余一人」。〔註48〕事實上，西周的「天子」，依照他們自己的解釋應爲上帝的元子（長子），而不是指「天之子」。到了漢代，「天子」才被統治者明確指出爲「天之子」，即「天的兒子」。大臣在給皇帝上書時會以「天下乃皇天之天下也，陛下上爲皇天子，下爲黎民父母」〔註49〕爲論據討論政事。《白虎通》對「天子」的解釋爲：「天子者，爵稱也。爵所以稱天子者何？王者父

〔註45〕　《白虎通‧天地》。陳立撰，吳則虞點校：《白虎通疏證》，第420頁。
〔註46〕　《說文解字‧一部》。許愼撰，段玉裁注：《說文解字注》，第1頁。
〔註47〕　《史記》卷三《殷本紀》，第96頁。
〔註48〕　鄭慧生：《「天子」考》，《歷史教學》，1982年第11期。
〔註49〕　《漢書》卷七二《鮑宣傳》，第3089頁。

天母地，爲天之子也」。〔註50〕君主爲天之子，就要「緣事父以事天也」〔註51〕，即向對待父親一樣侍奉天。天派遣「天子」也就是君主來統治民眾，君主代天行事，這就賦予了君主以絕對的權威。此外，官吏是爲了輔佐君主治理萬民所設，官吏的職責是輔助君主統治百姓。天的力量是如此之大，可以孕育萬物、協和陰陽、主宰世界、支配君臣。君主秉承天的意志，獲得天所賦予的權力，在官吏的輔佐下，養育百姓，思考如何治理萬民的方略。這樣才能完成上天給予他的使命。

（三）天譴君臣

　　既然君主的任務是替天治民，官吏的職責是輔佐君主治民，那麼如何才能約束君臣在治民過程中的行爲呢？漢代統治者借助天的權威來實現，即通過天譴論或稱爲災異論來實現。災異論的思路是：一旦統治者不能盡心盡力地養民、育民、惠民，上天就會降下災異；如果統治者能夠做到愛民如子、治國有方、國泰民安，上天就會降下祥瑞以獎勵統治者的功績。這樣的思路從漢初時就出現了。漢文帝在詔書中說：「蓋聞天道禍自怨起而福繇德興。」〔註52〕上天降下災禍是因爲「怨」，而降下福祉是因爲「德」。到了漢成帝時，人們對上天降下災異的看法就更加明晰了。漢宣帝下詔：「蓋災異者，天地之戒也。」又說：「乃者地震北海、琅邪，壞祖宗廟，朕甚懼焉。」〔註53〕皇帝們對上天的懲戒，往往感到「懼」。他們會因爲天災人禍而感到惶恐不安、戰戰兢兢。漢元帝：「朕承先帝之聖緒，獲奉宗廟，戰戰兢兢。間者地數動而未靜，懼於天地之戒，不知所繇。」〔註54〕漢成帝：「天災仍重，朕甚懼焉。」〔註55〕漢殤帝時，鄧太后臨朝稱制，下詔：「夫天降災戾，應政而至。間者郡國或有水災，妨害秋稼。朝廷惟咎，憂惶悼懼。」〔註56〕《白虎通》對上天降下災異的原因說得也很清楚：「天所以有災變何？所以譴告人君，覺悟其行，欲令悔過修德，深思慮也」。〔註57〕《白虎通》還引用《孝經援神契》的

〔註50〕　《白虎通・爵》。陳立撰，吳則虞點校：《白虎通疏證》，第1～2頁。

〔註51〕　《白虎通・郊祀》。陳立撰，吳則虞點校：《白虎通疏證》，第561頁。

〔註52〕　《史記》卷一○《孝文本紀》，第427頁。

〔註53〕　《漢書》卷八《宣帝紀》，第245頁。

〔註54〕　《漢書》卷九《元帝紀》，第279頁。

〔註55〕　《漢書》卷一○《成帝紀》，第323頁。

〔註56〕　《後漢書》卷四《孝殤帝紀》，第198頁。

〔註57〕　《白虎通・災變》。陳立撰，吳則虞點校：《白虎通疏證》，第267頁。

內容：「行有點缺，氣逆於天，情感變出，以戒人也」。〔註58〕漢代非常盛行這種災異論，統治者往往依靠是否出現各種災異現象來評定治國效果的好壞。可以說，這種由上天降下災異譴告君臣的天譴論（災異論），是漢代統治者處理政務的一個標準，也是他們用來調節各種政策的參照。

上天譴告君臣，統治者或「懼」或「惶」，可見，漢代統治者對天的崇拜和敬畏是非常虔誠和執著的。他們認為自己的所作所為都逃不過上天的法眼。天，在他們的概念裏是具有某種人格性質的神，是上帝，是世界絕對的主宰。他們試圖通過各種舉措得到上天的垂青。天降災異後，他們往往會從自身尋找出現災異現象的原因，諸如政事不勤、苑囿過多、政多苛刻、選舉不實、吏多殘酷、刑罰過重、賦稅過多，等等。此外，漢代統治者也得到過上天的嘉獎——即各種祥瑞的出現。《史記》《漢書》《後漢書》中記載了各種祥瑞的出現：一旦國泰民安，天下太平，諸如景星、甘露、朱草、醴泉、嘉禾、麒麟、白虎、狐九尾、白雉、白鹿以及白鳥等祥瑞，就可能會在全國各地出現。出現祥瑞，統治者往往都會發布詔書，一則感謝上天賜予，二則表明自己的功績，三則獎勵所出現祥瑞地區的人們，獎勵內容不過是減免賦役、賜鰥寡孤獨、年老之人錢糧之類。漢代統治者認為，上天通過降下的災異或祥瑞來警示君主以達到譴責或褒獎君主的作用。這也是漢代統治者對上天敬畏的主要表現之一。

（四）天子祭天

除了前文所述漢代的封禪活動，出於對天的敬畏，漢代統治者也展開了其他祭天的活動。這種活動由最初具有臨時性的儀式，逐漸成為具有常規性的禮儀。在漢代，天子祭天地一直是不容逾越的規定。《禮記·王制》：「天子祭天地，諸侯祭社稷，大夫祭五祭」。〔註59〕他們認為：「帝王之事莫大乎承天之序，承天之序莫重於郊祀，故聖王盡心極慮以建其制。」〔註60〕董仲舒在《春秋繁露》中十分強調天子祭天的重要性：「天子不可不祭天也，無異人之不可不食父。為人子而不事父者，天下莫能以為可。今為天之子而不事天，何以異是。是故天子每至歲首，必先郊祭以享天，乃敢為地，行子禮也；

〔註58〕 《白虎通·災變》。陳立撰，吳則虞點校：《白虎通疏證》，第268頁。
〔註59〕 《禮記·王制》。十三經注疏整理委員會：《禮記正義》，北京：北京大學出版
　　　　社，2000年第一版，第451頁。
〔註60〕 《漢書》卷二五下《郊祀志下》，第1253頁。

每將興師，必先郊祭以告天，乃敢征伐，行子道也」。〔註61〕君主為天之子，要對天進行祭祀，就如人子「事父」的情況一樣。漢代自漢高祖開始就很重視祭天儀式的舉行，雖然不同時期有勤有怠，但從總體上漢代的祭天儀式是不斷完善、不斷制度化的。據學者研究，漢代祭天的形式主要有郊祀、泰山封禪、「明堂」祭祀三種。〔註62〕郊祀是遠古留下的一種祭祀活動，祭祀的內容很多，祭祀對象也很複雜，但主要是祭天。祭祀天神是五畤祀。「畤」的意思為：「止也，言神靈之所依止也」，「謂為壇以祭天也」。〔註63〕畤這種祭天方式出現於秦朝。到了漢代，統治者逐步完善秦朝的祭祀制度，分別祭祀代表上天的白、青、黃、赤、黑五帝和太一，構成太一最貴，五帝輔佐的天神格局。如前所述，封禪大典是為了向天彙報天子的治民效果同時宣揚天子的權威、凸顯皇帝個人能力並祈求國力強盛、天下太平。「明堂」就是古代天子建立的一座祭天祭祖的禮儀性建築。天子於明堂之中進行祭天活動在漢代也較為常見。有時天子不掌權，而大將軍秉政，可能多年不舉行祭天儀式，但皇帝也感到不安。例如，漢成帝時，大將軍霍光秉政，成帝只是參與宗廟祭祀而不祭天長達十二年，後下詔書：「蓋聞天子尊事天地，修祀山川，古今通禮也。間者，上帝之祠闕而不親十有餘年，朕甚懼焉。朕親飭躬齊戒，親奉祀，為百姓蒙嘉氣，獲奉年焉」。〔註64〕由此可見，漢代統治者對祭天儀式還是相當重視的。自漢高祖開始祭祀天神，之後文帝、武帝、宣帝、元帝、成帝都舉行過各種形式的祭天儀式，而且逐漸形成慣例。到了東漢，光武帝舉行即位告天的儀式又舉行封禪大典，而明帝、章帝、和帝、安帝、靈帝等也舉行各種祭天儀式。

如果說漢代統治者舉行祭天儀式是為了彰顯君主統治的正統性、神化君權、維護統治，那麼這些祭天儀式的舉行也反映了統治者對天的敬畏以及對上天虔誠的信仰。這種敬畏與信仰並不是停留在口頭上，而是統治者確確實實從內心中感到「戰戰兢兢」。除了漢高祖對祭天儀式會「不親往」以外，其他皇帝多親自參加祭天儀式。漢文帝就希望親自郊祀上帝諸神，告訴禮儀之官「勿諱以朕勞」〔註65〕。漢武帝封禪時表情「肅然」〔註66〕。光武帝在封

〔註61〕 《春秋繁露·郊祭》。蘇輿撰、鍾哲點校：《春秋繁露義證》，第405頁。
〔註62〕 孫家州：《秦漢祭天禮儀與儒家文化》，《孔子研究》，1994年第2期。
〔註63〕 《史記》卷五《秦本紀》，注引《史記索隱》，第179頁。
〔註64〕 《漢書》卷二五下《郊祀志下》，第1248頁。
〔註65〕 《漢書》卷二五上《郊祀志上》，第1213頁。

禪泰山之前下詔表明自己又喜又懼的心情：「今予末小子，巡祭封禪，德薄而任重，一則以喜，一則以懼。喜於得承鴻業，帝堯善及子孫之餘賞，蓋應圖籙，當得是當。懼於過差，執德不弘，言道不篤，爲議者所誘進，後世知吾罪深矣」。〔註67〕統治者在祭天的各種儀式中或恭敬、或懼、或喜的心情足見他們對天的信仰是既敬又懼，誠心誠意的。

　　儘管祭天儀式的舉行可以表達統治者對天的敬畏以及實現爲天下祈福的目的，但祭天儀式的舉行必定要消耗很多的人力、物力、財力，這樣的結果是國家財政虛耗，百姓賦役加重。漢成帝時，大臣們討論郊祀問題，丞相匡衡、御史大夫張譚在肯定祭祀制度重要性的同時強調祭祀活動不應該勞民。二人的奏言爲：「帝王之事莫大乎承天之序，承天之序莫重於郊祀，故聖王盡心極慮以建其制。祭天於南郊，就陽之義也。瘞地於北郊，即陰之象也。……又至雲陽，行溪谷中，阸陝且百里，汾陰則渡大川，有風波舟楫之危，皆非聖主所宜數乘。郡縣治道共張，吏民困苦，百官煩費。勞所保之民，行危險之地，難以奉神靈而祈福祐，殆未合於承天子民之意」。〔註68〕祭天儀式的舉行可能會導致「吏民困苦」，勞民傷財。匡衡、張譚的奏言有理有據，言辭懇切，成帝也很贊同他們的說法。可見，漢代統治者在表明自己對天的敬畏的同時也時刻提醒自己「勞所保之民，行危險之地，難以奉神靈而祈福祐，殆未合於承天子民之意」，由此，祭天的根本動機在他們看來仍與民有關。

三、天與民的溝通

　　漢代統治者對天生萬物、天理眾人、天譴君臣的認識和祭天活動的舉行，都表明了其對天這個世界主宰力量的敬畏。他們需要天的支持來維護其君權的合理性，通過天神的外衣來神化君主。另一方面，統治者也深深地體會到了天與民的聯繫：他們強調上天賜予君主以神聖的權威是爲了「代天理民」；天降災異是爲了警告統治者要關注民生；「祭天」乃是爲了「保民」。漢代統治者在對天的認識中，將天與民溝通，尤其是將天與「民心」溝通。漢哀帝時，傅太后秉政，大臣杜鄴見到各種奇怪的現象出現後，上書說：「春秋災異，

〔註66〕《史記》卷一一七《司馬相如列傳》，第3072頁。
〔註67〕劉珍等撰，吳樹平點校：《東觀漢記校注》，北京：中華書局，2008年第一版，第162頁。
〔註68〕《漢書》卷二五下《郊祀志下》，第1253～1254頁。

以指象爲言語。……象數度放溢，妄以相予，違忤民心之應也。」〔註 69〕杜鄴認爲各種災異現象的出現是「違忤民心」的反映。上天是能夠體察民心、民意和民情的主宰力量。漢代統治者的這一思想，我們稱之爲「天應民心」，即上天的心意、舉動被統治者解釋爲民之民心、民意和民情的表達。

（一）天民同心

天爲什麼如此眷顧無權無勢的百姓呢？漢代統治者認爲這是因爲「天心」與「民心」相同且相通，可以概括爲「天民同心」。在漢代統治者的言論中多次提到「天心」一詞，那麼「天心」是什麼意思呢？關於「天心」的解釋，學者們專門論述的並不多。在含有「天心」一詞的語句中，學者們對其含義的看法也不盡相同。「天心」一詞見於《尚書‧咸有一德》：「惟尹躬暨湯，咸有一德，克享天心，受天明命」。〔註 70〕一般認爲《咸有一德》爲僞，因此我們也就不能將「天心」一詞認爲最早出現在《尚書》中了。《管子》《文子》中也有「天心」。《管子‧版法解》：「欲見天心，明以風雨。故曰：『風雨無違，遠近高下，各得其嗣。』」〔註 71〕《文子‧精誠》：「稽之不得，察之不虛，日計不足，歲計有餘，寂然無聲，一言而大動天下，是以天心動化者也。」〔註 72〕這裡的「天心」一般的解釋爲世界中萬物運作的主導。在《郭店楚墓竹簡》中也出現了「天心」一詞：「天大常，以理人倫，制爲君臣之義，著爲父子之親，分爲夫婦之辨。是故小人亂天常以逆大道，君子治人倫人以順天德。大禹曰：『余才宅天心』，曷此言也？言余之此而宅於天心也」。〔註 73〕有學者指出「『天心』者，蓋爲體現『天德』、『天常』之心也」。〔註 74〕有的學者認爲：「『天心』，原即上帝之意，有至上神的性格。簡文引用來指涉上天自然運作的主導」。〔註 75〕還有學者直接將「天心」解釋爲「天之意」。〔註 76〕從以上

〔註 69〕《漢書》卷二十七下之上《五行志下之上》，第 1476 頁。

〔註 70〕《尚書‧咸有一德》。十三經注疏整理委員會：《尚書正義》，北京：北京大學出版社，2000 年第一版，第 257 頁。

〔註 71〕《管子‧版法解》。黎翔鳳撰，梁運華整理：《管子校注》，北京：中華書局，2004 年第一版，第 1196 頁。

〔註 72〕王利器撰：《文子疏義》，北京：中華書局，2000 年第一版，第 62 頁。

〔註 73〕《成之聞之》，荊門市博物館編：《郭店楚墓竹簡》，北京：文物出版社，1998 年第一版，第 168 頁。

〔註 74〕郭沂：《郭店楚簡〈天降大常〉，（〈成之聞之〉）篇疏證》，《孔子研究》，1998 年第 3 期。

〔註 75〕丁原植：《郭店楚簡：儒家佚籍四種釋析》，臺北：臺灣古籍出版社，2000 年第一版，第 184 頁。

學者對先秦「天心」一詞的解釋我們可以看出，「天心」的含義包括萬物的主導、「天意」等。事實上，「天心」一詞在不同的語境中，甚至是同一句子不同學者的解釋都可能不同，因此，面對漢代文獻，我們更因該在具體語境和歷史背景中理解「天心」的含義。

漢代人對「天心」一詞的使用頻率很高，無論是統治者還是思想家在其言論或著作中很多都提到了「天心」。「天心」的用法和詞義很豐富。一般來說有以下幾種：

第一，「天心」表示「天命」。這裡的「天命」是指君權爲天授，統治者受命於天，統治萬民。例如漢哀帝時下詔：「朕承宗廟之重，戰戰兢兢，懼失天心」。〔註77〕漢元帝時討論天子祭祀宗廟之事，大臣在上奏不要復修太后寢祠園時說：「陛下躬至孝，承天心，建祖宗，定迭毀，序昭穆，大禮既定，孝文太后、孝昭太后寢祠園宜如禮勿復修」。〔註78〕這裡的「懼失天心」是害怕失去「天命」，而「承天心」也就是繼承「天命」的意思。這樣的例子在兩漢的史書中比較常見。

第二，「天心」表示自然規律、法則、道理，近於「天道」的意思。我們從漢成帝時的兩件事中就可以看出「天心」的意思。成帝初即位，大臣匡衡、張譚討論祭祀問題，上疏提到：「臣聞廣謀從眾，則合於天心，故《洪範》曰：『三人占，則從二人言』，言少從多之義也。論當往古，宜於萬民，則依而從之。違道寡與，則廢而不行」。〔註79〕鴻嘉四年（公元前 20 年），渤海、清河、信都河水泛濫，大臣們討論治河問題，其中李尋、解光認爲：「陰氣盛則水爲之長，故一日之間，晝減夜增，江河滿溢，所謂水不潤下，雖常於卑下之地，猶日月變見於朔望，明天道有因而作也。……今因其自決，可且勿塞，以觀水勢。河欲居之，當稍自成川，跳出沙土，然後順天心而圖之，必有成功，而用財力寡」。〔註80〕這裡的「合於天心」「順天心而圖之」都是自然規律或法則的意思。

第三，「天心」表示「天之意」，即天的意志或上天的旨意。這種說法常常見於統治者討論民的問題。漢和帝即位不久，當時討論是否派遣車騎將軍

〔註76〕　劉釗：《郭店楚簡校釋》，福州：福建人民出版社，2005 年第一版，第 143 頁。
〔註77〕　《漢書》卷一一《哀帝紀》，第 337 頁。
〔註78〕　《漢書》卷七三《韋玄成傳》，第 3121 頁。
〔註79〕　《漢書》卷二五下《郊祀志下》，第 1254～1255 頁。
〔註80〕　《漢書》卷二九《溝洫志》，第 1691 頁。

竇憲、征西將軍耿秉討伐匈奴的事情。魯恭上疏勸諫皇帝不要征戰匈奴而應該關注民生，其在上疏的最後說：「三輔、并、涼少雨，麥根枯焦，牛死日甚，此其不合天心之效也。群僚百姓，咸曰不可，陛下獨奈何以一人之計，棄萬人之命，不恤其言乎？上觀天心，下察人志，足以知事之得失。臣恐中國不爲中國，豈徒匈奴而已哉。惟陛下留聖恩，休罷士卒，以順天心」。〔註81〕這裡的「不合天心」是「不合上天的旨意」，「上觀天心」是「向上體察天的意志」，「順天心」是「順應上天的旨意」。

　　由此可見，在漢代，「天心」至少有三種含義，即「天命」「天道」「天意」。而在「天心」含義爲「天意」的句子中多與討論民的問題相關。在這些言論中，我們能看到漢代統治者對「天心」與「民心」，「天心」與「民意」關係的論述。「民心」一般來說意思即爲「民意」。「民心」與「民意」二者意義相近。漢代統治者一般會將「天心」與「民心」或「天意」與「民心」放在一起說。漢宣帝時，大將軍霍光掌權，杜延年在給霍光的建議時說：「年歲比不登，流民未盡還，宜修孝文時政，示以儉約寬和，順天心，說民意，年歲宜應」。〔註82〕這裡的「順天心」與「說民意」相連，顯示出「天心」與「民意」二者之間的特殊聯繫。漢成帝時，大將軍王鳳權勢頗重，京兆尹王章「乃奏封事言日蝕之咎」，於是成帝召見他，他說：「天道聰明，祐善而災惡，以瑞異爲符效。今陛下以未有繼嗣，引近定陶王，所以承宗廟，重社稷，上順天心，下安百姓」。〔註83〕這裡的「上順天心」「下安百姓」，用「上」與「下」兩個對仗的詞，更爲明顯地將「順天心」與「安百姓」聯繫到了一起。

　　這種將「天心」與「民心」「民意」相聯繫的論述，可以概括爲「天民同心」，所謂「天人同心，人心悅則天意解矣」〔註84〕。「天」與「民」的「心」同，「民心」悅的結果是「天意解」。這裡「解」的意思是「展顏、高興」。「天民同心」的大體思路爲：天是世界萬事萬物的主宰，上天的意志是君主所必

〔註81〕《後漢書》卷二五《魯恭傳》，第877頁。

〔註82〕《漢書》卷六〇《杜延年傳》，第2664頁。

〔註83〕《漢書》卷九八《元后傳》，第4020頁。

〔註84〕《漢書》卷七二《鮑宣傳》，第3092頁。從上下文看，這裡的「人」雖然泛指一切人類，但可以理解爲「民」，因爲鮑宣的上疏中前文所講「陛下父事天，母事地，子養黎民，即位已來，父虧明，母震動，子訛言相驚恐。」在引文後面緊接著又說「乃二月丙戌，白虹虻日，連陰不雨，此天有憂結未解，民有怨望未塞者也。」可見他是在討論治民的問題，尤其最後「白虹虻日，連陰不雨」的原因，他歸結爲「天憂」和「民怨」。

須遵從的。天意最根本的指向讓君主養民、教民、惠民。上天之所以如此眷顧眾民乃是「天」與「民」同心，民心、民意在某種程度上可以表示天意，順民心就等於順天心。

漢代統治者利用「天民同心」的說法來討論政務。大臣常常會將「順天意」與「民心說」聯繫在一起，以此來告誡君主「天民同心」。民心與天心相同且相通，要時時關注「民心」才能不得罪上天。漢哀帝時，息夫躬爲了樹立漢朝在邊境的權威向哀帝建議「可遣大將軍行邊兵，敕武備，斬一郡守以立威，震四夷，因以厭應變異」〔註85〕。哀帝就此事詢問丞相王嘉，王嘉說：「臣聞動民以行不以言，應天以實不以文。下民微細，猶不可詐，況於上天神明而可欺哉。天之見異，所以敕戒人君，欲令覺悟反正，推誠行善。民心說而天意得矣。辯士見一端，或妄以意傳著星曆，虛造匈奴、烏孫、西羌之難，謀動干戈，設爲權變，非應天之道也」。〔註86〕從這裡我們可以看出，丞相王嘉主張「民心說而天意得」，他認爲民心是天意的指向標，因此君主應該以民生作爲政治的出發點，而不是恣意妄爲，「謀動干戈，設爲權變」並不是「應天之道」，更難以取悅上天。此外，漢代統治者把很多不利於百姓的行爲都歸結爲「逆於天心」。陽嘉三年（公元 134 年），河南、三輔大旱，順帝直接對尚書周舉策問：「朕以不德，仰承三統，夙興夜寐，思協大中。頃年以來，旱災屢應，稼穡焦枯，民食困乏。……審所貶黜，變復之徵，厥效何由？分別具對，勿有所諱」。〔註 87〕周舉在回答時認爲：「陛下處唐虞之位，未行堯舜之政，近廢文帝、光武之法，而循亡秦奢侈之欲，內積怨女，外有曠夫。……豎宦之人，亦復虛以形埶，威侮良家，取女閉之，至有白首殁無配偶。」〔註88〕周舉說順帝這樣做是「逆於天心」，才出現了天旱的災異現象。解決的辦法是施行各種取悅民意的措施，即「推信革政，崇道變惑，出後宮不禦之女，理天下冤枉之獄，除太官重膳之費」。〔註89〕可見，「民心」可以直接反映到上天，「民心」是上天評價君主合格與否的標準，一旦君主不能善待百姓，導致「民心」離散，上天就會降下災異，給君主以警示。

〔註85〕《漢書》卷四五《息夫躬傳》，第 2184 頁。
〔註86〕《漢書》卷四五《息夫躬傳》，第 2184 頁。
〔註87〕《後漢書》卷六一《周舉傳》，第 2025 頁。
〔註88〕《後漢書》卷六一《周舉傳》，第 2025～2026 頁。
〔註89〕《後漢書》卷六一《周舉傳》，第 2026 頁。

漢代思想家的論述中同樣不乏天心同於民心的說法。例如辭官後著有《潛伏論》的王符就認爲：「帝以天爲制，天以民爲心，民之所欲，天必從之」。〔註90〕這裡明顯爲先秦「民之所欲，天必從之」思想的延續。王符認爲「天以民爲心」，這裡暗含著「民心」即爲「天心」的意思，從而引出「民之所欲，天必從之」的結論。王符接著說：「是故無功庸於民而求盈者，未嘗不力顚也；有勳德於民而謙損者，未嘗不光榮也」。〔註91〕王符更強調君主是否利於民。「有勳德於民」的人才可爲「光榮」。

無論是當朝的統治者，還是在野的思想家，人們都用天民同心的思想討論治民問題，「天心」同於「民心」，「天心」與「民心」相通的思想相當的深入人心，並已經成爲天民關係中的核心內容。

（二）順天恤民

漢代統治者在討論天與民之間的關係問題時，常常會有一個溝通「天」與「民」的中介，這個中介即爲「君」。君是上天派來統治萬民的，既然天設立君主是爲民，天心與民心相同，那麼作爲天之子的君主則要做到「順天恤民」。「順天」即統治者要順應天意，「恤民」即統治者要體恤民情，憂慮百姓的疾苦。「順天恤民」在漢代統治者看來是君主應具備的基本要求。公元前162年，文帝在給匈奴的文書中明確提出：「聖人者日新，改作更始，使老者得息，幼者得長，各保其首領而終其天年。朕與單于俱由此道，順天恤民，世世相傳，施之無窮，天下莫不咸便」。〔註92〕而大臣們也常常會用「除民疾，存亡繼絕，以應天意」〔註93〕來勸諫君主施行恤民的各種措施。

對君主「順天恤民」的另一種表述爲君主「應天順民」。漢代大力提倡讀《孝經》，而《孝經》的《開宗明義章第一》中就說道：「先王有至德要道，以順天下。民用和睦，上下無怨。」鄭玄注解爲：「言先代聖德之王，能順天下人心。行此至要之化，則上下臣人，和睦無怨」。〔註94〕君主要根據天意來順

〔註90〕 《潛伏論·過利》。王符著，汪繼培箋，彭鐸校正：《潛伏論箋校正》，北京：中華書局，1985年第一版，第26頁。
〔註91〕 《潛伏論·過利》。王符著，汪繼培箋，彭鐸校正：《潛伏論箋校正》，第26頁。
〔註92〕 《史記》卷一一○《匈奴列傳》，第2902～2903頁。
〔註93〕 《漢書》卷五一《路溫書傳》，第2389頁。
〔註94〕 《孝經·開宗明義章第一》，鄭玄注。中華書局編輯部編：《漢魏古注十三經》，下冊，北京：中華書局，1998年第一版，第5頁。

應民心。漢代統治者始終提醒自己「上應天心，下酬人望」〔註95〕的重要性，因此，應天順民的思想也在政權更替或者王位變動時成為論證天命轉移，政權合法性的理論依據，更是統治者藉此拉攏民心為自己鞏固政權，製造聲勢的依據。例如光武帝即位之時，曾下詔說自己「上當天心，下為元元所歸」〔註96〕，可見擁有「天心」與「民心」的重要性。由此，兩漢統治者都強調君主本身對天心、民意的重視與順從。君主「順天恤民」「應天順民」的說法也就廣泛地應用到了日常的政治中，成為人們「日用而不知」的一種政治常識。

漢代統治者一方面繼承了先秦以來人們對天的各種認識，並將這種認識上升到理論層面為政治服務；另一方面，他們對天與君、天與民關係的認識也進一步深入。這使統治者在繼承先秦天論的基礎上，將天民關係在政治中的重要作用凸顯出來，從而構建了「天應民心」的理論體系。「天應民心」的理論將天作為至高無上的主宰，而天本身是有意志、有好惡的人格神。天的意志又以民心、民意和民情為出發點。這樣，「天應民心」的理論成為漢代統治者為什麼要「以民為本」的理論依據。

第三節　立君為民

「立君為民」是指漢代統治者遵循民本論所建構的一整套規範、制約君主的實踐理念。立君為民的思想由來已久。先秦典籍中《尚書》《詩經》等著作早有提及。其大體思路為：天生萬民，而民懵懂無知，在這樣的世界中，上下失序，眾民受害。於是天就命令君主來治理民眾，而君主一個人的力量是有限的，就需要臣來輔佐，使民各盡其性，各安其樂。天又以民為心，民意是天意的體現，因此，君主要遵循其之所以為君的行為規範，這樣國家才能實現治世，達於太平。

立君為民的思想到了秦漢時期就已經成為人們的政治常識。我們從現有的史料中看到，皇帝們的詔書裏、大臣的上書中，甚至君臣的直接對話中無不滲透著「立君為民」的思想。漢文帝下詔：「朕聞之，天生蒸民，為之置君以養治之」。〔註97〕漢武帝下詔：「天非為君生民也」。〔註98〕漢成帝下詔：「蓋

〔註95〕　《後漢書》卷二九《申屠剛傳》，第 1015 頁。
〔註96〕　《後漢書》卷九七《祭祀上》，第 3157～3158 頁。
〔註97〕　《史記》卷一○《孝文本紀》，第 422 頁。
〔註98〕　《史記》卷六○《三王世家》，第 2107 頁。

聞天生眾民，不能相治，爲之立君以統理之」。〔註 99〕漢桓帝時下詔：「蓋聞天生蒸民，不能相理，爲之立君，使司牧之」。〔註 100〕皇帝們在詔書中宣揚自己受命於天，代替天治理萬民。這種立君爲民的說法已經成爲漢代統治者處理國家政治的理論依據，其使用範圍是相當廣泛的。

在漢代，立君爲民不僅是統治者用來處理政務、革新政治的理論依據，甚至還是其圖謀政變、論證君權合法性的政治理論工具。西漢末年，王莽專政，出現「告安漢公莽爲皇帝」的讖語，在太保王舜的勸說下，太后不得不下詔讓「安漢公居攝踐阼，如周公故事」，其所用論據就是「立君爲民」說。太后下詔：「蓋聞天生眾民，不能相治，爲之立君以統理之。君年幼稚，必有寄託而居攝焉，然後能奉天施而成地化，群生茂育。《書》不云乎，『天工，人其代之。』朕以孝平皇帝幼年，且統國政，幾加元服，委政而屬之。今短命而崩，嗚呼哀哉。已使有司徵孝宣皇帝玄孫二十三人，差度宜者，以嗣孝平皇帝之後。玄孫年在襁褓，不得至德君子，孰能安之？安漢公莽輔政三世，比遭際會，安光漢室，遂同殊風，至於製作，與周公異世同符。今前輝光謝囂、武功長通上言丹石之符，朕深思厥意，云『爲皇帝』者，乃攝行皇帝之事也。夫有法成易，非聖人者亡法。其令安漢公居攝踐阼，如周公故事⋯⋯」。〔註 101〕太后以立君爲民說爲依據，進而得出君主年幼必須有輔政大臣幫助處理政務的結論，之後又表明平帝「短命而崩」，說讖語「告安漢公莽爲皇帝」是讓王莽「攝行皇帝之事」。最終，這樣一個以立君爲民說爲立論基礎的詔書使得君主的大權順理成章地到了王莽的手上。立君爲民在政變中的重要政治功能也就凸顯出來了。同樣，皇帝在即位之時也要申明立君爲民的道理，以此來表明天命在己身，爲其政權找到了合法依據。光武帝在《即位告天文》中說：「皇天上帝，后土神祇，眷顧降命，屬秀黎元，爲人父母，秀不敢當」。〔註 102〕光武帝用上天「眷顧降命」向天下人宣告其爲天之子的身份；用「屬秀黎元」來說明是上天賜予其百姓；用「爲人父母」來說明其替天養民，肩負著牧養百姓的責任。可見，無論是利用立君爲民說進行政變還是用其論證君權天授，漢代統治者十分認同立君爲民說在國家政治事務中論證政權合法性的重要作用。

〔註 99〕　《漢書》卷一〇《成帝紀》，第 307 頁。
〔註 100〕　《後漢書》卷七《孝桓帝紀》，第 293 頁。
〔註 101〕　《漢書》卷九九上《王莽傳上》，第 4078〜4079 頁。
〔註 102〕　《後漢書》卷一上《光武帝紀》，第 22 頁。

如果說統治者在詔書中利用立君爲民說是爲了宣揚自己受命於天，代替天來治理萬民是爲了表明自己君權天授，政權合法，君權神化，那麼他們也利用立君爲民說來提醒自己的責任在「養民」。這種強調君主責任在養民的說法，主要體現在大臣們的上書裏。他們不斷以立君爲民爲論據勸告皇帝施行各種惠民措施。例如，漢哀帝時，鮑宣因爲「帝祖母傅太后欲與成帝母俱稱爵」，「董賢貴幸」而進諫說：「天下乃皇天之天下也，陛下上爲皇天子，下爲黎民父母，爲天牧養元元⋯⋯」。他認爲給外戚、權臣加爵失去了皇帝養育百姓的根本意義，這種做法「非天意也」，不能爲天理所容。〔註103〕鮑宣這裡強調君主「爲天牧養元元」的職責，可見，一旦皇帝只知道寵幸外戚而失去了養民之實，大臣們就會以立君爲民，君代天養民的說法爲論據來據理力爭。漢靈帝時，宦官呂強上書：「夫天生蒸民，立君以牧之。君道得，則民戴之如父母，仰之猶日月，雖時有征稅，猶望其仁恩之惠」。〔註104〕之後呂強勸告漢靈帝要以百姓爲重。臣下上書勸諫皇帝，以立君爲民說作爲論據，一方面表明立君爲民的思想在漢代君臣議政中是施行具體治民措施的理論依據，另一方面則充分說明統治者對這一思想的廣泛認同。

此外，漢代統治者的立君爲民思想常常是通過君民之喻的政治關係論以及相應的「制君說」來體現的。君民之喻的政治關係論是指漢代統治者將君與民的關係用比喻的方式進行表達。「制君說」在一定程度上是對爲君之人的規範、限制，是作爲君主的應然之舉，也是整個漢代社會上下對君主的期許。

一、君民關係

漢代統治者善於用比喻的方式來論證君民關係。在他們看來，君對民，是在上者、統治者、尊且貴，處於絕對主導地位；民對君，是在下者、被統治者者、卑且賤，處於絕對服從地位。但是，漢代統治者在以君民關係論保證自己權勢的同時更注意到民的重要性。他們思考如何協調君民之間的關係以及如何利用君民關係來處理各種政治問題。

（一）君陽民陰，君尊民卑

漢代統治者認爲「君陽民陰」，以此來論證君尊民卑。事實上，陰陽思

〔註103〕《漢書》卷七二《鮑宣傳》，第3087～3089頁。
〔註104〕《後漢書》卷七八《宦者列傳・呂強傳》，第2529頁。

想的理論模式是漢代人認識世界的基礎。他們在論及天地、萬物以及人事的過程中，無不用陰陽思想來表示相互對立統一的事物。除了天地、四時、萬事萬物、人倫關係中各有陰陽外，漢代的統治者在論證君民關係時更強調「君爲陽」和「民爲陰」。對於「君爲陽」的表述，統治者常常將「君主」比喻爲具有陽性特質的日、火、山等。例如漢成帝在回覆孝成許皇后的上疏中提到：「夫日者眾陽之宗，天光之貴，王者之象，人君之位也」。〔註105〕漢平帝時孔光上疏說：「臣聞日者，眾陽之宗，人君之表，至尊之象。君德衰微，陰道盛強，侵蔽陽明，……」。〔註106〕《白虎通》：「火陽，君之象也。」〔註107〕民則常常被比喻爲具有「陰」性特質的水、魚、石、木等。如「民，陰，水類也」〔註108〕「魚陰類，民之象」〔註109〕「石陰類，下民象」〔註110〕「木陰類，下民象」〔註111〕等說法就是典型例證。《漢書·五行志》和《後漢書·五行志》都有「山陽，君也。水陰，民也」〔註112〕的記錄。事實上，儒家經典著作《周易》中早就有這樣的說法：「陽一君而二民，君子之道也。陰二君而一民，小人之道也」〔註113〕。這一句可以理解爲君爲陽，民爲陰。〔註114〕

君爲陽，使得君具有尊、貴、富的特點；民爲陰，使得民具有卑、賤、窮的特點。這樣的結果是君處於絕對的支配地位，而民只能被動的從屬於君。君陽民陰的比喻論，使統治者將「君尊民卑」的君民關係論灌輸下去，既論證了君主權威的絕對性，又論證了君治民的合理性。君尊民卑是君民關係中最基本的等級關係，也是漢代自將儒家視爲「獨尊」後，儒家禮學所倡導的上下尊卑有序的社會等級模式。漢代統治者對君民關係的這種基本定位，也是儒家思想逐步灌輸到社會政治的表現。

〔註105〕 《漢書》卷九七下《外戚傳下·孝成許皇后傳》，第3977頁。
〔註106〕 《漢書》卷八一《孔光傳》，第3359頁。
〔註107〕 《白虎通·五行》。陳立撰，吳則虞點校：《白虎通疏證》，第189頁。
〔註108〕 《漢書》卷二七下之上《五行志下之上》，第1477頁。
〔註109〕 《漢書》卷二七中之下《五行志中之下》，第1430頁。
〔註110〕 《漢書》卷二七中之下《五行志中之下》，第1430頁。
〔註111〕 《漢書》卷二七中之下《五行志中之下》，第1412頁。
〔註112〕 《漢書》卷二七下之上《五行志下之上》，第1456頁；《後漢書》卷一〇六《五行四·山崩》，第3332頁。
〔註113〕 《周易·繫辭下》。十三經注疏整理委員會：《周易正義》，北京：北京大學出版社，2000年第一版，第357頁。
〔註114〕 朱伯崑：《易學哲學史》，北京：華夏出版社，1995年第一版，第75～76頁。

（二）君父民子，君主民從

漢代，君民關係最常見的是君爲父母，民爲子女的倫理關係式比喻。皇帝們常常在詔書中申明自己爲民父母，應當負有養民、教民的責任。漢文帝在討論是否除肉刑時說：「《詩》曰『愷悌君子，民之父母』。今人有過，教未施而刑加焉，或欲改行爲善而道毋由也。朕甚憐之。夫刑至斷支體，刻肌膚，終身不息，何其楚痛而不德也，豈稱爲民父母之意哉」。〔註115〕又在以後的詔書中說：「方春和時，草木群生之物皆有以自樂，而吾百姓鰥寡孤獨窮困之人或阽於死亡，而莫之省憂。爲民父母將何如？」〔註116〕光武帝在即位詔書中說：「皇天上帝，后土神祇，眷顧降命，屬秀黎元，爲民父母，秀不敢當」。〔註117〕

君爲民父母，君主首要的是要養民、育民，但另一方面，這種倫理化的君民關係論也彰顯了君對民的絕對權威，也暗示著民要對君絕對服從。漢代儒家倫理思想要求子女對父母要「孝」，而「孝」的主要內容則是服從。這種將君民關係比喻爲父母與子女關係的說法在賦予統治者有養育民眾責任的同時，更加賦予他們對民眾的支配權力。而民，作爲被統治者，作爲統治者的「子女」，只能無條件的服從。

此外，同樣表明君民主從關係的還有「君杅民水」的比喻。東漢時有個宦官叫呂強，他與其他的宦官一味追求名利不同，相反，他一生廉潔且特別善於進諫。他曾有過「君杅民水」論。他說：「《尸子》曰：『君如杅，民如水，杅方則水方，杅圓則水圓。』上之化下，猶風之靡草」。〔註118〕統治者對民的作用是如此大，君主像杅一樣，民像水一樣。杅盛水，杅的形狀決定了水的形狀，這恰恰比喻了君民關係中，君是總是處於主導地位而民總要服從於君的情況。儘管人們常常將君主比喻爲民之父母，但作爲子女的民也需要像順從自己父母一樣服從君主，這也是君父民子觀念的根本所在。

（三）君舟民水，君民相濟

將君比喻爲舟，民爲水，目的是要說明君與民的關係是彼此依存，相互依賴的。東漢沖、質之間，梁太后臨朝，大將軍梁冀秉政，皇甫規舉賢良方

〔註115〕《史記》卷一○《孝文本紀》，第427頁。
〔註116〕《漢書》卷四《文帝紀》，第113頁。
〔註117〕《後漢書》卷一上《光武帝紀上》，第22頁。
〔註118〕《後漢書》卷七八《呂強傳》，第2530頁。

正，對策說：「夫君者舟也，人者水也。群臣乘舟者也，將軍兄弟操檝者也。若能平志畢力，以度元元，所謂福也。如其怠馳，將淪波濤。可不慎乎。夫德不稱祿，猶鑿墉之趾，以益其高。豈量力審功安固之道哉？」〔註119〕皇甫規告訴梁太后、梁冀，君爲舟，萬民爲水，而群臣是乘舟之人，將軍等爲拿著舟楫划船之人，如果能夠齊心協力則可以「度元元」，一旦怠馳，則可能有翻船的可能。這是漢代統治者對民眾具有推翻政權力量的認識。

漢代統治者時時提醒自己要注意協調君民關係，否則得益於民的君，一旦失去民的支持，就會危及他的統治。儒家經典早就對「君舟民水」有記載。《荀子》中就有提到：「《傳》曰：『君者，舟也；庶人者，水也。水則載舟，水則覆舟。』此之謂也。故君人者欲安則莫若平政愛民矣」。〔註120〕《孔子家語》《新序》中也有記載。可見，東漢的皇甫規正是吸收了先秦的君舟民水思想，以此論政事，希望統治者能夠有所匡正。

（四）君宮民角，君民和諧

自陸賈、叔孫通制定漢代禮儀以後，漢代統治者也很重視國家禮樂的建設。在討論宮、商、角、徵、羽五音的時候，他們也用君、官、民、事、物的關係來比喻。漢代儒家經典著作《禮記‧樂記》中記載：「聲音之道，與政通矣。宮爲君，商爲臣，角爲民，徵爲事，羽爲物。五者不亂，則無怗懘之音矣。宮亂則荒，其君驕。商亂則陂，其官壞。角亂則憂，其民怨。徵亂則哀，其事勤。羽亂則危，其財匱。五者皆亂，迭相陵，謂之慢。」〔註121〕劉向《說苑‧修文》《史記‧樂書》《漢書‧律曆志》也有類似的說法。五音的關係就像君臣民關係一樣，只要五個音相對和諧，就「無怗懘之音」，同樣，一旦「君驕」「官壞」「民怨」「事勤」「財匱」，都會連帶其他問題的出現。這就像五音一樣，有一個音亂，聲音就不和諧了。

如何保證五音的和諧？如何保證君、臣、民關係的和諧呢？我們從漢代統治者非常信奉且在社會上十分盛行的緯書中可以找到答案。《樂動聲儀》記載：「宮爲君，君者當寬大容眾，故其聲弘以舒，其和清以柔，動脾也。商爲臣，臣者，當發明君之號令，其聲散以明，其和溫以斷，動肺也。角爲民，

〔註119〕 《後漢書》卷六五《皇甫規傳》，第2131頁。
〔註120〕 《荀子‧王制篇》。王先謙撰，沈嘯寰、王星賢點校：《荀子集解》，北京：中華書局，1988年第一版，第152～153頁。
〔註121〕 《禮記‧樂記》。十三經注疏整理委員會：《禮記正義》，第1255～1256頁。

民者，當約儉，不奢僭差，故其聲防以約，其和清以靜，動肝也。徵爲事，事者君子之功既當急就之，其事當久流亡，故其聲貶以疾，其和平以切，動心也。羽爲物，物者不齊委聚，故其聲散以虛，其和斷以散，動腎也。」〔註122〕這裡強調君、臣、民都各有其應遵守的規則，「君」要「寬大容眾」，「臣」要「發明君之號令」，「民」要「約儉，不奢僭差」，只要君、臣、民遵守這些行爲準則，就能保持關係的和諧。

　　漢代以五音比喻君、臣、民、事、物的政治關係，其根本目的就是強調這種政治關係內部和諧的重要。君、臣、民、事、物的政治關係只有如同宮、商、角、徵、羽五音般彼此和諧，才能保證國家政治運行的暢通、社會的穩定。

（五）君心民體，君民一體

　　漢代統治者也強調君民關係的一體性，他們常常將君、民關係比喻爲心、體關係。漢武帝在詔書中說：「蓋君者心也，民猶支體，支體傷則心憯怛。」〔註123〕爲漢獻帝所推崇的《申鑒》也提到：「君爲元首，臣爲股肱，民爲手足」。〔註124〕漢代統治者所崇尚的儒家經典中也有對君民關係的說法。例如《禮記・緇衣》中有「民以君爲心，君以民爲本」「心好之，身必安之」〔註125〕的說法。這裡，將君民關係也看成「心」「身」關係。「君爲心」「民爲體」；「心好」則「身安」。此外，「民以君爲心」說的是民只是君的從屬者，而君爲統治者，「君以民爲本」則表明民的重要性。

　　此外，漢代史料中關於君民一體的論述還有諸如頭、足之類的比喻。太學生劉陶在給漢桓帝的上書中說：「臣聞人非天地無以爲生，天地非人無以爲靈，是故帝非民不立，民非帝不寧，夫天地之與帝，帝之與民，猶頭之與足，相須而行也。」〔註126〕這裡劉陶用天地、君、民的關係來論證君與民「同體相須」。他的論證邏輯是：天地生民，民給天地帶來靈氣；有民才有帝，有帝

〔註122〕　《樂動聲儀》。載（日）安居香山、中村璋八輯：《緯書集成》，第542頁。

〔註123〕　《漢書》卷六《武帝紀》，第187頁。

〔註124〕　《申鑒・政體》。荀悅著，吳道傳校：《申鑒》，《諸子集成》，第5頁。

〔註125〕　《禮記・緇衣》。十三經注疏整理委員會：《禮記正義》，第1767頁。

〔註126〕　嚴可均校輯：《全上古三代秦漢三國六朝文》，北京：中華書局，1958年第一版，第830頁。另《後漢書》卷五七《劉陶傳》，第1843頁。《劉陶傳》中記載這句話中的「民」爲「人」，此處從嚴可均輯錄的內容。

民才安；由此，天地與民是「相須」，民與帝「相須」，那麼，天地與帝「相須」。天地、君、民三者是互為「相須」的關係。劉陶的這種論證方式是漢代人常用的方式之一，他將天地、君、民構成一個政治關係的鏈條，兩兩相關聯，進而論證出三者的關係是彼此依賴，缺一不可。

「心」與「頭」是人體發號施令的部位，對身體的其他部位有絕對的支配能力。「肢體」「手足」則是身體中負責從事體力勞動的部位，儘管毫無支配能力可言，但是身體所獲得的物質享受則需要「肢體」「手足」的正常活動來實現。漢代統治者用這些人體重要的部位比喻君民關係，一方面表明作為「心」「頭」的君處於支配地位，而作為「肢體」「手足」的民處於從屬地位；另一方面表明，作為「肢體」「手足」的民是君主統治國家所需物質基礎的重要生產者，沒有民眾的生產勞動，就沒有國家得以存在的物質基礎支持，也就更沒有君的統治地位可言了。因此，民儘管為從屬者、被統治者，但他們的作用不可小覷；同樣，民又需要君的領導與治理，否則就會天下大亂，民不聊生。由此可見，君民一體論的主旨就是要說明君與民二者彼此依存，相互依賴，利害攸關，同時提醒統治者要注重民對維繫整個國家正常政治秩序的重要性。

漢代統治者利用各種比喻的方式來論證君民關係，表面上看多少有些粉飾太平、美化君民關係的意味。然而，從本質上看，這是漢代統治者對民重要性的深刻認識的體現，是統治者民本論的重要組成部分。

二、制君說

漢代統治者重視民生，體察民情，提倡在治國中遵循「以民為本」的思想，並由此形成了一種對君主個人行為具有限制作用的理論，我們稱之為「制君說」。

（一）以聖制君

漢代統治者對「聖」的崇拜和推崇是十分強烈的。在漢代統治者眼中，三皇五帝、周公都是「聖人」「聖王」「先聖」，都是治國理民的典範。漢代統治者所提倡的「制君說」是由樹立聖人、聖王的形象所推演開來的。他們在崇尚「聖」的基礎上提出「制君」的思想，希望所有的漢代君主都能夠像遙遠的古代所出現的那些聖王一樣治理國家。我們經常能在詔書中、朝堂議政

裏、大臣的上書中甚至是思想家的著作中看到諸如聖人、聖王、聖賢之類的
字眼。這些「聖」的出現大多針對某個具體的事情而發，目的是以「聖」來
自表或者勸諫君主。君主在詔書中言及聖人、聖王，要麼是爲了追述前人的
成就、要麼是爲了以聖人的標準自省；大臣在上書中言及聖人、聖王，主要
還是將聖人所行之事作爲論證的有力論據，爲其所提建議提供理論上的支
持。但凡大臣或思想家談到的聖人、聖王之事，都具有不可質疑、不可違背
先聖意志的意味，往往能爲其所提建議增強幾分說服力。

1. 崇聖與帝王的聖化

對於上古時期的「聖人」，先秦的思想家們有很多的描述。《尚書・洪範》：
「於事無不通謂之聖」。〔註127〕《周易・繫辭》：「天生神物，聖人則之。天地
變化，聖人傚之。天垂象，見吉凶，聖人象之。河出《圖》，洛出《書》，聖
人則之」。〔註128〕在思想家們的眼中，「聖人」是萬事萬物的創造者，具有某
種神性，可以通天地、鬼神、知吉凶未來，只有聖人才能將人類引領到光明
的世界中去。老子的「小國寡民」需要「聖人」來實現；孔子的「博施於民
而能濟衆」〔註129〕需要後「聖」來實行；墨子認爲只有「聖人以治天下爲事
者也」，才最終「能治之」〔註130〕，實現天下太平。先秦時期的思想家對「聖
人」的描述可謂不盡相同，但聖人可以帶領人類走向他們的理想世界，這種
思路先秦各家大體相同。〔註131〕

到了秦朝，秦始皇則將「聖」字放到了自己的頭上。《史記》所記載的
泰山、琅琊臺、之罘、東觀、碣石和會稽六處秦刻石中，李斯用了一系列
「聖」字來讚美秦始皇統一六國、建立秦朝的功績。他將秦始皇的意志稱
爲「聖志」，秦始皇的意願稱爲「聖意」，秦始皇的統治稱爲「聖治」，秦始
皇頒佈的法律稱爲「聖法」，秦始皇的恩德稱爲「聖德」，並稱秦始皇「聖
智仁義，顯白道理」「功蓋五帝，澤及牛馬」，甚至將秦始皇稱爲「大聖」「明

〔註127〕　《尚書・洪範》孔安國傳。十三經注疏整理委員會：《尚書正義》，第359頁。
〔註128〕　《周易・繫辭上》。十三經注疏整理委員會：《周易正義》，第341頁。
〔註129〕　《論語・雍也》。十三經注疏整理委員會：《論語注疏》，北京：北京大學出版
　　　　　社，2000年第一版，第91頁。
〔註130〕　《墨子・兼愛上》。吳毓江撰、孫啓治點校：《墨子校注》，北京：中華書局，
　　　　　1993年第一版，第154頁。
〔註131〕　劉澤華：《論由崇聖向平等、自有觀念的轉變》，《天津社會科學》，1993年第
　　　　　4期。

聖」。〔註 132〕以往對三皇五帝和賢人的稱呼，到了秦朝則廣泛地應用於對當朝君主的稱呼。至此，「聖」與「王」相結合，帝王開始佔有「聖」的榮譽。人們普遍認為後代的帝王只要治國有方、治民有道也可以成為像三皇五帝一樣的「聖王」「明聖」，甚至有些皇帝昏庸無道也同樣被稱為「聖」。

漢代，帝王的聖化更為凸顯。人們對帝王的稱謂或形容多冠以「聖」字，這樣的例子在皇帝的詔書中、大臣的上疏中、君臣的對話裏，俯拾皆是，不勝枚舉。從總體上看，君主的聖化有以下幾點表現：

第一，從對皇帝稱謂看，出現了「聖躬」等以「聖」字直接指代皇帝的稱呼。「聖躬」本義是指皇帝的身體，又代指皇帝。例如袁宏《後漢紀‧順帝紀下》：「今廟祀適訖，而祈穀方至，恐左右忠孝，不欲屢勞聖躬，以為親耕可廢」。〔註 133〕《後漢書‧班固傳下》：「俯仰乎乾坤，參象乎聖躬」。〔註 134〕這裡所說的「聖躬」都代指的皇帝。

第二，從皇帝自身的品行看，稱具有德行的皇帝為「仁聖」「賢聖」「聖德」。皇帝自身具有的「仁」「賢」「德」等品質還要再加上一個「聖」字，以凸顯帝王本人的與眾不同與地位尊貴甚至是其本身所具有的神性。

第三，從皇帝治民的效果看，稱治民有方之君為「聖王」「聖主」，人們對已故帝王稱為「先聖」。從前稱三皇五帝、文王、周公才為「聖王」或者「先聖」，現在這樣的稱呼也可以用來指稱以前的皇帝或者是當朝的皇帝，足見漢代人將帝王的聖化進行得非常徹底。

先秦時，孔子認為即使是堯舜也不能稱之為「聖」的時代已經過去。秦漢以降帝王佔用了「聖」，「聖」與「王」的結合是對「聖人」的期許和對現實帝王的神化，更是希望以「聖」來「制君」──被冠以「聖」頭銜的帝王更應該像「聖賢」一樣的理朝政、愛萬民、安天下。

2. 聖人重民說

在漢代人所列的聖人名單裏，有創立八卦的伏羲、發明農業的神農、打敗蚩尤的黃帝，還有堯、舜、禹，甚至皋陶、周文王、周武王、周公，等等。他們在討論具體的政治事務時常常會列出一個序列，將上古的三皇五帝加之

〔註 132〕《史記》卷五《秦始皇本紀》，第 242～262 頁。

〔註 133〕袁宏：《後漢紀‧順帝紀下》。袁宏撰，張烈點校：《後漢紀》，《兩漢紀》下冊，北京：中華書局，2002 年第一版，第 377 頁。

〔註 134〕《後漢書》卷四○下《班固傳》，第 1364 頁。

文王、周公一併提及，例舉這些聖人的做法，從而為自己提出的建議提供有力的支持。這些「聖人」中有相當一部分人是「王」，因此，在具體的論述中，漢代人常常又將「聖人」與「聖王」「聖賢」「先聖」「明聖」「聖主」這些稱謂混合來用，實際上都是指上述所列的三皇五帝以及周代的文王、周公一類人。

在漢代人眼中，三皇五帝、文王、周公這些聖王，他們在道德品質上完美無瑕；在智慧上全知全能；在政治才能上卓越超群。《白虎通·聖人》說：「聖也，通也，道也。道無所不通，明無所不照。聞聲知情，與天地合德，日月合明，四時合序，神鬼合吉凶」。〔註135〕聖人是與天地、日月、四時相契合的完美的統治者，是具有某種神性的統治者。與此同時，由聖人所實行的治國之道也是最理想的政治形態，是後代君主需要傳承、延續、傚仿的典範。由聖人所治理的國家，往往是風調雨順、衣食豐稔、國泰民安、民風質樸、天下太平的盛世。聖人施行的德、刑、禮、法，統統都是君主所要模仿的。無論聖人是改制還是立法、是革新還是守舊，後代君主和世人對聖人只能頂禮膜拜，而不需要有任何質疑。

事實上，這樣道德完美、無所不能的聖人，在創立理想政治時最注重的或者說他之所以可以實現理想政治的前提是聖人對普通百姓的重視和憐愛。在統治者的認識裏，聖人、聖王本身就是重民的典範。他們注重民情民生。皇帝們心中的「先聖」往往是「協和萬邦，假於上下，懷柔百神，惠於鰥寡」，而「聖恩遺戒」，又要求後世君主「顧重天下，以元元為首」〔註136〕「德化普洽，垂意黎民」〔註137〕。在具體論述中，「聖人」往往與「聖王」語義相通或相近。漢代統治者大都認為：

第一，天生聖人以為民。漢元帝剛剛即位，當時作為諫大臣的禹貢因「年歲不登，郡國多困」奏言：「天生聖人，蓋為萬民，非獨使自娛樂而已也。故《詩》曰：『天難諶斯，不易惟王。』『上帝臨女，毋貳爾心。』『當仁不讓』，獨可以聖心參諸天地，揆之往古，不可與臣下議也。」〔註138〕禹貢的上書表明在漢代人看來，即使是聖人，也是上天為了民而派遣的，那麼作為傚仿聖人言行的君主就更是如此。

〔註135〕 《白虎通·聖人》。陳立撰，吳則虞點校：《白虎通疏證》，第334頁。
〔註136〕 《後漢書》卷二《顯宗孝明帝紀》，第95頁。
〔註137〕 《後漢書》卷四《孝和帝紀》，第167頁。
〔註138〕 《漢書》卷七二《禹貢傳》第3072頁。

第二，聖王重民而輕神。「聖王治國，崇禮讓，顯仁義，以尊賢愛民爲務。是爲卜筮維寡，祭祀用稀。」〔註139〕「聖王先成民而後致力於神。民事未定，郡祀有闕，不爲尤矣」。〔註140〕儘管這樣的說法都出現在桓譚和荀悅的著作中，但他們的著作則爲漢光武帝、漢獻帝所閱覽並給予了很高的評價。可見，聖王重民輕神的思想是漢代統治者所認同的。

第三，聖王愛民而輕身。聖王愛民如子不能稱之爲「仁」；愛民如身不能達到「仁」；只有愛民輕身才能實現「仁」。〔註141〕

第四，聖王以憂民爲己任。在漢章帝心中，聖王「以丞庶爲憂，不以天下爲樂」〔註142〕。而荀悅的論述則更爲全面：他說既然「聖王以天下爲憂，天下以聖王爲樂」，那麼聖王就要「屈己以申天下之樂」。相比之下，「凡主以天下爲樂，天下以凡主爲憂」，「凡主申己以屈天下之憂」。〔註143〕

聖人、聖王重民、愛民、憂民的思想，實際上彰顯了聖人「以民爲本」的思想。漢代統治者通過對聖人、聖王重民榜樣的塑造，向天下昭示出民在國家中的重要地位和作用。同時聖人重民的榜樣作用也深入人心，人們以聖人重民說作爲標準評判當朝君主是否「以民爲本」，提醒君主要注重民生民情。

聖人、聖王的形象在漢代君臣的言論中日益豐滿，成爲皇帝自省、大臣上書直諫的「參照物」，也在無形之中成爲君主必須倣仿的對象——只要爲君，就得像先聖一樣實行仁政、德政，將民生問題放在治政的首要位置。大臣們會直接將「聖人」「聖王」的標準作爲君主應然的標準。漢武帝時，公孫弘就曾說：「陛下有先聖之位而無先聖之名」〔註144〕，指出漢武帝沒有先聖時一樣的官吏幫助他治民，同時武帝本人也沒有按照「先聖」的標準行事。但是，公孫弘雖然指出武帝沒有像先聖一樣治國，卻同時指明皇帝的重要作用，

〔註139〕 《新論·見微》。桓譚撰，朱謙之校輯：《新輯本桓譚新論》，北京：中華書局，2009 年第一版，第 15 頁。據《後漢書》卷二八上《桓譚傳》記載：「初，譚著書言當世行事二十九篇，號曰《新論》，上書獻之，世祖善焉。」可見光武帝認同這種說法。

〔註140〕 《申鑒·時事》。荀悅：《申鑒》，上海：上海書店，影印本，1986 年第一版，第 12 頁。

〔註141〕 《申鑒·雜言上》。荀悅：《申鑒》，影印本，第 20 頁。其中有言：「或曰：『愛民如子，仁之至乎？』曰：『未也。』曰：『愛民如身，仁之至乎？』曰：『未也。湯禱桑林，郑遷於繹，景祠於旱，可謂愛民矣。』」

〔註142〕 《後漢書》卷三《肅宗孝章帝紀》，第 131 頁。

〔註143〕 《申鑒·政體》。荀悅：《申鑒》，《諸子集成》，第七冊，第 7 頁。

〔註144〕 《漢書》卷五八《公孫弘傳》，第 2167～2168 頁。

即百姓治理的好壞，「唯陛下之所志」，也就是看君主個人的意志。這包括君主個人意志、道德品質以及領導才能。公孫弘的這一番話，既搬出了「先聖」給武帝敲響了警鐘，又肯定了武帝在漢朝政治統治中的絕對權威。可見，即使是「聖人」在君主的頭頂上制約著君主的言行，君主具有絕對政治權力的地位卻絲毫沒有改變。這就是「以聖製君」——既用「聖」的標準要求君主，又肯定君主如「聖」一般擁有絕對權威。

　　無疑，聖王實行的政治是一種理想政治，極少有君主真正能將其落實在實際的政治活動之中。然而，現實中的君主可以在對聖人的頂禮膜拜中強化重民、愛民、憂民的意識。君主以聖王為榜樣躬身自省，大臣以聖王為標準直言極諫，這在一定程度上對君主的政治行為起到了制約的作用。但是這種制約作用卻建立在君主個人的道德自覺上。君主個人的道德品格決定著其將重民、愛民、憂民的意識是落實到實際政治之中還是只是停留在口頭上。因此，僅停留在道德主義範疇上的制君說，在實踐中也將會遭受種種挫折，接受來自政治實踐各方面的挑戰。

　　既然君主要像聖人一樣重民、愛民、憂民，那麼君主究竟如何做才能符合人們對其的期待呢？這就涉及漢代統治者對「制君」理論的具體設計。制君說在主觀理念、個人道德、個人行為、為政原則等方面對君主都有要求，其核心內容是圍繞「民」展開——無論君主想什麼、做什麼都要將「民」放在各方考慮的首要位置。

（二）以德制君

　　制君的集中體現是在政治理論中強調君主必須要具有「君德」。這裡的「德」既包括君主自身的道德又包括對百姓所施之「德」。一旦出現天災人禍，君主往往會說自己「無德」，表明自己對沒有實現「君德」。漢代皇帝非常喜歡下「罪己詔」，他們在「罪己詔」中所表現出來的虔誠使我們感覺這並不僅僅只是做做樣子而已。漢文帝下詔：「朕下不能理育群生，上以累三光之明，其不德大矣。」〔註145〕漢元帝在詔書上說：「朕之不德，庶幾群公有敢言朕之過者……」。〔註146〕漢哀帝時，平當為丞相，之後平當「乞骸骨」。漢哀帝下詔：「朕選於眾，以君為相，視事日寡，輔政未久，陰陽不調，冬無大雪，旱

〔註145〕《史記》卷十《孝文本紀》，第422頁。
〔註146〕《漢書》卷九《元帝紀》，第284頁。

氣爲災，朕之不德，何必君罪？君何疑而上書乞骸骨，歸關內侯爵邑？」〔註147〕漢章帝下詔：「朕以不德，遵奉大業，而陰陽差越，變異並見，萬民饑流，羌貊叛戾。」〔註148〕漢順帝下詔：「朕以不德，統奉鴻業」。〔註149〕皇帝們在詔書中明確說自己「不德」，充分說明君主是否遵循「君德」已經成爲君主自省、大臣們勸諫的標準。「君德」包括哪些內容呢？綜合來看，主要是君主自身要具有「德」，也就是君主本人的道德符合仁、義、孝等標準；同時君主本人在施政過程中要施行「德」，即任賢使能、賞罰分明、勤政節儉、大公無私，對待臣民要具有仁愛之心，注重體察民情、瞭解百姓疾苦，眞正做好百姓的衣食父母，完成上天「立君爲民」的任務。「君德」是漢代統治者限制君主行爲的一個有力的論據而成爲漢代統治者的共識。

（三）「愛民如赤子」

如前文所述，漢代統治者認爲天是整個世界的主宰，而天立君主的目的是「爲民父母」。既然君與民是父母與子女的關係，那麼君主首先就要愛民。先秦時期就有豐富的「愛民」思想，統治者深知君主「愛民」是保證整個統治有序進行的前提。到了漢代，統治者更是將君主要「愛民如赤子」的思想滲透在日常處理的政務中。《諡法解》中記載皇帝、大臣諡號的含義，其中「慈惠愛民曰文」「愛民好與曰惠」「愛民好治曰戴」「愛民在刑曰克」「愛民長弟曰恭」〔註150〕。諡號是指古人死後依其生前行蹟而爲之所立的稱號。皇帝的諡號一般是禮儀官上報推薦給先帝（剛去世的皇帝）的諡號，將這個皇帝生前的行爲、個性等特點作爲起諡號的根據。漢代有兩個皇帝被認爲其主要的功德是愛民，一是孝文帝，一是孝惠帝。文帝和惠帝都因爲「愛民」而被冠以「文」「惠」的諡號。漢宣帝剛剛即位，路溫舒上書說：「文帝永思至德，以承天心，崇仁義，省刑罰，通關梁，一遠近，敬賢如大賓，愛民如赤子，內恕情之所安，而施之於海內，是以囹圄空虛，天下太平」。〔註151〕可見，後代人有對文帝「愛民如赤子」「永思至德」的讚譽。漢和帝曾下詔：「遠國珍羞，本以薦奉宗廟。苟有傷害，豈愛民之本」。〔註152〕君主在詔書中也依然強調「愛民」的重要性。無論是人們對

〔註147〕《漢書》卷七十一《平當傳》，第3051頁。
〔註148〕《後漢書》卷三《肅宗孝章帝紀》，第133頁。
〔註149〕《後漢書》卷六《孝順帝紀》，第262頁。
〔註150〕張守節：《史記正義・諡法解》，《史記》，第18～25頁。
〔註151〕《漢書》卷五一《路溫舒傳》，第2368頁。
〔註152〕《後漢書》卷四《孝和帝紀》，第194頁。

「愛民如赤子」的皇帝的追思還是皇帝本身對「愛民」的標榜，「愛民」本身就是對一個皇帝最基本的要求，也是人們評價皇帝好壞最基本的標準。「愛民」的要求和評價標準在漢以後的各個王朝中更是體現得淋漓盡致，以至於我們今天依然把「愛民」的字眼放在那些為民做實事的官員頭上。儘管很多現實的例子告訴我們，「愛民」可能只是統治者治民過程中的一個幌子、一個招牌，但不管怎樣，漢代統治者對其的重視與標榜足以表明：重民、愛民的思想是統治者的共識——他們至少在觀念上、在評價標準上認同這樣的思想。

（四）「不與民爭利」

君主不與民爭利的意思是說君主不能依仗自己的權勢與百姓奪利益，這裡的「利」主要是指土地和財力。圍繞「不與民爭利」爭論最多的是《鹽鐵論》。漢武帝開疆拓土、修宮築苑、封禪祭天、巡幸四方的結果是國家財政的潰乏，於是實行鹽鐵官營、酒榷、均輸法。漢武帝的經濟政策本意是抑制富商大賈，增加國家的財政收入，結果是國家利潤豐厚，富商大賈的利益也沒有太大的損失，倒是普通百姓的生活更加艱難。因此，武帝之後，人們就開始討論還利於民的問題。漢昭帝始元六年（公元前 81 年）召開了鹽鐵會議。會上，賢良文學指出：「今郡國有鹽、鐵、酒榷，均輸，與民爭利」。〔註153〕賢良文學認為一旦君主與民爭利，則會給百姓樹立「爭利」的榜樣，而使更多的人逐利，所以國君應該「防淫佚之原，廣道德之端，抑末利而開仁義，毋示以利」，這樣才能「教化可興，而風俗可移也」。〔註154〕漢章帝元和年間，因為穀物價格偏高，尚書張林認為穀物價格貴的原因是錢多，國家可以「盡封錢」，而取之「以布帛為租」，同時將鹽收歸官營，並恢復漢武帝時的均輸法。這個提議得到了章帝的讚賞。尚書僕射朱暉上奏：「王制，天子不言有無，諸侯不言多少，祿食之家不與百姓爭利。今均輸之法與賈販無異，鹽利歸官，則下人窮怨，布帛為租，則吏多奸盜，誠非明主所當宜行」。〔註155〕朱暉以「祿食之家不與百姓爭利」為根據勸諫章帝，實行鹽官營以及均輸之法的結果是「下人窮怨」。章帝見了奏議，大怒，朱暉「自繫獄」。〔註156〕而後章帝說「國

〔註153〕　《鹽鐵論・本議》。王利器校注：《鹽鐵論校注》，北京：中華書局，1992 年第一版，第 1 頁。
〔註154〕　《鹽鐵論・本議》。王利器校注：《鹽鐵論校注》，第 1 頁。
〔註155〕　《後漢書》卷四三《朱暉傳》，第 1460 頁。
〔註156〕　《後漢書》卷四三《朱暉傳》，第 1460 頁。

家樂聞駁議，黃髮無愆」，最後「帝意解，寢其事」。〔註157〕可見，章帝是知道「不與百姓爭利」的道理的，只是爲了「斂財」和平抑穀價而沒有採納朱暉的建議。到了漢章帝章和元年（公元 87 年），當時依然是「穀貴民饑」廣陵太守馬棱「奏罷鹽官，以利百姓」〔註158〕。章和二年才最終宣佈鹽鐵官營。〔註159〕

　　儘管在現實政治中，皇帝常常會與百姓爭利，但「不與民爭利」的廣泛認同使得漢代的一些皇帝考慮「還利於民」的問題。漢元帝即位，儒生們討論「毋與民爭利」的問題，隨後「又罷建章、甘泉宮衛，角抵，齊三服官，省禁苑以予貧民，減諸侯王廟衛卒半」〔註160〕。皇帝將自己作爲打獵或者遊樂的苑囿供貧民耕種，並賜以種子、農具等，以解決百姓無地可耕、沒有生計來源的問題。

　　君主不與百姓爭利的說法在先秦時期就已經出現了。只是到了漢代，統治者將其作爲約束君主行爲、勸諫君主的理論依據。上自天子下至臣民，都懂得不與百姓爭利的道理。他們深知孔子所言「百姓不足，君孰予足」〔註161〕的思想，希望君主做到不與百姓爭利，滿足百姓的需求。但不與民爭利思想的提出恰恰是由於君主與民爭利實事的存在。漢代大臣們上書中每每提到「不與民爭利」的字眼時，正是他們看到了君主與民爭利。

（五）「不竭民力」

　　民力，指百姓的人力、物力、財力。君主不竭民力的核心內容是限制國家對勞役的徵發和賦稅的徵收。漢和帝剛剛即位，就頒佈詔書指出：「先帝即位，務休力役……」〔註162〕。和帝認爲章帝「務休力役」乃是明智之舉。

〔註157〕 《後漢書》卷四三《朱暉傳》，第 1460 頁。

〔註158〕 《漢書》卷二四《馬棱傳》，第 862 頁。

〔註159〕 東漢時期的鹽鐵政策由於史料較少，因此研究薄弱，說法不一。相關專著有羅慶康：《漢代專賣制度研究》，北京：中國文史出版社，1991 年第一版，第179～180 頁。但從這裡來看，漢章帝後來在臨終前的確是要廢除鹽鐵官營。

〔註160〕 《漢書》卷二四上《食貨志上》，第 1141 頁。

〔註161〕 在《後漢書》中很多大臣如谷永、郎顗、楊震都說過類似的話。「百姓不足，君孰與足」的說法來源於《論語·顏淵》一篇。詳見《漢書》卷八五《谷永傳》，第 3471 頁；《後漢書》卷三〇下《郎顗傳》，第 1060 頁；《後漢書》卷五四《楊震傳》，第 1764 頁。

〔註162〕 《後漢書》卷四《孝和帝紀》，第 167 頁。

在漢代，很多著名的大臣都談到過「不竭民力」，包括其原因、方法、效果，等等。

第一，「不竭民力」的原因是民眾一旦「民力」耗竭則會走投無路甚至揭竿而起。人們認爲秦朝滅亡的原因之一就是「民力罷盡」。漢初，晁錯在回答文帝策問時也指出秦朝滅亡的原因：「宮室過度，耆欲亡極，民力罷盡，賦斂不節。」〔註163〕東漢初年，光武帝想修黃河、汴河，濬儀令樂俊上奏：「今居家稀少，田地饒廣，雖未修理，其患猶可。且新被兵革，方興役力，勞怨既多，民不堪命。宜須平靜，更議其事。」〔註164〕東漢初年，一切百廢待興，在這時要徵眾多的百姓服徭役勢必會使百姓怨聲載道，於是光武帝暫時擱置了修黃河、汴河的想法。

第二，「不竭民力」的方法是減少賦稅和省徭役。董仲舒曾說服漢武帝減少賦役的徵收，他曾說：「薄賦斂，省徭役，以寬民力。然後可善治」。〔註165〕但是漢武帝在董仲舒死後卻「功費愈甚，天下虛耗，人復相食」〔註166〕。漢宣帝剛即位，想讚美武帝的功德，而當時的長信少府夏侯勝卻上奏：「武帝雖有攘四夷廣土斥境之功，然多殺士眾，竭民財力，奢泰亡度，天下虛耗，百姓流離，物故者半。」〔註167〕當然像夏侯勝這樣的諫諍之臣，最後的結果是「下獄」，而夏侯勝還直言：「議已出口，雖死不悔」〔註168〕。足見夏侯勝對其奏議的堅持，並希望通過自己的堅持換來宣帝對「不竭民力」的重視。

第三，「不竭民力」的結果是百姓富有，天下大治。漢文帝時賈山作《至言》，其文有「君有餘財，民有餘力，而頌聲作」〔註169〕的說法。賈山認爲民有「餘力」而後才能頌揚君主的功德，也就是天下才能出現大治。漢武帝時，公孫弘說：「不妨民力，則百姓富」。〔註170〕可見，人們普遍認爲不竭民力可以足民，足民的結果是足君，乃至天下都富足。

從以上三點我們可以看出，漢代的君主是認同「不竭民力」的說法的。然而由於現實的制約和君主個人的好惡，使得「民力盡」的現象比比皆是。「耿

〔註163〕 《漢書》卷四九《晁錯傳》，第2297頁。
〔註164〕 《後漢書》卷七九《循吏傳·王景傳》，第167頁。
〔註165〕 《漢書》卷二四上《食貨志上》，第1137頁。
〔註166〕 《漢書》卷二四上《食貨志上》，第1137頁。
〔註167〕 《漢書》卷七五《夏侯勝傳》，第3156頁。
〔註168〕 《漢書》卷七五《夏侯勝傳》，第3157頁。
〔註169〕 《漢書》卷五一《賈山傳》，第2332頁。
〔註170〕 《漢書》卷五八《公孫弘傳》，第2615頁。

介不同於俗」的王符，辭官以後著書《潛夫論》，其中就有對東漢虛耗民力的揭露。王符還搬出了「聖人」，以告誡君主要愛惜民力、省徭役。王符說：「聖人深知，力者乃民之本也，而國之基，故務省役而爲民愛日」〔註171〕漢代的君主雖有「不竭民力」思想的制約，但是是否施行則取決於君主本身。

制君說與其說是對君主爲政的約束，不如說是對君主「爲君之道」的闡釋。在漢代人的言論中沒有明確的「制約君權」言論，但是他們都是從對君主的無上權力中指出爲君之人應該如何爲君，一旦不符合以民本爲核心的「爲君之道」，輕則天降災異，重則王位不保。所以從這個意義上來說，這裡的「爲君之道」具有某種約束君主行爲的作用。但是，就本質屬性而言，「制君」的前提是在充分維護君主的權力、地位基礎之上的「制君」，而並非是對「君主」個人權力的限制和規範。「制君」的效果，如前文所述，則因爲君主個人的品性、好惡和當時所直指的問題而有所不同。但是從愛民到遵循「君德」「不與民爭利」「不竭民力」等對君主行爲的約束思想來說，漢代的皇帝是非常認同並躬行的，賢明的大臣更是在上奏裏、爲政中以此作爲勸諫皇帝的有力依據。同時，制君說也是社會輿論的體現。

第四節　爲民治官

漢代統治者民本論的一個重要方面是「爲民治官」說。「爲民治官」說包括官民關係論以及「治官」說。官民關係論較君民關係論來說，相對簡單。比較流行的說法有官爲民父母，官爲民師。在官民關係論的基礎上，漢代統治者也提出「治官」說，即爲了使百姓更好的生活，統治者要治理、整治官吏。「爲民治官」的思想不僅僅是君主對官吏的約束，更是對官吏行爲的監督和檢查。

一、官民關係

漢代統治者認爲官吏在治國理民中是君主的輔佐者，他們處於君與民之間，他們既是君主之「奴」又是民之「主」，因此，官民關係論的思路與君民關係論大體相同。官吏是政治系統中的執行者，他們在處理政治事務中表現的好壞，直接影響到百姓治理的好壞。

〔註171〕《潛夫論・愛日》。王符著，汪繼培箋，彭鐸校正：《潛夫論箋校正》，北京：中華書局，1985 年第一版，第 213 頁。

（一）設官爲民，爲民父母

「設官爲民，爲民父母」的思路是，國家設置官吏是爲了輔助皇帝治理百姓，其根本目的是「爲民」，因此，作爲官吏，在治理百姓的時候就要向父母對子女一樣負有養育、教育、幫助的責任。這裡的思路與君民關係論中的「君父民子」思路大體相同。漢代有很多關於官吏代替君主「牧民」的說法。漢光武帝下詔說：「夫張官置吏，所以爲人也。今百姓遭難，戶口耗少，而縣官吏職所置尙繁，其令司隸、州牧各實所部，省減吏員」〔註172〕漢惠帝也曾有「吏所以治民也，能盡其治則民賴之，故重其祿，所以爲民也」〔註173〕的言論。作爲官方學說代表的《白虎通》也記載：「故列土爲疆非爲諸侯，張官設府非爲卿大夫，皆爲民也」〔註174〕。既然張官置吏的目的是「爲民」，那麼作爲官吏就要「爲人父母」〔註175〕「爲民父母」〔註176〕。

作爲民的父母官，官吏的職責就要愛民、惠民，眞正把百姓的疾苦放在治政的首要位置。這是漢代統治者所希望且不斷在詔書中強調的。然而在現實中，他們看到的更多是「今吏多不良，擅行喜怒，或案不以罪，迫脅無辜，致令自殺者，一歲且多於斷獄」，於是才有「甚非爲人父母之意也」〔註177〕的感歎。他們更希望看到的是「抑強扶弱，宣恩廣澤」〔註178〕的父母官。

（二）官爲民師，官行民從

漢代統治者認爲官吏是百姓的老師，官吏應爲百姓的楷模，處處起到表率的作用。其實，秦朝早就有「以吏爲師」的政策。秦始皇下令「若欲有學法令，以吏爲師」〔註179〕。這一政策的理論基礎來源於商鞅。他在《商君書》中說：「今先聖人爲書傳之後世，必師受之，乃知所謂之名。不師受之，而人以其心意議之，至死不能知其名與其意。故聖人必爲法令置官也置吏也爲天下師，所以定名分也」。〔註180〕「（聖人）爲置法官吏爲之師以道之，知萬民

〔註172〕《後漢書》卷一下《光武帝紀下》，第49頁。
〔註173〕《漢書》卷二《惠帝紀》，第86頁。
〔註174〕《白虎通·封公侯》。陳立撰，吳則虞點校：《白虎通疏證》，第141頁。
〔註175〕《後漢書》卷三《肅宗孝章帝紀》，第140頁。
〔註176〕《漢書》卷七六《王尊傳》，第3228頁。
〔註177〕《後漢書》卷三《肅宗孝章帝紀》，第140頁。
〔註178〕《漢書》卷七六《王尊傳》，第3228頁。
〔註179〕《史記》卷六《秦始皇本紀》，第255頁。
〔註180〕《商君書·定分》。蔣禮鴻撰：《商君書錐指》，北京：中華書局，1986年第一版，第146頁。

皆知所避就，避禍就福而皆以自治也」。〔註181〕漢代統治者延續這一政策，也提出官吏爲百姓之師。漢景帝下詔：「夫吏者，民之師也。」〔註182〕董仲舒在回答「天人三策」時也提到：「今之郡守、縣令，民之師帥，所使承流而宣化也」。〔註183〕他們認爲官吏是百姓的表率：「夫三公者，百僚之率，萬民之表也」。〔註184〕這裡，他們強調的是官吏作爲百姓的老師，肩負起教化民眾的職責，所謂「牧民而導之善者，吏也」〔註185〕。而漢代統治者與秦朝統治者「以吏爲師」政策不同的是：前者更強調官吏教化民眾的作用，教化的內容主要爲儒家思想；後者則強調吏在傳播法令方面的作用。

官吏爲百姓之師，官吏又替皇帝辦事，是國家行政的執行者，常常具有行政執行權而對百姓產生威懾作用。面對國家的政策措施以及各種徭役、賦稅，百姓只能被動地接受。因此，君下令，官吏執行，百姓服從構成君、官、民政治關係的鏈條。這裡，官與民同樣是統治者與被統治者的關係，在社會等級和身份上依舊是官貴民賤、官尊民卑。這種官爲民師、官行民從的政治關係論彰顯了官吏在教化民眾方面的職能以及民要服從官吏管理的要求。這種官民關係以師生關係爲比喻，表明官作爲統治者對民行使權力的絕對權威，民作爲被統治者順從官吏管制的絕對義務。漢代統治者對「官爲民師」的宣揚加強了對民眾思想教育的管制，使教育民眾成爲官吏的一種政治職能，使百姓更容易被訓育，從而有利於維護整個漢王朝的統治。

二、治官說

在漢代人眼中，天立君爲民，而君主一人之力有限，於是君主選擇文武百官協助他治國。如果說君主是國家統治者的總領者，那麼官吏就是國家政治事務的管理者和政策措施的執行者。實際上，「官」與「吏」的含義在先秦時比較相近，都是官員的通稱。《說文解字》：「吏，治人者也。」〔註186〕到了漢代，「官」與「吏」的含義逐漸分離。「官」是指各部門的長官或者是有品

〔註181〕　《商君書・定分》。蔣禮鴻撰：《商君書錐指》，第146頁。
〔註182〕　《漢書》卷五《景帝紀》，第149頁。
〔註183〕　《漢書》卷五六《董仲舒傳》，第149頁。
〔註184〕　《史記》卷一一二《平津侯主父列傳》，第2963頁。
〔註185〕　《史記》卷一〇《孝文本紀》，第419頁。
〔註186〕　《說文解字・一部》。許慎著，段玉裁注：《說文解字注》，第1頁。

級的官員。「吏」是指低級官員或吏卒。我們這裡所講的「官」實際上既包括「官」也包括「吏」，也就是指具有政治身份整個官員的群體。

漢代自建立以來，統治者一直在積極探索如何管理官吏。在他們看來，治國理民的前提是要先整頓好官員隊伍，如果作爲君主「股肱」的官吏們本身存在這樣或那樣的問題，那麼想治理好國家、安頓好萬民，只能是天方夜譚了。漢代統治者深知「大臣者，國家之股肱，萬姓所瞻仰，明王所愼擇也」〔註187〕的道理。漢宣帝曾說：「庶民所以安其田里而亡歎息愁恨之心者，政平訟理也。與我共此者，其唯良二千石乎」〔註188〕漢宣帝希望國家出更多的「良兩千石」，協助他治理天下。漢元帝下詔：「《書》不云乎？『股肱良哉，庶事康哉。』」〔註189〕元帝通過引用《尙書》中的話來表明朝廷對好官良吏的需要。官吏是如此之重要，君主一方面要謹愼地選擇官員，另一方面則需要對官吏加以管理。於是統治者在管理官吏的過程中逐漸形成了一整套以「爲民」爲中心的，申明官吏職責、規範官吏行爲的「治官」說。

「治官」說認爲國家「張官置吏」都是「爲民」。漢初，文帝就曾下詔：「且夫牧民而導之善者，吏也」。〔註190〕因而官吏的職責就在於「惠茲元元」〔註191〕「愛養元元」〔註192〕。而現實政治中的官吏則不盡如人意。據史書記載，兩漢的官吏都會出現很多問題，這些問題都是關乎民生、關乎社稷的。漢景帝時就出現官吏在處理刑罰問題時對百姓過於苛刻的問題。景帝下詔：「法令度量，所以禁暴止邪也。獄，人之大命，死者不可復生。吏或不奉法令，以貨賂爲市，朋黨比周，以苛爲察，以刻爲明，令亡罪者失職，朕甚憐之。」〔註193〕西漢的官吏對百姓過於嚴苛，統治者認爲原因在於「禮教不立，刑法不明，民多貧窮，豪桀務私，奸不輒得，獄犴不平」〔註194〕。當時的問題是「隄防凌遲，禮制未立。死刑過制，生刑易犯」〔註195〕。到了漢武帝以後，國家開始大興禮樂教化，但似乎對官吏出現的種種問題沒起到什麼實質性的作用。東漢

〔註187〕《漢書》卷六七《朱雲傳》，第 2913 頁。
〔註188〕《漢書》卷八九《循吏傳・序》，第 3624 頁。
〔註189〕《漢書》卷九《元帝紀》，第 279 頁。
〔註190〕《史記》卷一〇《文帝紀》，第 419 頁。
〔註191〕《後漢書》卷一下《光武帝紀下》，第 52 頁。
〔註192〕《後漢書》卷四《孝和帝紀》，第 166 頁。
〔註193〕《漢書》卷五《景帝紀》，第 148 頁。
〔註194〕《漢書》卷二三《刑法志》，第 1109 頁。
〔註195〕《漢書》卷二三《刑法志》，第 1109 頁。

時期，官吏執法不公、以權謀私、侵害小民的情況依然存在，且在東漢後期有
愈演愈烈的趨勢。漢章帝下詔斥責：「而今富奸行賂於下，貪吏枉法於上，使
有罪不論而無過被刑，甚大逆也。夫以苛爲察，以刻爲明，以輕爲德，以重爲
威，四者或興，則下有怨心。吾詔書數下，冠蓋接道，而吏不加理，人或失職，
其咎安在？」〔註196〕漢和帝下詔痛斥：「三公朕之腹心，而未獲承天安民之策。
數詔有司，務擇良吏。今猶不改，競爲苛暴，侵愁小民，以求虛名，委任下吏，
假勢行邪。是似令下而奸生，禁至而詐起」，普通小吏「巧法析律，飾文增辭，
貨行於言，罪成乎手」，於是皇帝常常慨歎「朕甚病焉」。〔註197〕

　　需要特別說明的是：兩漢的統治者也一直是採用「刑」和「德」兩種手
段治理民眾的，即使有時皇帝因個人喜好有多任用文法吏或者多任用儒生的
情況，但從總體上說，漢代的統治策略基本上是「霸王道雜之」的，也就是
「刑」「德」並用。因此我們看到，在中央，有主張以刑法治民的官員也有主
張以德教治民的官員；在地方上也造就了倡導以嚴刑峻法治民的酷吏和主張
以仁德教化治民的循吏這兩種治民風格迥異的官吏。儘管因爲「吏治深刻」
使得君主不得不對官吏們進行整頓，但從總體上說，漢代官吏治民是「嚴刑」
與「德教」並存的。

　　無論是主「刑」還是主「德」，無論是酷吏還是循吏，在統治者看來，都
需要制定相應的治官之策來規範這些官吏的行爲。綜合來看，其對官吏的要
求主要有：

　　第一，有才有德，以治我民。爲官爲吏首先要具備「才」與「德」的
素質。漢代統治者要求官吏首先是有德行。從歷代皇帝發布的要求各郡推
選孝行、極言直諫之士、岩穴之士、俊才，等等詔書中就可以看出，統治
者對賢才與品德都具備的人是非常看重的。桓譚在《新論》中提出「賢人
五品」。他將官吏分爲「鄉里之士」「縣廷之士」「州郡之士」「公輔之士」「天
下之士」〔註198〕。這五種賢人的學識、視野依次遞增擴大，不同才能、不
同德行的官吏所在位置的重要性不同，但歸根結底都要「重民」。

〔註196〕《後漢書》卷三《肅宗孝章帝紀》，第 148 頁。

〔註197〕《後漢書》卷四《孝和帝紀》，第 186 頁。「三公」在漢代常常會有變化。此
　　　　時的「三公」應爲太尉、司徒、司空。西漢初年實行的是丞相制，但人們依
　　　　然將丞相、太尉、御史大夫習慣稱爲「三公」，但西漢時期的丞相明顯比太尉、
　　　　御史大夫的權力要大。而東漢「三公」的職權則大多轉爲尚書了。見安作璋、
　　　　熊鐵基《秦漢官制史稿》，濟南：齊魯書社，2007 年第二版，第 6～10 頁。

〔註198〕《新論》卷上《求輔》。桓譚撰，朱謙之校輯：《新輯本桓譚新論》，第 7 頁。

第二，勉修其職，以惠我民。稱職的官吏要「奉遵法度」「順行時令」〔註 199〕。漢景帝時，因爲「吏以貨賂爲市，漁奪百姓，侵牟萬民」，於是景帝下詔：「其令二千石各修其職」〔註 200〕。在一些重要事情上，例如災年要給民貸稟時，國家要求長吏親躬，「無使貧弱遺脫，小吏豪右得容奸妄」〔註 201〕。

第三，務崇恩施，以康我民。漢代有很多苛官酷吏，這些官吏就是治民用法太嚴，而不善於通過德教來教化民眾，使得地方官與百姓的關係非常的緊張。《史記》《漢書》《後漢書》中都有《酷吏傳》。漢景帝曾下詔：「欲令治獄者務先寬。」〔註 202〕漢章帝認爲如果「以苛爲察，以刻爲明，以輕爲德，以重爲威，四者或興，則下有怨心」〔註 203〕。漢和帝也斥責：「有司不念寬和，而競爲苛刻，覆案不急，以妨民事，甚非所以上當天心，下濟元元也」〔註 204〕。可見，樹立「崇恩施」的爲官標準已成爲當務之急。

除了以上對官吏的基本要求外，國家還樹立了大量好官良吏作爲榜樣督促官吏，讓他們時時刻刻知道要「勉修厥職，以康我民」〔註 205〕。《漢書》《後漢書》中有很多關於君主表彰好官良吏的例子。例如曾做過廣陵太守的張綱，由於鎮壓「賊張嬰萬人」，而「濟蒸庶之困」，於是被皇帝讚賞道：「大臣之苗，剖符統務，正身導下，班宣德信」。〔註 206〕即使張綱去世，皇帝也賜錢百萬，讓其子張續爲郎中，繼承父業。鄧太后對洛陽令王渙的褒獎更是道出國家評選官吏的標準：「故洛陽令王渙，秉清修之節，蹈羔羊之義，盡心奉公，務在惠民，……」。〔註 207〕從民的角度來看，官吏比君主來說與百姓接觸更多更深，而地方官吏更是如此。東漢有著名的官吏叫杜詩，他是南陽太守，「性節儉而

〔註 199〕詳見《後漢書》卷一下《光武帝紀下》中載，(建武七年三月下詔書) 曰：「……其令有司各修職任，奉遵法度，惠茲元元。」；《後漢書》卷二《顯宗孝明帝紀》中載。(永平二年) 下詔曰：「……百僚師尹，其勉修厥職，順行時令，敬若昊天，以綏兆人。」
〔註 200〕《漢書》卷五《景帝紀》，第 151 頁。
〔註 201〕《後漢書》卷三《肅宗孝章帝紀》，第 132 頁。
〔註 202〕《漢書》卷五《景帝紀》，第 150 頁。
〔註 203〕《後漢書》卷三《肅宗孝章帝紀》，第 148 頁。
〔註 204〕《後漢書》卷四《孝和帝紀》，第 178 頁。
〔註 205〕《後漢書》卷六《孝順帝紀》，第 252 頁。
〔註 206〕《後漢書》卷五六《張綱傳》，第 1819 頁。
〔註 207〕《後漢書》卷七六《循吏列傳‧王渙傳》，第 2470 頁。

政治清平，以誅暴立威，善於計略，省愛民役」。百姓對杜詩非常愛戴，人們將其稱之爲「杜母」。〔註208〕

　　國家對好官良吏的宣揚，一方面給官吏們樹立了可以學習的榜樣，加強對他們的監督教育；另一方面，以「職在辯章百姓，宣美風俗」〔註209〕爲中心的治官思想，在各種論及爲官之道的言論中不斷被強調、不斷被黻染，最終成爲漢代官吏們爲官的政治操守和行爲準則。

　　可以說，從「治官」的要求，到樹立好官良吏的榜樣，漢代統治者一再地強調官吏們的職責是「治民」「愛民」「惠民」，一再地痛斥秉政不公、對民苛刻的官吏，一再地要求官吏們要注意自己的言行、注重民生的建設。在這些詔書中，在君臣的議政裏，這樣的觀念被一再地重複，並滲入到漢代的整個統治當中。

　　漢代統治者總結了自從先秦以來的民本思想，在政治實踐中不斷探索，構建了漢代統治者的民本論。漢代統治者的民本論可以概括爲一個理論依據和兩個基本內容：一個理論基礎是「天應民心」；兩個基本點分別是「立君爲民」和「爲民治官」。「天應民心」是漢代統治者民本論的終極依據，即統治者在深入理解民作爲國家物質基礎重要性的前提下，將民心、民意和民情上升到天的意志層面，爲民本論的提出構建了堅實的理論基礎。「立君爲民」和「爲民治官」分別構建了君與民、官與民的政治關係論，並在政治關係中突出強調「制君」「治官」，從而凸顯了以民爲核心的政治關係理念。這裡的政治關係理念不是強調民在國家中的政治身份和政治地位，而是強調民作爲國家存在的物質基礎的重要性。值得指出的是，民本論不僅是漢代統治者爲了「掛金字招牌」、粉飾太平而做的官樣文章中的華麗辭藻，而且是從秦二世而亡的教訓以及政治實踐中構建的具有可操作性的實踐理論。民本論本身並沒有否定統治者崇拜的天的至高無上權威，也沒有否定君主在政治中的至高無上權力。民本論是統治者在政治實踐中總結的重要的政治理論之一，對民的重要性認識並不能完全保證百姓的生活狀況變好。由於統治者可以根據當時的政治狀況、個人好惡來確定或者否定一個具體的政策、措施，因此民本論作爲限制君主、官吏所作所爲的理論依據的作用是非常有限的。

〔註208〕　《後漢書》卷七六《循吏列傳·杜詩傳》，第1096頁。
〔註209〕　《後漢書》卷三九《劉愷傳》，第1307頁。

第三章　治民論

　　民本論的構建使漢代統治者意識到民的重要性，他們進一步思考：如何才能治理好民呢？在長達四百年的政治統治中，統治者的確有過一些比較大的討論，其主要集中在朝堂議政和官方文書中。在對如何治民的探索過程裏，統治者也提出了一系列的治民方略、治民原則，甚至針對不同的「民」提出不同的治理之策，這些都是在理論層面解釋如何治民的典型政論。需要指出的是：這些政論大多都是在具體的政治實踐過程中，針對具體的問題所提出的，都是「有感而發」，而並非空談空論。由此，其對政治實踐的指導意義也就不言自明了。

第一節　治民探索

　　在吸取秦朝滅亡的經驗教訓之後，漢初的統治者一方面平定地方叛亂，努力平息統治集團內部的權力爭鬥，一方面開始探索如何治民的問題。建國之初，漢高祖問陸賈說：「乃公居馬上而得之，安事《詩》、《書》？」陸賈回答：「居馬上得之，寧可以馬上治之乎？且湯武逆取而以順守之，文武並用，長久之術也。昔者吳王夫差、智伯極武而亡。秦任刑法不變，卒滅趙氏。鄉使秦已併天下，行仁義，法先聖，陛下安得而有之？」[註1]隨後陸賈向漢高祖講述其所著《新語》的內容，高祖「未嘗不稱善」[註2]。由此，漢代的統治者開始探索「治民之道」。從最高統治者皇帝及在特殊時

〔註 1〕　《史記》卷九七《酈生陸賈列傳》，第 2699 頁。
〔註 2〕　《史記》卷九七《酈生陸賈列傳》，第 2699 頁。

期掌權的皇太后、秉政的大將軍甚至是操縱政權的宦官，到在朝爲官的大臣，再到在野的思想家，人們都開始結合現實問題思考：如何治理百姓？如何調節社會中君、臣、民的政治關係？如何解決社會中的各種矛盾？如何才能實現三皇五帝的盛世？這些問題一直縈繞在漢代統治者治國的始終。以下我們選擇其中最具代表性的幾次朝堂議政的內容來窺探漢代統治者對「治民之道」的探索過程。

一、西漢初年以「養民」爲核心的討論

西漢在建國之初，還沒有從秦末戰亂的陰影中走出來。這一時期，上至統治者下至在野的思想家都開始積極思考如何穩定政權、如何安定民心的問題。如果說漢高祖時的統治傾向於統一全國，呂后掌權時期更傾向於穩固政權、排除異己的話，那麼文帝則開始深入思考關於如何治國理民的問題。漢文帝不僅僅關注如何保住王位、穩固漢朝的基業，而且開始關注民生問題。漢文帝二年（公元前 178 年），文帝發布詔書，認爲自己「以微眇之身託於兆民君王之上，天下治亂，在朕一人」，希望「舉賢良方正極言直諫者，以匡朕之不逮」。〔註3〕自此文帝開始探索如何治民。賈誼《論積貯疏》《陳政事疏》的上奏，使得文帝堅定地走加固君權、穩定政局、恢復農業生產的道路。文帝在位期間實行了選舉賢良、輕繇薄賦、除肉刑、倡導「以農爲本」等有利於解決民生問題的措施。他希望通過他的統治，使百姓能安定下來，更希望大漢的政權能夠真正地深入民心，最終實現整個大漢王朝的國泰民安。

文帝也不僅滿足於一些措施的制定，而且在治民理論上有所思考。文帝十五年（公元前 165 年），文帝下詔策問：「大夫其上三道之要，及永惟朕之不德，吏之不平，政之不宣，民之不寧，四者之闕，悉陳其志，毋有所隱。」文帝所講「民之不寧」，足見其對如何治民的思考。文帝後元元年（公元前 163 年），下詔：「間者數年比不登，又有水旱疾疫之災，朕甚憂之。愚而不明，未達其咎。意者朕之政有所失而行有過與？乃天道有不順，地利或不得，人事多失和，鬼神廢不享與？何以致此？將百官之奉養或費，無用之事或多與？何其民食之寡乏也！夫度田非益寡，而計民未加益，以口量地，其於古猶有

餘，而食之甚不足者，其咎安在？無乃百姓之從事於末以害農者蕃，爲酒醪以靡穀者多，六畜之食焉者眾與？細大之義，吾未能得其中。其與丞相列侯吏二千石博士議之，有可以佐百姓者，率意遠思，無有所隱。」〔註4〕可見，文帝最關注的是「何其民食之寡乏」的問題。那時，文帝已經實行了十多年的農本政策，這一問題依然很突出。漢景帝在後元二年（公元前 142 年）下詔：「今歲或不登，民食頗寡，其咎安在？」他的猜測是：「或詐僞爲吏，吏以貨賂爲市，漁奪百姓，侵牟萬民。」〔註5〕可見當時最基本的「養民」問題還沒有解決。自漢文帝提出「養民」的問題後，直到東漢時期，統治者依然沒有徹底的解決。

從上述漢初文景之時統治者的詔策中我們可以看到，漢初統治者討論的主題是如何養民的問題，也就是如何在漢初百廢待興的情況下實現解決百姓的溫飽問題。文帝、景帝屢屢下策問，目的就是能夠招徠賢者爲國分憂、爲民做事。正是由於漢初統治者對如何養民問題的思考，促進了漢初文景之治的出現，使得後代統治者以文帝、景帝爲皇帝的典範。

二、從尋求「大道之要」到「思富養民」

如果說文景之時統治者更多的是關心養民措施問題的話，那麼漢武帝時期，統治者則開始關注治民的理論建設問題。事實上，漢武帝時期對「治民之道」的探索，肇始於統治者對治政「大道」的思考，也就是對政治根本性問題的考慮。漢武帝曾經連續三次策問，被後人稱爲「天人三策」〔註

〔註4〕《漢書》卷四《文帝紀》，第 128 頁。

〔註5〕《漢書》卷五《景帝紀》，第 151 頁。

〔註6〕關於漢武帝「天人三策」的時間問題，有建元元年説、建元五年説、元光元年二月説、元光元年五月説、和元朔五年説、元光二年至四年説。這一問題至今還沒有定論。大部分人主張建元元年説和元光元年五月説。建元元年説肇始於司馬光的《資治通鑒》，隨後王楙的《野客叢書》、馬端臨的《文獻通考》、沈欽韓的《漢書疏證》都持此説。而南宋的洪邁在《容齋隨筆》中則認爲「天人三策」應爲元光元年五月説。元光元年二月説，南宋王益之在《西漢年紀》卷十一中提出此説。建元五年説。清人齊召南主此説。相關的研究也很多，例如：施之勉：《董仲舒對策年歲考》，《東方雜誌》，1944 年 7 月，第四十卷第十三期；戴君仁：《漢武帝罷黜百家非發自董仲舒考》，《孔孟學報》，1968 年第 16 卷；施丁：《董仲舒天人三策作於元光元年辨》，《社會科學輯刊》，1980 年第 3 期；蘇誠鑒：《董仲舒對策在元朔五年議》，《中國史研究》，1984 年第 3 期；岳慶平：《董仲舒對策年代辨》，《北京大學學報（哲學社會科

6），而也正是通過這三次策問，確立了「尊崇儒術」的統治策略，儒家逐步成為國家的統治思想。與此同時，統治者對如何治理民眾的思考也上升到理論層面，而不僅僅局限於具體的操作層面。漢武帝在策問中提出了很多問題，策問的內容為：「三代受命，其符安在？災異之變，何緣而起？性命之情，或夭或壽，或仁或鄙，習聞其號，未燭厥理。伊欲風流而令行，刑輕而奸改，百姓和樂，政事宣昭，何修何飭而膏露降，百穀登，德潤四海，澤臻艸木，三光全，寒暑平，受天之祐，享鬼神之靈，德澤洋溢，施虖方外，延及群生？」很多學者都對「天人三策」的內容予以分析、解釋。〔註7〕從統治者對「治民之道」思考的角度看，這裡主要涉及的問題有：如何解釋政治的合法性？如何解釋天人關係？如何解釋性命之情？如何才能治理好百姓？這一次的策問，漢武帝要「欲聞大道之要，至論之極」，也就是尋找解決這些問題的根本答案。漢武帝還說：「現在輪到我當皇帝了，我盡可能地鼓勵農業生產，宣揚孝道、崇尚道德，並且努力做到了關照鰥寡孤獨之人，但是卻沒有達到治理好國家的效果。如今是陰陽不和、黎民未濟、賢人與不肖之人混雜。」〔註8〕武帝希望通過對「大道之要」的把握，解決如何才能治理好百姓的問題。漢武帝在另一次策問中〔註9〕說：「天人之道，何所本始？吉凶之效，安所期焉？禹湯水旱，厥咎何由？仁義禮知四者之宜，當安設施？屬統垂業，物鬼變化，天命之符，廢興何如？」〔註

學版）》，1986 年第 3 期；張大可：《董仲舒天人三策應作於建元元年》，《蘭州大學學報（社會科學版）1987 年第 4 期；周桂鈿：《董子年譜考略》，《董學探微》，北京：北京師範大學出版社，1989 年第一版，第 395～396 頁；王葆玹：《中國學術從百家爭鳴時期向獨尊儒術時期的轉變》，《哲學研究》，1990 年第 1 期；黃開國：《獨尊儒術與西漢學術大勢──與王葆玹先生商榷》，《哲學研究》，1990 年第 4 期；王葆玹：《天人三策與西漢中葉的官方學術──再論「罷黜百家，獨尊儒術」的時間問題》，《哲學研究》，1990 年第 6 期；劉國民：《董仲舒對策之年辨兼考公孫弘對策之年》，《古籍整理研究學刊》，2004 年第 3 期；張尚謙：《董仲舒對策考》，《雲南民族大學學報（哲學社會科學版）》，2008 年第 4 期。很多秦漢史的專家都論及此過問題，但目前還沒有定論。

〔註7〕 大部分秦漢思想史的專著都討論過此內容。例如張榮明：《權力的謊言──中國傳統的政治宗教》，杭州：浙江人民出版社，2000 年第一版，第 45～58 頁。該書詳細地論述了「天人三策」的內容以及對董仲舒《春秋繁露》的分析。

〔註8〕 《漢書》卷五六《董仲舒傳》，第 2495～2507 頁。

〔註9〕 《漢書》記載為元光五年，有學者將這次策問和之前的策問看成一次，更多的還是將這次策問與「天人三策」相區別，看成兩次不同的策問。

〔註10〕 《漢書》卷五八《公孫弘傳》，第 2614 頁。

10〕從漢武帝的策問中，我們能看到他在統治國家中遇到的種種疑惑，上到天命問題，下到治民問題。

通過策問的形式，漢武帝對如何治民的根本性問題有了一定的把握，那就是確立以「天」為核心的政治理論體系。在這個政治理論體系中，「天」是政治的絕對主宰，天生萬物，天立君為民，君權天授，君代天理民。在策問中，漢武帝也明晰了治理百姓首先要施行教化。教化的內容是以「五常」「孝悌」等道德準則為核心的儒家倫理道德。但是，漢武帝對治民問題的思考卻逐漸被其常年大規模的征戰、一味地追求成仙、崇奉奢侈的行為給取代了。漢武帝自元光二年（公元前 133 年）開始進行大規模戰爭，又於元封元年舉行封禪大典，使得財力虛耗，國庫空虛，流民漸多，天下百姓疲敝。〔註 11〕漢武帝還制定了流民之法，「以禁重賦」，結果仍然是「官曠民愁，盜賊公行」〔註 12〕。後世評價說：「孝武內窮侈靡，外攘夷狄，天下蕭然，財力耗矣！」〔註 13〕「有亡秦之失而免亡秦之禍」。〔註 14〕就連漢武帝在其晚年也感到後悔，於徵和四年〔註 15〕（公元前 89 年）發布了著名的《輪臺詔》。詔書中，漢武帝表露了他對自己連年征戰所導致的國庫空虛、民生凋敝而感到懊悔。詔書也提到了其對治民問題的討論。武帝說：「前有司奏，欲益民賦三十助邊用，是重困老弱孤獨也。……當今務在禁苛暴，止擅賦，力本農，修馬復令，以補缺，毋乏武備而已。」自漢武帝發布詔書後，他就不再進行征戰，而是「以明休息，思富養民」。〔註 16〕

漢武帝從尋求如何治民的「大道之要」，之後轉而開疆擴土、征戰四方，甚至為了一己之私而尋求得道成仙的方法，在他晚年時又回歸到「思富養民」

〔註 11〕 元封四年，已經有了大量的流民。《史記》卷一〇四《萬石張叔列傳》記載：「元封四年中，關東流民二百萬口，無名數者四十萬，公卿議欲請徙流民於邊以適之。……丞相慚不任職，乃上書曰：『慶幸得待罪丞相，罷駑無以輔治，城郭倉庫空虛，民多流亡，罪當伏斧質，上不忍致法。願歸丞相侯印，乞骸骨歸，避賢者路。』天子曰：『倉廩既空，民貧流亡，而君欲請徙之，搖蕩不安，動危之，而辭位，君欲安歸難乎？』」

〔註 12〕 《漢書》卷四六《石奮傳》，第 2198 頁。

〔註 13〕 《資治通鑑》卷十六《漢紀八》景帝後三年，臣光曰，第 548 頁。

〔註 14〕 《資治通鑑》卷二十二《漢紀十四》武帝後元二年，臣光曰，第 748 頁。

〔註 15〕 關於漢武帝發布輪臺詔的時間，參見田餘慶：《論輪臺詔》，載《秦漢魏晉史探微（重訂本）》，北京：中華書局，2004 年第一版，第 30 頁，注釋。

〔註 16〕 《漢書》卷九六下《西域傳下·渠犁傳》，第 3911～3914 頁。

上來，這樣的轉變，充分說明了漢代統治者在探尋「治民之道」的過程中，會受到皇帝本身治政傾向和國內形勢的影響。《資治通鑑·漢紀》中，有一部分是關於漢武帝時巫蠱之禍的記載，但相關內容《史記》《漢書》中卻沒有記載。其中有幾句追述漢武帝對大將軍衛青所說的話：「漢家庶事草創，加四夷侵陵中國，朕不變更制度，後世無法；不出師征伐，天下不安。此者不得不勞民。若後世又如朕所爲，是襲亡秦之蹟也。」〔註17〕對這一段話的真偽，我們無從考證，但是從中卻很能體會到漢武帝以史爲鑒，其言辭懇切，很符合他從對「大道之要」的探索到征戰四方的轉變。漢武帝本身也知道連年征戰是「勞民」，於是才走「思富養民」的道路。

三、「國富」還是「民富」的爭論

漢武帝時遺留下來的「天下蕭然，財力耗矣」的問題日益顯現出來。到了昭、宣之時，人們開始積極思考，試圖調整漢武帝時只重開疆拓土的政治策略——統治者認爲還是要將民的問題放在治政的首要位置。在這期間，大臣們常常會提及文帝時的善政，認爲應該遵循文帝時的政治策略。漢昭帝即位，由大將軍霍光輔政，杜延年「見國家承武帝奢侈師旅之後」，於是向霍光建議：「年歲比不登，流民未盡還，宜修孝文時政」，目的是「示以儉約寬和，順天心，說民意，年歲宜應」。〔註18〕與此同時，在漢武帝時的鹽鐵官賣政策也遭到很多大臣的反對，人們紛紛表示這個政策是與民爭利。於是朝廷專門就此問題展開了討論。始元六年（公元前 81 年）二月，史載：「詔有司問郡國所舉賢良文學民所疾苦。議罷鹽鐵榷酤。」〔註19〕這就是著名的鹽鐵會議。當時來自全國各地六十餘名賢良文學和以桑弘羊爲首的政府官員展開辯論，雙方對鹽鐵官營、酒類專賣、均輸、平準、統一鑄幣等財經政策，以至屯田戍邊、對匈奴和戰等一系列重大問題，展開了激烈爭論。這是中國古代歷史上第一次規模較大的關於國家大政方針的辯論會。

儘管御史大夫與賢良文學之間在鹽鐵是否官營、治國的大政方針是主法還是主德之間存在著根本分歧，但有一點是可以肯定的，那就是雙方都主張尋求利於百姓的治民之道。從現存的《鹽鐵論》中我們可以看到，當時無論

〔註17〕 《資治通鑑》卷二十二《漢紀十四》武帝徵和二年，第 726 頁。
〔註18〕 《漢書》卷六〇《杜延年傳》，第 2664 頁。
〔註19〕 《漢書》卷七《昭帝紀》，第 223 頁。

是賢良文學還是御史大夫，他們都打著尋求治民之道的旗號在討論鹽鐵官營問題，只是他們對如何治民有著不同的看法。賢良文學認爲漢武帝時期開始實行的鹽鐵官營是國家與百姓爭利，各地負責鹽鐵、酒類專賣的地方官吏又從中漁利，加上連年征戰，國庫虛耗，天下百姓早已不堪重負。他們主張將鹽鐵、酒類等的製造、專賣權利還給百姓，這樣才是國家眞正關心百姓的做法。他們明確地指出：「今陛下繼大功之勤，養勞勸之民，此用麋鬻之時；公卿宜思所以安集百姓，致利除害，輔明主以仁義，修潤洪業之道。」〔註 20〕賢良文學提醒公卿大夫，現在最重要的事情是要思考如何「安集百姓」，但是公卿大夫所辯論的問題，都是些「小利」，眞正惠民的「大利」則給忘記了。公卿大夫說：「聖主思中國之未寧，北邊之未安，使故廷尉評等問人間所疾苦。拯恤貧賤，周贍不足。群臣所宜明王之德，安宇內者，未得其紀，故問諸生。諸生議不干天則入淵，乃欲以閭里之治，而況國家之大事，亦不幾矣！」〔註 21〕他們認爲，目前國家還是危機四伏，保衛邊疆需要財政的支持，現在如果實行鹽鐵私營，國家的財政收入就更少了，而守邊的戰士們現在還食不果腹，爲了天下百姓能安居樂業，就必須實行鹽鐵官營以保證國家的財政收入。又說：「王者之於天下，猶一室之中也，有一人不得其所，則謂之不樂。故民流溺而弗救，非惠君也。國家有難而不憂，非忠臣也。」〔註 22〕公卿大夫主張「救民」，希望通過充足的財政收入來維繫整個國家的穩定與安全。賢良文學從保障民眾基本生活的角度談論治民之道，而公卿大夫考慮的是保證整個國家的安定，儘管二者的看法和角度不同，但雙方都主張圍繞「民」的問題來考慮如何統治國家則是事實。

　　鹽鐵會議的結果是罷郡國榷酤、關內鐵官。這樣的政策調整是會議上兩種對立意見權衡、折衷的結果。從這次會議我們可以看到，國傢俱體施行什麼樣的政策，才能確保「國富」與「民富」二者兼得，在漢代是有分歧的。以桑弘羊爲代表的公卿大夫希望通過「大夫各運籌策，建國用，籠天下鹽、鐵諸利，以排富商大賈，買官贖罪，損有餘，補不足」〔註 23〕的方式來達到

〔註 20〕　《鹽鐵論》卷一《復古》。王利器校注：《鹽鐵論校注（定本）》，北京：中華書局，1992 年第一版，第 97 頁。
〔註 21〕　《鹽鐵論》卷二《憂邊》。王利器校注：《鹽鐵論校注（定本）》，第 192 頁。
〔註 22〕　《鹽鐵論》卷二《憂邊》。王利器校注：《鹽鐵論校注（定本）》，第 192 頁。
〔註 23〕　《鹽鐵論》卷三《輕重》。王利器校注：《鹽鐵論校注（定本）》，第 179 頁。

「以齊黎民」的目的。桑弘羊認為只有通過鹽鐵官營才能保證「兵革東西征伐，賦斂不增而用足」〔註24〕。這裡，桑弘羊主張「富國」在先而「齊黎民」在後。賢良文學說：「山海者，財用之寶路也。……寶路開，則民用自給，民用自給則國富。」〔註25〕他們認為：「周公之相成王也，百姓饒樂，國無窮人，非代之耕織也。易其田疇，薄其稅斂，則民富矣。上以奉君親，下無飢寒之憂，則教可成也。」〔註26〕賢良文學認為國家要鼓勵百姓從事農業生產，保證「農本」，同時「薄稅斂」，就可以要保證「民富」。只有百姓「無飢寒之憂」，君主才能教化他們，從而實現國富民安。這裡，賢良文學強調的是應該保證百姓基本的物質需求，並引用《論語》中的「百姓足，君孰與不足」〔註27〕來指明要先「民富」才有「國富」。

「國富」在前還是「民富」在先，是這次鹽鐵會議的本質問題。經過這次會議，漢代的統治者最終的政策有所調整，但據史書記載：「宣、元、成、哀、平五世，亡所變改。元帝時嘗罷鹽鐵官，三年而復之。」〔註28〕東漢時期，由於史料的限制，其鹽鐵政策不甚明了，學者們的爭論很多。〔註29〕西漢時期這場圍繞「國富」在前還是「民富」在先的爭論，是漢代統治者對採取何種策略治理百姓的一次深入探討。無論會議的結果如何，會議召開的本身足以證明統治者在「治民之道」上探索之艱難。人們總要權衡各種利弊，在理想政治與現實政治之間努力尋求最佳的「治民之道」。

〔註24〕 《鹽鐵論》卷三《輕重》。王利器校注：《鹽鐵論校注（定本）》，第 179 頁。

〔註25〕 《鹽鐵論》卷一《禁耕》。王利器校注：《鹽鐵論校注（定本）》，第 68 頁。

〔註26〕 《鹽鐵論》卷六《授時》。王利器校注：《鹽鐵論校注（定本）》，第 423 頁。

〔註27〕 《鹽鐵論》卷三《未通》。王利器校注：《鹽鐵論校注（定本）》，第 191 頁。

〔註28〕 《漢書》卷二四下《食貨志》，第 1176 頁。

〔註29〕 主要有高敏：《東漢鹽、鐵官制度辨疑》，《中州學刊》，1986 年第 4 期；逢振鎬：《試論漢代鹽鐵政策的演變》，《江漢論壇》，1987 年第 2 期；王健：《東漢鹽鐵業制度探析》，《鹽鐵史研究》，1989 年第 3 期。後期還有一些論述，學者們主要認為東漢時期的鹽鐵並沒有真正的官營。以高敏先生的觀點看，他認為東漢時期是民營官稅的鹽鐵官制度，即鹽鐵官主要的職責是徵收鹽鐵稅，這與西漢時期大司農主管鹽鐵的生產與銷售不同。東漢是「縱民煮鑄」，允許私營的。還有學者以漢代鹽制為例，認為兩漢的鐵鹽官營實際上只是在漢武帝、王莽、漢光武帝、漢章帝時期，相對於民營收稅來說時間還是不長。參見羅慶康、羅威：《漢代鹽制研究（續）》，《鹽鐵史研究》，1996 年第 1 期。

四、「正定五經」中重申「重民」思想

漢代經常舉行經學討論會來討論「五經」，或者通過幾個儒家學者「正定五經」，以期達到「通經釋義」〔註30〕的目的。著名的會議有西漢宣帝甘露三年的石渠閣會議，東漢章帝時的白虎觀會議。還有東漢靈帝時「詔諸儒正《五經》文字，刻石立於太學門外」的「熹平石經」。其中「熹平石經」雖然沒有舉行會議進行大討論，而其對「正『五經』」的作用和石渠閣會議、白虎觀會議是相類似的。皮錫瑞在《經學歷史》中就將三者並談：「惟漢宣帝博徵群儒於白虎觀，論定五經於石渠閣；章帝大會諸儒於白虎觀，考詳同異，連月乃罷，親臨稱制，如石渠故事，顧命史臣，著爲《通義》，爲曠世一見之典……靈帝熹平四年，詔諸儒正定五經，刊於石碑。蔡邕自書丹，使工鐫刻，立於太學門外。後儒晚學，咸取則焉，尤爲一代大典。」〔註31〕這三次「正五經」的活動對漢代經學的重要作用由此可見一斑。

西漢的石渠閣會議以及東漢的白虎觀會議，歷來被學者們認爲是儒學思想統一的體現，是自漢武帝「獨尊儒術」後，國家將儒家經典著作貫徹下去的措施。這兩次會議究竟是今、古文之爭、或者只是官方爲了統一儒學，抑或僅僅是有皇帝參加的漢代的學術爭論，我們暫且不論。但有一點我們可以肯定，就是通過這兩次會議，在一定程度上使得儒家經典著作在內容上有了統一，而「正定」後的內容，也對儒家經典中的重民思想有了重申。

西漢宣帝甘露年間，「詔諸儒講《五經》同異，太子太傅蕭望之等平奏其議，上親稱制臨決焉。乃立梁丘《易》、大小夏侯《尚書》、穀梁《春秋》博士」，〔註32〕史稱「石渠閣會議」，會議後有《石渠閣議奏》，今《石渠閣議奏》已亡佚，只在杜佑《通典‧禮典》中存有十幾條記錄。在所存的《石渠閣議奏》中，大多是關於禮制方面的記錄。其中有一條是關於禮樂可以合和百姓的記錄：「宣帝甘露三年三月，黃門侍郎臨奏：『《經》曰鄉射合樂，大射不，何也？』」經學家戴聖、聞人漢通、韋玄成都做了回答，其中韋玄成的答案爲

〔註30〕 「通經釋義」一語爲蔡邕所說。蔡邕等人上奏給漢靈帝，希望正定《六經》文字，並將所定文字刻於石碑上，立於太學門外。後蔡邕上書言事，說：「昔孝宣會諸儒於石渠，章帝集學士於白虎，通經釋義，其事優大，文武之道，所宜從之。」詳見《後漢書》卷六〇下《蔡邕傳》，第1997頁。
〔註31〕 皮錫瑞著，周子同注釋：《經學歷史》，北京：中華書局，1959年第一版，第117頁。
〔註32〕 《漢書》卷八《宣帝紀》，第272頁。

大家所認同。韋玄成說：「鄉射禮所以合樂者，鄉人本無樂，故合樂歲時，所以合和百姓以同其意也。至諸侯，當有樂，《傳》曰『諸侯不釋懸』，明用無時也。君臣朝廷固當有之矣，必須合樂而後合，故不云合樂也。」〔註 33〕這裡提到「鄉射禮所以合樂者，鄉人本無樂，故合樂歲時，所以合和百姓以同其意也」，韋玄成認為鄉射禮之所以有樂，是因為樂有「合和百姓」的效果。這裡「樂」能「合和百姓」的說法，和漢代的禮樂思想很相近。除此以外，我們看不到其他關於民的問題的討論。但是從與石渠閣會議性質類似的白虎觀會議中我們則能窺見：在皇帝的主持下，經學家在「定五經」時對民的問題的討論。

　　東漢章帝時，楊終建議：「宣帝博徵群儒，論定《五經》於石渠閣。方今天下少事，學者得成其業，而章句之徒，破壞大體。宜如石渠故事，永為後世則。」〔註 34〕於是，建初四年（公元 79 年），漢章帝下詔召集群儒，召開了著名的白虎觀會議。會議「講議《五經》同異，使五官中郎將魏應承制問，侍中淳于恭奏，帝親稱制臨決，如孝宣甘露石渠故事，作《白虎議奏》。」這次會議討論了「五經」的異同，頒佈了《白虎議奏》，也就是今本《白虎通》。〔註 35〕白虎觀會議被認為是今、古文之爭的表現，而《白虎通》的頒佈是國家統一經學的結果。〔註 36〕漢章帝親自參加了會議，並在詔書中強調「三代導人，教學為本」，但儒家經典中存在的「章句煩多」的問題。這不免給人以不知何去何從的感覺，而蘊含「仁」的「五經」足以幫助統治者「導

〔註33〕 《通典》卷七十七《天子諸侯大射鄉射》。杜佑撰，王文錦等點校：《通典》，北京：中華書局，1988 年第一版，第 2105 頁。

〔註34〕 《後漢書》卷四八《楊終傳》，第 1599 頁。

〔註35〕 這裡提到會議後作《白虎奏議》，注釋為「今白虎通」。而《後漢書·儒林傳》：「著為《通義》」。劉師培認為今本《通義》來源於《奏議》，是依據《奏議》所做，二者內容相似只是體例不同而已：「《通義》之於《議奏》，采擇全帙，亦非割裂數卷，裁篇別出，……」。詳見劉師培：《白虎通義源流考》，陳立撰，吳則虞點校：《白虎通疏證》，附錄七，北京：中華書局，1994 年第一版，第 783～784 頁。可見，今本《白虎通義》可以作為當時白虎觀會議討論的主要參照內容。

〔註36〕 余敦康：《兩漢時期的經學和白虎觀會議》，包遵信主編：《中國哲學》第十二輯，北京：人民出版社，1984 年第一版，第 93、105 頁；張榮明：《中國的國教：從上古到東漢》，北京：中國社會科學出版社，2001 年第一版，第 265 頁；《白虎通疏證出版說明》，陳立撰，吳則虞點校：《白虎通疏證》，中華書局 1994 年版，第 1 頁。

人」，於是章帝又引用孔子的「博學而篤志，切問而近思，仁在其中矣」〔註37〕來強調「五經」的重要性。漢章帝時朝廷對《白虎通》的頒佈，其作用除了力爭統一「五經」以外，更希望通過這次會議，實現「導人」的目的，也就是通過對「五經」的討論達到引導百姓歸於正道的目的。就今本《白虎通》來看，我們發現，白虎觀會議對《五經》異同的討論中，充滿了濃厚的重民思想。

第一，制禮作樂以爲民。《白虎通》認爲國家制定禮樂是統治者能更好的治理百姓，使百姓合樂、天下太平。何爲禮、何爲樂呢？《白虎通》：「禮樂者，何謂也？禮之爲言履也，可履踐而行樂者；樂也，君子樂得其道，小人樂得其欲。」〔註38〕君主之所以要興禮樂的原因是什麼呢？「節文之喜怒。樂以象天，禮以法地。人無不含天地之氣，有五常之性者，故樂所以蕩滌，反其邪惡也，禮所以防淫佚，節其侈靡也。」〔註39〕既然禮樂的功能是「反其邪惡」「節其侈靡」，那麼，國家興禮樂就可以使百姓不邪惡、不侈靡。於是，《白虎通》引用《孝經》的文字「安上治民，莫善於禮；移風易俗，莫善於樂」來證明國家興禮樂是爲了治理百姓。同時又引用孔子的話來說明國家有樂是爲了「合和父子君臣，附親萬民也」，國家興禮是爲了「尊天地，儐鬼神，序上下，正人道也」。〔註40〕《白虎通》通過對禮樂功能的描述來展現國家制禮作樂的目的實際上是爲了更好地統治萬民。

第二，封公侯以重民。《白虎通》認爲國家除了設立百官公卿，還要冊封諸侯，這種做法是重民的表現。《白虎通·封公侯》：「王者立三公、九卿、二十七大夫，足以教道，照幽隱，必復封諸侯何？重民之至也。」〔註41〕爲什麼說設立諸侯是重民的表現呢？《白虎通》認爲列土爲疆、張官設府本身都不是爲了諸侯、卿大夫，而是爲了百姓。所謂「王者即位，先封賢者，優人之急也。故列土爲疆非爲諸侯，張官設府非爲卿大夫，皆爲民也」〔註42〕。君主選擇賢人而封其爲諸侯，是爲了讓其治民，這也是重民的表現。所謂「善惡比而易知，故擇賢而封之，使治其民，以著其德，極其才。上以尊天子，

〔註37〕　《後漢書》卷三《肅宗孝章帝紀》，第138頁。
〔註38〕　《白虎通·禮樂》。陳立撰，吳則虞點校：《白虎通疏證》，第93頁。
〔註39〕　《白虎通·禮樂》。陳立撰，吳則虞點校：《白虎通疏證》，第94頁。
〔註40〕　《白虎通·禮樂》。陳立撰，吳則虞點校：《白虎通疏證》，第94頁。
〔註41〕　《白虎通·封公侯》。陳立撰，吳則虞點校：《白虎通疏證》，第133頁。
〔註42〕　《白虎通·封公侯》。陳立撰，吳則虞點校：《白虎通疏證》，第141頁。

備蓄輔，下以子養百姓，施行其道，開賢者之路，謙不自專，故列土封賢，因而象之，象賢重民也」〔註43〕。諸侯的職責是對上尊天子，對下養育萬民。君主選擇賢者封爲諸侯是「象賢重民」的表現。

　　第三，立諫諍爲重民。《白虎通》上說，聖明的君主設立諫諍之臣來尋求自己的過失是爲了重民。所謂「明王所以立諫諍者，皆爲重民而求已失也」〔註44〕。國家需要諫諍之臣來規勸君主，一方面是臣下對君主「盡忠納誠」的體現，另一方面，也是爲了在國君「無道」的時候，天下還不至於混亂，百姓還能安居樂業。《白虎通》引用《孝經》的話：「天子有諍臣七人，雖無道，不失其天下；諸侯有諍臣五人，雖無道，不失其國；……」。〔註45〕《白虎通》中列出五種「諫」，其一曰諷諫，二曰順諫，三曰窺諫，四曰指諫，五曰陷諫。其中，諷諫爲孔子所推崇。《白虎通》引用孔子的話：「諫有五，吾從諷之諫。」同時指出：「事君，進思盡忠，退思補過，去而不訕，諫而不露。」〔註46〕《白虎通》將百姓所作的詩作爲「諷諫」中的一種，認爲如果君主「過惡已著」，那麼「民蒙毒螫，天見災變，事白異露，作詩以刺之，幸其覺悟也」〔註47〕，也就是百姓作詩爲的是諷諫君主，希望君主能夠有所覺悟。國家設立諫諍之臣爲的是使君主瞭解自己的過失，同時百姓也可以作詩來諷諫君主，使君主有所覺悟，這樣君主才能更好地治理天下，百姓也就能更好地生活。因此，國家設立諫諍之臣的根本原因還在於對百姓的重視。

　　第四，王者巡狩以重民。《白虎通》認爲君王巡狩是爲了牧民：「王者所以巡狩者何？巡者循也，狩者牧也，爲天下循行守牧民也。」〔註48〕而君王循行天下，是因爲「道德太平，恐遠近不同化，幽隱有不得所者」，君王親自巡狩，實際上是「謹敬重民之至也」。〔註49〕君主在巡狩過程中要「考禮義，正法度，同律曆，叶時月」，而所做的這些「皆爲民也」。〔註50〕我們知道，漢代的皇帝常常會巡狩、循行天下，像漢武帝就曾多次離開長安到各地巡狩，這在《白虎通》看來是君主重民的表現。君主在循行天下的過程中，可以瞭

〔註43〕　《白虎通・封公侯》。陳立撰，吳則虞點校：《白虎通疏證》，第133頁。
〔註44〕　《白虎通・諫諍》。陳立撰，吳則虞點校：《白虎通疏證》，第237頁。
〔註45〕　《白虎通・諫諍》。陳立撰，吳則虞點校：《白虎通疏證》，第226頁。
〔註46〕　《白虎通・諫諍》。陳立撰，吳則虞點校：《白虎通疏證》，第236～237頁。
〔註47〕　《白虎通・諫諍》。陳立撰，吳則虞點校：《白虎通疏證》，第237頁。
〔註48〕　《白虎通・巡狩》。陳立撰，吳則虞點校：《白虎通疏證》，第289頁。
〔註49〕　《白虎通・巡狩》。陳立撰，吳則虞點校：《白虎通疏證》，第289頁。
〔註50〕　《白虎通・巡狩》。陳立撰，吳則虞點校：《白虎通疏證》，第289頁。

解民意、體察民情、聽取民聲，調整統治策略，採取撫恤百姓的各種措施，從而體現君主對百姓的牧養之意、仁惠之情。

從西漢初年統治者開始思考如何「養民」到尋求治民的根本之道，再到是國富還是民富的爭論，直至通過正定「五經」對「重民」思想的重申，漢代統治者在長達四百年的統治中一直在思考：如何治民？而他們的思考也在一次次的政治實踐中不斷地進行調整。由此我們看到，兩漢統治者在面對「民」的問題時所採取的審慎態度和爲之所做的努力——他們不僅關心他們的君位、官位是否能長久，而且他們也同樣關注民生問題。從功利角度看，這是統治者爲了自保所做的努力；從理想主義的角度看，這是統治者切實思考治民問題的表現。不管是功利也好、理想主義也罷，如何治民始終是統治者所必須面對的和不斷思考的問題。伴隨著四百年歷史的沉浮，漢代統治者在政治實踐的過程中提出了一系列治民的方略，這些治民方略影響著兩漢的統治，同時也爲後世統治者面對治民問題提供了有益的借鑒。無論皇帝的政策對地方上普通百姓的影響有多大，至少在整個漢朝的統治過程中，國家的大政方針滲透到了各地基層官吏的治民措施中，深刻地影響著普通百姓的日常生活。

第二節 治民方略

在對治民論的探索過程中，漢代統治者也提出了一系列的治民方略論。這些治民方略論是在理論層面上對如何治民、如何穩定民心、如何保證百姓安居樂業的政論。其主要特點是概括性強、理論性高、實踐性強，具有可操作性，是漢代統治者治民的大政方針。

一、無爲而治

西漢初年，在史書上常常會出現「無爲」兩個字。一般認爲，漢初統治者在吸收黃老清靜無爲思想的基礎上，爲了恢復社會生產，採取的一系列與民休息、輕繇薄賦的措施。但是，學術界對漢代黃老思想中「清靜無爲」「與民休息」解釋的爭論很多。有的學者指出漢初的法治依然很殘酷，「這種殘酷的法治，就是所謂政治上『清靜無爲』的寬大的實質」，「漢初黃老思想的清靜無爲，是一種退卻，但卻是積極的退卻，是在退卻條件下的進取。休養生

息，休養是一方面，生息是更主要的方面」〔註51〕。那麼，漢代統治者究竟如何看待「無為」的呢？

　　西漢初年，幾個著名丞相——從蕭何到曹參再到周勃，基本上都實行了無為而治的治民方略，一般認為他們都是黃老政治的倡導者。司馬遷評價漢初政治說：「孝惠皇帝、高后之時，黎民得離戰國之苦，君臣俱欲休息乎無為，故惠帝垂拱，高后女主稱制，政不出房戶，天下晏然。」〔註52〕那麼，漢代統治者是如何開始「無為之治」的呢？《史記》和《漢書》都記載了這樣一個故事。漢初，曹參為丞相，整日不做事。漢惠帝認為他不憂國憂民，前去責問他。曹參說：「陛下自察聖武孰與高帝？」惠帝回答：「朕乃安敢望先帝乎。」曹參接著問：「陛下觀臣能孰與蕭何賢？」惠帝說：「君似不及也。」曹參說：「陛下言之是也。且高帝與蕭何定天下，法令既明，今陛下垂拱，參等守職，遵而勿失，不亦可乎？」〔註53〕漢惠帝同意了曹參的看法。曹參認為漢高祖、蕭何時的制度和法令足以應對當時的政治事務，因此，他覺得皇帝可以「垂拱」，他自己也可以「守職」，就可滿足統治國家的需要。這裡，曹參實行「無為而治」的策略還有一個原因，就是西漢初年國家各方面還在恢復期，遵循已有的法令制度，貫徹執行，不過多的干預百姓，這樣才有利於各方面的發展。不過，漢初實行的「無為而治」只是漢代統治者運用「無為」思想作為統治者策略的一個開始。很多學者將黃老政治作為漢初政治的主要特色加以論述，這當然是有道理的。但是，仔細翻閱漢代的史料，我們發現漢代統治者大多都將「無為」作為治民方略，西漢初年如此，東漢亦如此。「無為而治」並不僅僅限於西漢初年的政治，兩漢時期普通的地方官吏也在治理地方百姓時運用「無為而治」的策略，很多都取得了不錯的效果。那麼，「無為」究竟是怎樣的一種治民方略呢？漢代統治者又是怎麼實踐「無為而治」的呢？

（一）兩種「無為」

　　「無為」一詞並不限於道家思想，先秦的儒、道、法都闡釋過「無為」。「《論語》、《周易》、《管子》、《慎子》、《申子》、《中庸》、《文子》、《黃老帛

〔註51〕 金春峰：《漢代思想史（增補第三版）》，北京：中國社會科學出版社，2006年第三版，第45～47頁。

〔註52〕 《史記》卷九《呂太后本紀》，太史公曰，第412頁。

〔註53〕 《史記》卷二四《曹相國世家》，第2030頁。

書》、《莊子》、《荀子》、《呂氏春秋》、《韓非子》等都論及『無爲』這個範疇。道、儒、法等對無爲的闡釋有明顯的差別，卻又有共同的話題和相近的認識。各種無爲論都把『虛靜』視爲君主治國的有效手段和理想境界。」〔註54〕「無爲」又可以稱爲「垂拱」「恭己」，漢代統治者認爲「治道貴清靜而民自定」〔註55〕。「無爲」作爲治民方略，其在天人關係、君臣關係、君民關係中都有其基本法則。一般來講，在天人關係上，要求順應自然，效法自然。在君臣關係上，主張君無爲而臣有爲。在君民關係上強調君主盡量減少對民生的干擾。

就漢代統治者來說，大部分皇帝都沒有直接討論「無爲」的言論，只有漢獻帝在曹氏秉政的陰影下，曹操死後，曾經下詔說：「魏太子丕：昔皇天授乃顯考以冀我皇家，遂攘除群凶，戡定九州島，弘功茂績，光於宇宙，朕用垂拱負扆二十有餘載。天不憖遺一老，永保余一人，早世潛神，哀悼傷切。丕奕世宣明，宜秉文武，紹熙前緒。今使使持節御史大夫華歆奉策詔，授丕丞相印綬、魏王璽紱，領冀州牧。……」〔註56〕這裡，獻帝說自己治國是「垂拱」，實際上美化了其爲傀儡皇帝的事實。但我們從中可以看到，漢獻帝也認同將「垂拱」作爲治國的方略之一。儘管我們很難找到漢代皇帝對「無爲」的具體論述，但從爲皇帝所稱讚的著作中、君臣的朝堂議政裏、官方重視的儒家經典著作中、盛行的緯書裏，我們都可以看到爲皇帝所認同、爲官方所承認的各種以「無爲」爲方略的治民說法。

漢代統治者認爲，在遙遠的三皇五帝時代，聖王實行的是「無爲之道」，君主只是「垂拱」卻可以達到陰陽和諧、風調雨順、民風淳樸、天下太平的理想政治狀態。漢代流行的緯書，也有豐富的「無爲」思想。例如《春秋運斗樞》記載：「若德命敘，伏羲、女媧、神農是三皇也。皇者天，天不言，四時行焉，百物生焉。三皇垂拱無爲，設言而民不違，……」〔註57〕無論是漢代的皇帝還是當朝爲官的大臣，甚至是在野的思想家，人們在處理政務、品評時政、抨擊政治問題時常常會指出君主沒有像三皇五帝一樣施行「垂拱無

〔註54〕 張分田：《秦漢之際法、道、儒三種「無爲」的互動與共性——兼論「無爲而治」是中國古代的一種統治思想》，《政治學研究》，2006 年第 2 期。
〔註55〕 《史記》卷五四《曹相國世家》，第 2029 頁。
〔註56〕 袁宏：《後漢紀‧孝獻皇帝紀》。袁宏撰，張烈點校：《後漢紀》，《兩漢紀》下冊，第 588 頁。
〔註57〕 《春秋運斗樞》，載（日）安居香山、中村璋八輯：《緯書集成》，第 710 頁。

爲」的統治策略，而是過於干預民生，從而造成陰陽不和、災異屢現、社會動蕩、生靈塗炭的局面。在漢代，人們會將三皇五帝與周公作比較，認爲二者都是「無爲」的典範，但他們實行「無爲」的方法不同。

漢初陸賈將《新語》進獻給漢高祖，高祖大爲稱讚。《新語》中就有陸賈對「無爲」的論述，可視爲高祖所贊同的看法。陸賈說：「昔者舜治天下也，彈五弦之琴，歌《南風》之詩，寂若無治國之意，漠若無憂天下之心，然而天下大治。周公製作禮樂，郊天地，望山川，師旅不設，刑革法懸，而四海之內，奉供來臻，越裳之君，重譯來朝，故無爲者乃有爲也。」〔註58〕這裡陸賈認爲舜治天下表面上是「無治國之義」「無憂天下至心」，卻能實現天下大治，這是舜以「無爲」治國的結果。而周公制禮作樂、制定各種政治制度也是「無爲」的典範，並稱此爲「無爲者乃有爲」。爲什麼陸賈將舜、周公的一逸一勞都稱爲「無爲」呢？舜的「無爲」爲什麼和周公的「無爲」不同呢？漢武帝對在什麼情況下可以「垂拱」也感到很疑惑。在「天人三策」中，漢武帝說：「蓋聞虞舜之時，遊於岩郎之上，垂拱無爲，而天下太平。」〔註59〕他接著又指出，周文王爲了治國而「日昃不暇食」，但是他將國家也治理得很好，舜與周文王，一逸一勞，卻都使天下太平，這是什麼原因呢？董仲舒回答：「堯在位七十載，乃遜於位以禪虞舜。堯崩，天下不歸堯子丹朱而歸舜。舜知不可辟，乃即天子之位，以禹爲相，因堯之輔佐，繼其統業，是以垂拱無爲而天下治。」〔註60〕也就是舜繼承了堯的王位，而堯之時天下太平的基礎使得虞舜得以「垂拱無爲」而「天下太平」。所以，舜是在前代政治制度、政策較爲完備的基礎上，實行的「無爲」。因此，施行「無爲」的前提是要有好的政治制度和政策作爲基礎，一旦這種制度、策略運行良好，君主就可以「垂拱」「恭己」，盡量不做擾民之事，讓整個社會按照已經形成的規則運行就可以了。而周公之時，國家剛剛建立，各種制度不完備，國家的基礎薄弱，需要周公制定各種政治制度給國家打基礎，這就是陸賈所說「無爲乃有爲也」。舜和周公所處的政治環境不同，舜的「無爲」是在國家運轉良好時的「無爲」；周公的「無爲」是國家百廢待興時的「無爲」，二者當然是一逸一勞。但其「無爲」的相似點則是君主不擾民，不給百姓增加負擔。

〔註58〕 《新語・無爲》。王利器撰：《新語校注》，第59頁。
〔註59〕 《漢書》卷五〇《董仲舒傳》，第2508頁。
〔註60〕 《漢書》卷五〇《董仲舒傳》，第2508～2509頁。

（二）「聖德純備」「物得其序」

漢代的君主需要具備「德」，才能實現「天下無爲而治」的理想。匡衡善於說《詩》，對《詩》中的「大義」頗有研究。他也是「無爲而治」思想的提倡者。漢元帝時有「日蝕地震之變」，元帝問政治得失，匡衡趁此機會提出：「陛下聖德純備，莫不修正，則天下無爲而治。」〔註61〕這裡，匡衡指出君主應該「聖德純備」，這樣天下才能「無爲而治」。那麼怎樣才算是君主「聖德純備」呢？漢代統治者認爲君主要「修室家之道」「任用賢人」才是「聖德純備」。

漢代統治者認爲，國家運轉的順暢需要自上而下遵守秩序，所謂「物得其序」。這個秩序就是遵循君、臣、民的社會等級制度以及相應的倫理道德規定，也就是要做到孔子所說的「君君、臣臣、父父、子子」。所有的人都按照禮的要求，做到貴賤有等、上下有序、各處其位、各奉其事。匡衡認爲君主要使「物得其序」最重要的就要實現「室家之道修」。所謂「室家之道修，則天下之理得，故《詩》始《國風》，《禮》本《冠婚》」〔註62〕。「室家」狹義是指「夫婦」，廣義來說就是指家裏的人，包括父子、夫婦、兄弟等。這裡主要是指夫婦與父子的關係。「室家之道」也就是「夫婦之道」。匡衡認爲君主要注重對「室家之道」的引導作用以及自身的表率作用。一旦「如當親者疏，當尊者卑」，那麼「則佞巧之奸因時而動」，這樣的結果是「亂國家」。由此可見，「福之興莫不本乎室家，道之衰莫不始乎梱內」。〔註63〕因此，作爲君主「必慎妃后之際，別適長之位」，爲的就是向天下百姓起到表率的作用，只有最基本的「室家之道」保持順暢、有序，才能保證社會最基本要素——夫婦關係的穩定，從而保證「物得其序」，一旦「物得其序」，就會出現「海內自修，百姓從化」的局面，從而能夠實現「無爲而治」的理想。〔註64〕

（三）「貴靜」

漢代統治者認爲君主要想施行「無爲」就要「貴靜」。漢代馬王堆出土的《黃老帛書》的中也有「我無爲而民自化；我好靜而民自正；我無事而民自

〔註61〕　《漢書》卷八一《匡衡傳》，第3333頁；第3340頁。
〔註62〕　《漢書》卷八一《匡衡傳》，第3340頁。
〔註63〕　《漢書》卷八一《匡衡傳》，第3340頁。
〔註64〕　《漢書》卷八一《匡衡傳》，第3340頁。

富，我欲不欲而民自樸」〔註65〕的話語，常被認為是漢初統治者實行黃老政治的印證。在漢代，統治者認為君主應該實行「靜」的「為君之道」，這個「靜」有「清靜」「寂寞」「虛靜」「寧靜」。漢代史書中多以「清靜」來形容國家治理的狀況，例如漢和帝時，皇太后秉政，她曾經下詔說：「先帝以明聖，奉承祖宗至德要道，天下清靜，庶事咸寧。」〔註66〕這裡，「清靜」被用來讚頌皇帝治國功德、表明當時治民的效果卓眾。另一方面，「清靜」也表示統治者實行的政策。後人常常將「清靜無為」連在一起，作為漢初政治統治策略的概括，而「清靜」似乎也作為「無為之治」的主要標誌而為統治者所提倡。同時，「虛靜」「寧靜」「寂寞」等也是形容君主「靜」的狀態。儘管這四種「靜」──「清靜」「寂寞」「虛靜」「寧靜」各有側重，但都是對「為君之道」的具體要求。

1.「清靜不擾民」

在漢代史書中，統治者反覆強調要不擾民。他們認為無論是君主本身還是官吏，都應該遵循不擾民的原則。作為君主，就應該盡量避免大興土木、大肆出行、大規模的對外戰爭，這是對君主不擾民的要求。從歷史事實看，漢武帝封禪征戰、漢靈帝大規模建宮設苑，可以說，漢代皇帝「擾民」的例子很多。然而一旦皇帝要「擾民」，就會有官吏上奏主張君主要遵循「清靜」治民的方略，減少給百姓的負擔。同樣，君主也希望地方的官吏盡量「不擾民」，尤其是在天災人禍之時，他們便下詔斥責地方官吏擾民的行為。地節四年（公元前 66 年）漢宣帝下詔：「朕惟百姓失職不贍，遣使者循行郡國問民所疾苦。吏或營私煩擾，不顧厥咎，朕甚閔之。」〔註67〕初元三年（公元前46 年），剛剛即位不久的漢元帝看到「百姓仍遭凶厄，無以相振」的情況，下詔要求官吏盡量不要煩擾百姓，並宣佈大赦天下。〔註68〕無論是要求君主「不擾民」，還是責令官吏「不擾民」，漢代統治者都強調為君為官為吏之人要懂得把握「靜」的分寸，根據具體情況來施行「貴靜」的政策，主要是在自然災害之後、在地方出現大規模的饑民、流民之時，一定不要攪擾百姓，不能增加徭役和賦稅，否則就會給百姓帶來更大的負擔，同時可能導致地方民心的背離甚至是地方暴亂，這樣百姓揭竿而起的可能性也就加大了。

〔註65〕 高明撰：《帛書老子校注》，北京：中華書局，1996 年第一版，第 456 頁。
〔註66〕 《後漢書》卷四《孝和帝紀》，第 166 頁。
〔註67〕 《漢書》卷八《宣帝紀》，第 252 頁。
〔註68〕 《漢書》卷九《元帝紀》，第 284 頁。

2.「寂寞無爲」

提出君主要「寂寞無爲」的是董仲舒。董仲舒在《春秋繁露》中有對「爲君之道」的論述，他提出君要「寂寞無爲」。「寂寞無爲」是一種統治術，即君主要善於運用自己的權勢，保持「寂寞」「靜」的狀態，讓群臣和百姓爲自己所用。董仲舒說：「君人者，國之元，發言動作，萬物之樞機，樞機之發，榮辱之端也。失之豪釐，駟不及追。」〔註69〕君主是一國之首，是萬事萬物的「樞機之發」，因此君主的一言一行既關乎社稷安危又關乎君主是否能保有無上的權勢。所以君主要「居無爲之位，行不言之教，寂而無聲，靜而無形，執一無端」，「虛心靜處，聰聽其響，明視其影」。〔註70〕君主保持一種相對「靜」的狀態，表面上「不言」「無聲」「虛心靜處」，但要時刻聽「響」、視「影」，這樣才能看清群臣的一舉一動，並運用「賞」和「罰」的手段對臣下進行「責名考質，以參其實」，達到「賞不空施，罰不虛出」〔註71〕的目的，結果是「群臣分職而治，各敬而事，爭進其功，顯廣其名，而人君得載其中，此自然致力之術也，聖人由之，故功出於臣，名歸於君也」〔註72〕。這也是君「無爲」而臣「有爲」的具體施行辦法。

3.「虛靜以待物至」

「虛靜」一詞見於《老子》《莊子》《文子》等書中。《老子》：「至虛極，守靜篤。萬物並作，吾以觀其復」。〔註73〕《莊子》在此基礎上概括出：「夫虛靜恬淡，寂寞無爲者，天地之平而道德之至，故帝王聖人休焉。」〔註74〕《文子》：「靜則同，虛則通。至德無爲，萬物皆容。虛靜之道，天長地久，神微周盈，於物無宰。」〔註75〕這裡，《莊子》《文子》二書都將「虛靜」和「無爲」聯繫起來表示一種恬淡、釋然的心態。此外，《韓非子》也有關於「虛靜」的描述。這裡直接討論「爲君之道」：「道者，萬物之始，是非之紀也。是以明君守始以知萬物之源，治紀以知善敗之端。故虛靜以待令，令名自命

〔註69〕　《春秋繁露・立元神》。蘇輿撰，鍾哲點校：《春秋繁露義證》，第166頁。
〔註70〕　《春秋繁露・保權位》。蘇輿撰，鍾哲點校：《春秋繁露義證》，第175頁。
〔註71〕　《春秋繁露・保權位》。蘇輿撰，鍾哲點校：《春秋繁露義證》，第176頁。
〔註72〕　《春秋繁露・保權位》。蘇輿撰，鍾哲點校：《春秋繁露義證》，第176頁。
〔註73〕　《老子》十六章。朱之謙撰：《老子校釋》，北京：中華書局，1984年第一版，第64～65頁。
〔註74〕　《莊子・天道》。郭慶藩撰，王孝魚點校：《莊子集釋》，北京：中華書局，1961年第一版，第457頁。
〔註75〕　《文子・自然》。王利器撰：《文子疏義》，第344頁。

也，令事自定也。虛知實之情，靜知動者正。」〔註76〕隨後，《韓非子》用大量篇幅討論了君主如何才能保持「虛靜」的狀態。到了西漢，統治者更多地應用《韓非子》中關於「虛靜」「無爲」的思想來闡述「爲君之道」。他們認爲君主應該保持「虛靜」的狀態，等待萬事萬物自然前來，用臣下之力，處理萬事。在西漢，明確提出君主應該「虛靜無爲」的是擅長陰陽理論的翼奉。西漢元帝時，翼奉「上封事」，提出君主爲政應該「虛靜以待物至」。他說：「明聖虛靜以待物至，萬事雖眾，何聞而不論。」〔註77〕他認爲君主要保持一種「虛靜」的狀態，君主下達命令，臣下自然會盡心盡力去辦。君主如何做到「虛靜以待物至」呢？

第一，君主保持「虛靜」狀態的前提是要「知下之邪正」。翼奉對漢元帝說：「臣聞之於師，治道要務，在知下之邪正。人誠鄉正，雖愚爲用。若乃懷邪，知益爲害。」〔註78〕翼奉這裡強調的是君主要任用有德之人，即使這個人愚鈍，但是仍然可用；如果這個人要是「懷邪」，即使有才也不能用。因此，君主需要瞭解臣下的「邪正」，任用心正之人，才能在執政中運用「虛靜」的治民方略。

第二，君主「虛靜以待物至」的關鍵在於精通「知下之術」。翼奉認爲，君主之所以能夠「虛靜以待物至」，根本在於君主善於運用「知下之術」。如何運用「知下之術」呢？翼奉說：「知下之術在於六情十二律而已」。〔註79〕這個「六情十二律」實際上是將「六情」——好、怒、惡、喜、樂、哀分別與北方、東方、西方、南方、上方、下方這六個方位相配，並分別納入十二支，依據各種自然現象發生的時間、方位來判定君主身邊大臣出現的諸如不忠、姦邪等「人情」問題，目的是判斷大臣們的本性是正是邪。君主運用此法便可以達到「知下」的目的。這實際上是利用陰陽災異理論來解釋政治、品評臣下。東漢時期的《白虎通》也將人之情性與具體方位相配加之陰陽理

〔註76〕　《韓非子・主道》。王先謙撰，鍾哲點校：《韓非子集解》，北京：中華書局，1998 年第一版，第 26 頁。

〔註77〕　《漢書》卷七五《翼奉傳》，第 3168 頁。

〔註78〕　《漢書》卷七五《翼奉傳》，第 3167 頁。

〔註79〕　《漢書》卷七五《翼奉傳》，第 3168 頁。學者們常常將翼奉的「六情十二律」作爲論述漢代詩學的論證，筆者認爲從翼奉給元帝的「封事」內容看，翼奉更傾向於將「六情十二律」的法則作爲君主的「知人之術」而不僅僅只是闡釋《詩》的範疇。

論，只是具體的「六情」和六個方位的匹配與翼奉說的有所不同。〔註 80〕翼奉在向漢元帝宣揚其「六情十二律」時，說只要施行「六情十二律」之法，元帝就可以「虛靜以待物至」，且「於以知下參實，亦甚優矣，萬不失一，自然之道也」。〔註 81〕

　　君主運用「六情十二律」之法來分辨身邊大臣的正邪，對道德高尚的人委以重任，對姦邪之人不予重任甚至罷免。君主只有掌握了這樣的「爲君之道」才能實現「虛靜以待物至」的理想狀態。

（四）「任賢」

　　君主的聖德，還表現在能夠任用賢能，善於用人。董仲舒在回答漢武帝的「天人三策」時說：「臣聞堯受命，以天下爲憂，而未以位爲樂也，故誅逐亂臣，務求賢聖，是以得舜、禹、稷、卨、咎繇。眾聖輔德，賢能佐職，教化大行，天下和洽，萬民皆安仁樂誼，各得其宜，動作應禮，從容中道。」〔註 82〕他認爲聖王都是通過「賢聖」的輔佐才能夠實現「無爲而治」的。同樣，劉向也認爲君主「任用賢人」才是實現「無爲而治」的前提，才是君主「聖德」的體現。劉向講論《五經》於石渠閣，上奏《新序》《說苑》給漢成帝，希望他能對成帝治國有所助益，史載「上雖不能盡用，然內嘉其言，常嗟歎之」〔註 83〕。劉向在《說苑》中就提到：「人君之道，清靜無爲，務在博愛，趨在任賢，廣開耳目，以察萬方，不固溺於流俗，不拘繫於左右。」〔註 84〕君主實行「無爲」的關鍵在於「任賢」，這樣才能「廣開耳目」「以察萬方」。他在《新序》中舉了舜、湯、成王的例子：「舜舉眾賢在位，垂衣裳，恭己無爲，而天下治。湯文用伊、呂，成王用周、邵，而刑措不用，兵偃而不動，用眾賢也。」〔註 85〕舜因爲眾賢在身邊，才能「恭己無爲」，湯、成王也是因

〔註 80〕　《白虎通・情性》：「喜在西方，怒在東方，好在北方，惡在南方，哀在下，樂在上何？以西方萬物之成，故喜；東方萬物之生，故怒；北方陽氣始施，故好；南方陰氣始起，故惡；上多樂，下多哀也。」

〔註 81〕　《漢書》卷七五《翼奉傳》，第 3168 頁。

〔註 82〕　《漢書》卷五六《董仲舒傳》，第 2508 頁。

〔註 83〕　《漢書》卷三六《楚元王傳》，第 1598 頁。

〔註 84〕　《說苑・君道》。劉向撰，向宗魯校正：《說苑校正》，北京：中華書局，1987年第一版，第 1 頁。

〔註 85〕　《新序・雜事》。劉向編著，石光瑛校釋，陳新整理：《新序校釋》，北京：中華書局，2009 年第二版，第 473～474 頁。

爲任用了賢人而達到「刑措不用，兵偃而不動」﹝註86﹞的效果，可見，君主施行「無爲」就要任用賢人。

（五）「無爲」貫穿漢代始終

漢代統治者在施政過程中對先秦以來「無爲」思想的發揚，是對先秦「無爲而治」治民方略的有力探索。從老子的「我無爲而民自化」、孔子的「無爲而治者，其舜也與？夫何爲哉？恭己正南面而已矣」﹝註87﹞、韓非子的「虛靜無爲，道之情也」﹝註88﹞，漢以前的思想家們爲漢代的統治者提供了大量可資利用的「無爲」思想，儘管各家的說法不盡相同，但是其基本思路基本一致：各家的「無爲」思想都認同天道無爲而人道有爲，君主無爲而臣民有爲。「無爲」是公認的處理天、君、民關係的基本法則。

到了漢代，統治者更多的是將「無爲」思想應用到日常的政治實踐當中，我們在皇帝的詔書中、君臣的朝堂議政裏、官方的著作裏、大臣們的著作中都可以看到各種關於「無爲」的論述。「無爲」更多的是一種政治標準，人們常常會在國家出現各種問題，如朝政昏暗、官吏嚴苛、徭役繁重、民不聊生時將「無爲」提出，作爲論證儉省政事、減輕百姓負擔的有力論據，希望君主能夠遵循不擾民、任用賢人、善用柔道的治民方略。與此同時，「無爲」也常常與「德政」「仁政」等連在一起，爲統治者所提及。如前匡衡勸諫元帝的「陛下聖德純備，莫不修正，則天下無爲而治」、和帝時魯恭的「修仁行義，尚於無爲」等就是典型例證。陸賈的《新語》、劉向的《新序》《說苑》，還有《淮南子》中對「無爲而治」的論述，都滲透著仁義德政的思想。可以說，漢代統治者對「無爲」思想的提倡，對「無爲而治」治民方略的實踐，滲透著仁政、德政的思想，甚至可以說「無爲」是統治者所提倡的「德政」的一種了。此時的「無爲而治」不再是《老子》中帶有學理色彩的理想政治，而是實實在在作爲統治思想爲漢朝統治者所用——一方面是君主統治臣民的方略，另一方面也作爲一種德政的思想而成爲品評君主和官吏、抨擊時政的標準了。

漢代史書上經常會有某地「民化」，百姓「大化」「大治」的記載，意思是說該地區的百姓因爲君主或地方官吏治理有方而內無紛爭、外無搶掠，從

﹝註86﹞ 《新序‧雜事》。劉向編著，石光瑛校釋，陳新整理：《新序校釋》，第 474 頁。
﹝註87﹞ 《論語‧衛靈公》。十三經注疏整理委員會：《論語注疏》，第 236 頁。
﹝註88﹞ 《韓非子‧揚權》。王先謙撰，鍾哲點校：《韓非子集解》，第 47 頁。

而道德高尙、民風質樸。那麼，如何使百姓得以「大化」也就成爲漢代統治者經常在朝堂議政中討論的重點了。其中，以「無爲」之法治民被認爲是「化民」之法中相對易行且效果顯著的方法之一。

《老子》中有一句著名的話：「我無爲而民自化」。這成爲後代人注解《史記》《漢書》中記載漢初丞相曹參施行無爲而治經常使用的一句話〔註89〕，意思是說，統治者施行無爲而治的治民方略，百姓就可以自然化育，成爲符合漢帝國統治的標準臣民。漢代人非常崇尙以「無爲」化育百姓。東漢時曾講五經於白虎觀的魯恭，被視爲東漢著名的儒家學者。漢和帝時，朝廷討論是否派遣車騎將軍魯恭和征西將軍耿秉出兵匈奴。魯恭於是上疏說：「今邊境無事，宜當修仁行義，尙於無爲」。〔註90〕魯恭認爲只有「修仁行義」「尙於無爲」，百姓才能「家給人足，安業樂產」。〔註91〕魯恭指出施行「無爲」是一種德政，並告誡和帝「夫以德勝人者昌，以力勝人者亡」，不要對匈奴出兵，而是要注重民生，體恤民情，只有「修仁行義」「尙於無爲」才能化育百姓，天下太平。〔註92〕

在國家根基相對薄弱或者國內政局不穩之時，在朝內官員繁冗、政事繁苛之時，在民生凋敝、萬物沈寂之際，漢代統治者對「無爲而治」的提倡在某些方面是希望「省事」「省官」「不擾民」。而統治者對施行「無爲」能化育百姓的看法，恰恰是其在論證國家需要「諸事皆省」中的主要論據。

「無爲而治」的治民方略究竟是否眞的起到作用呢？據《漢書·循吏傳序》：「漢興之初，反秦之敝，與民休息，凡事簡易，禁罔疏闊，而相國蕭、曹以寬厚清靜爲天下帥，民作『畫一』之歌。孝惠垂拱，高后女主，不出房闥，而天下晏然，民務稼穡，衣食滋殖。至於文、景，遂移風易俗。是時循吏如河南守吳公、蜀守文翁之屬，皆謹身帥先，居以廉平，不至於嚴，而民從化。」〔註93〕從這個記載來看，漢初施行的「無爲而治」還是有一定效果的，儘管其中不免有誇大效果的可能。但「民作『畫一』之歌」到後代則成爲一個成語「畫一之歌」，用來讚頌蕭何、曹參的德政。晉朝，朝堂上討論是

〔註89〕　《史記》卷五四《曹相國世家》，《史記集解》，第2029頁；《漢書》卷三九《曹參傳》，第2019頁。

〔註90〕　《後漢書》卷二五《魯恭傳》，第876頁。

〔註91〕　《後漢書》卷二五《魯恭傳》，第876～877頁。

〔註92〕　《後漢書》卷二五《魯恭傳》，第877頁。

〔註93〕　《漢書》卷八九《循吏傳·序》，第3623頁。

否消減官吏到地方上去務農，當時荀爽的曾孫荀勖提出：「昔蕭曹相漢，載其清靜，致畫一之歌，此清心之本也。漢文垂拱，幾致刑措，此省事也。光武併合吏員，縣官國邑裁置十一，此省官也。」〔註94〕荀勖認為西漢初年「省事」、東漢初年「省官」都表明「今必欲求之於本，則宜以省事為先」〔註95〕的必要性。宋代著名的理學家陳亮也感慨漢初由曹參所成就的「清靜無為」之政，他在《蕭曹丙魏房杜姚宋何以獨名於漢唐》中說：「曹參以清淨而繼『畫一』之歌，此其君臣遇合之盛，無一念之不在斯民也。」〔註96〕荀勖、陳亮對漢初蕭何、曹參「無為而治」的稱讚，足見後代人對漢代「無為」治民方略的肯定。

後人對西漢初期施行的「清靜無為」印象深刻，而對東漢時期的「無為而治」卻鮮有提及。這是因為到了東漢時期，雖然史書上也有統治者認同「無為而治」的例子，也有地方官吏施行「無為而治」的典範，但是，「無為而治」表面上始終是並不明顯的。只有在國家政治混亂、民生凋敝或者君主昏庸、宦官外戚亂政時，才有大臣強調要施行「省事」「省官」「不擾民」的「無為」之政。如前所引，在漢和帝時，國家想要發動對匈奴的戰爭，而儒者魯恭則勸和帝要「修仁行義，尚於無為」，在國家根基尚不穩定，百姓生活尚不富足時不要輕易發動戰爭。漢順帝立乳母宋娥為山陽君、大將軍梁商的兒子梁冀為襄邑侯，一時權傾朝野。左雄見此，上疏順帝：「今青州饑虛，盜賊未息，民有乏絕，上求稟貸。陛下乾乾勞思，以濟民為務。宜循古法，寧靜無為，以求天意，以消災異。誠不宜追錄小恩，虧失大典。」〔註97〕左雄提出的「寧靜無為」是希望順帝能夠「省官」，準確地說就是減少對身邊寵臣的賜封，目的也是消減這些內寵外戚在朝廷上的氣焰。後來「宋阿母與宦者襃信侯李元等遘奸廢退」〔註98〕，而梁冀在梁商死後成為大將軍，也掌握了實權，立沖、質、桓三帝，質帝稱其為「跋扈將軍」〔註99〕，足見其對朝政大權掌握之大。順帝時左雄提議不應該給宋娥、梁冀加官進爵是很有道理的。左雄用來勸諫

〔註94〕《晉書》卷三九《荀勖傳》，房玄齡等撰：《晉書》，北京：中華書局，1974
　　　　年第一版，第1155頁。
〔註95〕《晉書》卷三九《荀勖傳》，第1155頁。
〔註96〕陳亮：《蕭曹丙魏房杜姚宋何以獨名於漢唐》，《陳亮集》，北京：中華書局，
　　　　1974年第一版，第134頁。
〔註97〕《後漢書》卷六一《左雄傳》，第2021頁。
〔註98〕《後漢書》卷三〇上《楊厚傳》，第1049頁。
〔註99〕《後漢書》卷三四《梁冀傳》，第1179頁。

順帝的論據是「宜循古法，寧靜無爲，以求天意，以消災異」。儘管順帝沒有採納左雄的建議，但是從中我們可以看出，這時「無爲」的統治思想依然滲透在君臣日常的朝堂議政當中，「無爲而治」更多的是君臣用來討論如何施政的一種指導思想。由此可見，東漢時期，「無爲」思想在朝堂上依然是統治者常用的治民方略之一。

漢代統治者倡導「無爲治民」的方略，同時在施政過程中也著力實踐。漢初文景之時的「無爲而治」歷來討論頗多，此處就不多贅述了。據兩漢史書記載，兩漢地方的官吏也有些是施行「無爲」的典範。這些官吏秉承了朝廷中各種關於「無爲」的治民思想並將它們切實地應用到治民的政治實踐中。

從現存史料來看，一般強調要施行「無爲」方略之人，多是在國家政局混亂或者國家萬事萬物百廢待興之時提出，目的就是讓百姓安於生產，恢復國家的經濟，同時可以穩定民心、樹立統治者的威信。王莽統治時期，任延年爲會稽都尉。任延年本人精通《詩》《易》《春秋》等儒家經典，他在學生時代被稱作「任聖童」。到會稽上任後，他「靜泊無爲」，不過多地干擾百姓的生活。他爲政重視有高行之士、善待下屬，「慰勉孝子」〔註100〕，深得民心。王莽統治時期，政局不穩、割據林立，任延年實行「靜泊無爲」的治民之方，不因社會動蕩而多收雜稅，使百姓能夠安心地耕種土地，爲後世之人所稱道。建武七年（公元前 31 年），杜詩任南陽太守。剛剛建立政權的東漢王朝，統治還不穩。在本性節儉的杜詩治理下的南陽，「政治清平，……省愛民役」〔註101〕，再加上杜詩所施行的鼓勵農桑等措施，南陽郡就成爲地方大治的典型了。同樣在東漢初年，建武二十三年（公元47年）張純代替杜林爲大司空，他「在位慕曹參之蹟，務於無爲，選辟掾史，皆知名大儒」〔註102〕。張純的做法得到了人們認可，被視爲治民官吏之典範。

此外，有的官吏是在前任官吏治理百姓效果很好的前提下，而採取「無爲」的方針。例如黃香於延平元年（公元106年），任魏郡太守。他奉行「伐冰食祿之人，不與百姓爭利」的準則將郡內的園田「悉以賦人，課令耕種」。在魏郡遭受水災之時，他也能將自己俸祿分給貧民，使得很多富裕之家都出

〔註100〕《後漢書》卷七六《循吏列傳・任延年傳》，第 2460 頁。
〔註101〕《後漢書》卷三一《杜詩傳》，第 1094 頁。
〔註102〕《後漢書》卷三五《張純傳》，第 1195 頁。

「義穀」,「助官稟貸,荒民獲全」。〔註103〕到了漢安帝時,岑熙擔任魏郡太守,他在黃香治理的基礎上,「招聘隱逸,與參政事」使得魏郡百姓「無為而化」。甚至當地百姓還編寫歌謠來讚頌岑熙的功德:「我有枳棘,岑君伐之。我有蟊賊,岑君遏之。狗吠不驚,足下生氂。含哺鼓腹,焉知凶災?我喜我生,獨丁斯時。美矣岑君,於戲休茲。」〔註104〕黃香對魏郡的統治無疑給後來治魏郡的岑熙奠定了物質基礎,甚至形成了整個魏郡的淳樸民風,這才使得魏郡百姓能夠在岑熙「無為」的方略下而實現「大化」。

事實上,在東漢中後期,也有官吏提出要施行清靜、不擾民的「無為」方略。「無為」之法的應用或者強調,都是在社會貧富差距大、朝政腐敗、官吏「侵漁」百姓情況過多的前提下提出來的。漢順帝時吏治深刻、百姓訴訟過多。順帝於永建四年(公元 129 年)正月下詔指出當時的問題是「庶獄麋繁」,提出「嘉與海內洗心自新。其赦天下」,並要求官吏「務崇寬和」。〔註105〕可見當時百姓訴訟問題之嚴重。同年,王堂「拜魯相」,在他的治理下,魯國「政存簡一,至數年無辭訟」。〔註106〕漢靈帝以奢侈著稱。他想鑄造銅人,但當時國家財政能力有限,於是靈帝就想「詔調民田,畝斂十錢」,大臣陸康就上疏:「臣聞先王治世,貴在愛民。省徭輕賦,以寧天下,除煩就約,以崇簡易,故萬姓從化,靈物應德。」〔註107〕陸康建議靈帝要多關心民生問題,而不要一味地滿足自己的欲望,要採取輕繇薄賦、為政簡省的措施,才能使百姓「從化」。

漢代的「無為而治」思想,無論是在西漢,還是在東漢,都是統治者施政討論的主題,也是地方官吏治民的常用之法。

二、德刑並用

漢代,對於如何治理百姓,人們的討論很多,其中最主要的是關於「德」與「刑」的討論,討論的內容是如何來調節「德」與「刑」的關係以更好地治理民眾。在長達四百年的統治中,兩漢的統治者甚至是處於朝廷之外的思

〔註103〕 《後漢書》卷八〇上《文苑列傳上・黃香傳》,第 2615 頁。
〔註104〕 《後漢書》卷一七《岑熙傳》,第 663 頁。
〔註105〕 《後漢書》卷六《孝順帝紀》,第 255〜256 頁。
〔註106〕 《後漢書》卷三一《王堂傳》,第 1105 頁。
〔註107〕 《後漢書》卷三一《陸康傳》,第 1113 頁。

想家們，幾乎每一個關心朝政、關心百姓的人都會提及「德」與「刑」的問題。漢代，特別強調教化的是陸賈、賈誼、董仲舒、公孫弘等。自董仲舒以後，教化民眾成爲君臣在朝堂議政的主要議題之一。「德」常常與「教」並稱，強調的是以德育、教化的手段來治理民眾，其重點在於中央統治機構通過硬性規定、政策傾向等引導漢朝臣民遵循儒家的倫理道德，同時將學校教育與地方官吏感化相結合，以此來實現百姓淳樸、地方穩定。「刑」常常與「罰」「法」連在一起，成爲「刑罰」「刑法」。「刑罰」與「刑法」雖有區別，但從總體上說，其基本意思都是國家設立「法」，統治者通過刑罰的手段來懲治不符合法令規定的民眾。

（一）漢初對秦朝嚴刑峻法的調整

秦朝國家的統治一向以嚴刑峻法著稱。人們總結秦滅亡的原因是：「往者秦爲無道，殘賊天下。興萬乘之駕，作阿房之宮，收太半之賦，發閭左之戍，父不寧子，兄不便弟，政苛刑峻，天下熬然若焦，民皆引領而望，傾耳而聽，悲號仰天，叩心而怨上，故陳勝大呼，天下響應。」〔註108〕以至於到了西漢初年，從君主到官吏開始自上而下地批評秦始皇的法治。整個漢代，統治者在討論問題時常常拿秦朝作爲抨擊的對象。而事實上，「漢承秦制」，也就是說漢朝本身的政治制度是沿襲秦朝的，當然法律制度也在其中。因此，對秦朝「以法治國」的批評聲中多少夾雜了些對前朝政治的否定和樹立本朝權威的意味。不過，在實際政治中，西漢的統治者確實也開始逐步調整「德」與「刑」兩大治民手段的比重，並以此來適應當時社會的需要和發展。

漢代統治者將「省刑罰」「除肉刑」等減輕刑法的措施當作評價君主是否仁德、是否愛民的標準。這樣的結果是漢代的統治者開始有目的的調整秦朝的嚴刑峻法。〔註109〕劉邦曾發出「父老苦秦苛法久矣」〔註110〕的慨歎。陸賈總結了秦法的弊端，他說：「李斯治法於內，事逾煩天下逾亂，法

〔註108〕《史記》卷一一八《淮南衡山列傳》，第3090頁。

〔註109〕對漢代法律問題的研究，很多學者認爲事實上漢法還是很嚴苛的，但是我們從官方的詔書、史料中記載的君臣議政中看到的，人們在討論如何調整法律嚴苛的問題。儘管漢代的法律依然相對於後代來說比較嚴苛，但不失爲漢代統治者在討論如何更好地治國理民的一個探索。

〔註110〕《史記》卷八《高祖本紀》，第362頁。

逾滋而奸逾熾，兵馬益設而敵人逾多。秦非不欲爲治，然失之者，乃舉措暴眾、而用刑太極故也。」〔註111〕可見，陸賈認爲秦朝的法律太嚴酷了，嚴酷得百姓很難承受。從劉邦打天下時的「約法三章」開始，統治者就開始調整其所繼承的秦朝的法律制度。漢代的統治者認爲「省刑罰」「除肉刑」的措施是君主實行「德治」且仁惠愛民的表現。漢文帝曾下令「除肉刑」。漢文帝下詔：「今法有肉刑三，而奸不止，其咎安在？非乃朕德薄而教不明歟？吾甚自愧。……今人有過，教未施而刑加焉，或欲改行爲善而道毋由也。朕甚憐之。夫刑至斷支體，刻肌膚，終身不息，何其楚痛而不德也，豈稱爲民父母之意哉。其除肉刑。」〔註112〕這裡，文帝明確指出，他之所以要「除肉刑」：一是「今人有過，教未施而刑加」；二是肉刑使有過之人承受肉體的痛苦，君主也因此失去了爲民父母之意。之後文帝去世，景帝即位。景帝曾下詔讚美文帝治國的功德：「孝文皇帝臨天下……去肉刑……以育群生。……除宮刑，出美人，重絕人之世。……此皆上古之所不及，而孝文皇帝親行之。德厚侔天地，利澤施四海，靡不獲福焉。」〔註113〕景帝將文帝的功勞稱之爲「德厚侔天地，利澤施四海」，可見當時人們對施行「省刑罰」「緩刑罰」「除肉刑」等減輕刑法的措施是持肯定態度的。西漢中後期，大部分統治者依然以「省刑」作爲評價君主的標準。東漢時期，統治者也討論「省刑」的問題。例如：建武二年（公元 26 年）光武帝下詔：「頃獄多冤人，用刑深刻，朕甚愍之。孔子云：『刑罰不中，則民無所措手足。』其與中二千石、諸大夫、博士、議郎議省刑法。」〔註114〕漢順帝時，襄楷曾上書提出「修德省刑」〔註115〕的建議。

　　漢代統治者對「省刑」「除肉刑」的討論，對秦朝法律的批評，無論這種批評是否夾雜著其他用意，有一點我們可以肯定：漢代統治者已經將「德」與「刑」放在一個相對對等的地位上，人們開始思考如何調整秦法的弊端了——這是對秦滅亡的思考，更是對治民方略的總結。

〔註111〕　《新語‧無爲》。王利器撰：《新語校注》，北京：中華書局，1989 年第一版，第 62 頁。

〔註112〕　《史記》卷一〇《文帝本紀》，第 427～428 頁。

〔註113〕　《史記》卷一〇《文帝本紀》，第 436 頁。

〔註114〕　《後漢書》卷一上《光武帝紀上》，第 29 頁。

〔註115〕　《後漢書》卷三〇下《襄楷傳下》，第 1078 頁。

（二）德刑並用的討論

從西漢初年到東漢末期，在政治統治的中心，皇帝與其身邊的大臣會經常討論「德」與「刑」的問題。然而，無論是在儒學占統治地位之前還是之後，究竟是「以德爲主」還是「以刑爲主」一直是統治者內部爭論的問題。在大多數情況下，「德刑並用」的主張占主導地位；「德主刑輔」相對次之；少數人贊同「刑主德輔」的做法。在實際的政治中，我們看到，儘管相對於秦朝的嚴刑峻法，漢代有所減輕，但從總體上來說，兩漢的刑法還是很嚴苛的。〔註116〕

漢初，漢惠帝即位，呂后專政，公元前195年，下詔：「民年七十以上若不滿十歲有罪當刑者，皆完之。」〔註117〕「完」是指一種輕刑，漢代以前指剪去犯人的鬚髮，漢以後指罰做勞役。因其不傷肢體，所以稱作「完」。這裡的「完」是動詞，表示實行完這個刑罰。呂后的這個詔書對年滿七十歲的老人犯罪的懲罰改爲罰做勞役而不傷害肢體，這是漢法開始逐步減輕的一個標誌。此後，如前所述，文帝開始「除肉刑」並明確指出是爲了成全君主爲民父母之意。據史料記載，自文帝以後，統治者開始通過策問、大臣自主上書、奏議等形式討論治民「任德」與「任刑」關係的問題。

第一，興德教而除苛刑。漢文帝十五年（公元前165年），文帝策問賢良文學，當時對策的是公孫弘。他在回答詔策中提到「吏之不平，政之不宣，民之不寧」一條時讚美文帝「秦之蹟，除其亂法。躬親本事，廢去淫末。除苛解嬈，寬大愛人。肉刑不用，罪人亡帑」，強調國家應該糾正秦朝的苛政而應該任用德教。他還說：「厚賞重刑未足以勸善而禁非」，「罰當罪，則姦邪止。賞當賢，則臣下勸」。〔註118〕公孫弘強調不要用「重刑」。在公孫弘之前，陸賈等人就已經強調要興德教而減輕刑罰。這裡，統治者強調的不是刑罰本身不能用，而是指不要任用嚴刑峻法，不要濫用刑罰，刑罰要「惟中」，用「輕刑」加之德教以治理百姓。

〔註116〕漢文帝除肉刑，但史載「外有輕刑之名，內實殺人」。可見，漢代統治者用刑相對還是比較嚴苛的，只是在輿論上將「省刑」、「輕刑」放了相對重要的地位。詳見《漢書》卷二三《刑法志》，第199頁。此外，東漢末年的崔寔也持此論，他在《政論》中說：「以此言之，文帝乃重刑，非輕之也；以嚴致平，非以寬致平也。」崔寔：《政論》，《全後漢文》本。嚴可均校輯：《全上古三代秦漢三國六朝文》，北京：中華書局，1958年第一版。

〔註117〕《漢書》卷二《惠帝紀》，第85頁。

〔註118〕《漢書》卷五八《公孫弘傳》，第2614～2615頁

　　第二，主德教而輕刑罰。這種說法認為德教的治民手段優於刑罰的治民手段。漢代很多人持此說。賈誼在董仲舒之前就提出「任德」不「任刑」的問題，也就是強調德教為主的問題，只是賈誼沒有將天這個權威凌駕於君主頭頂上而已。賈誼給文帝的上書中說：「以刑罰治之者，積刑罰。刑罰積而民怨背，……或道之以德教，或毆之以法令。道之以德教者，德教洽而民氣樂。」〔註119〕同樣，《大戴禮記》中也持此種看法：「以禮義治之者積禮義，以刑罰治之者積刑罰；刑罰積而民怨倍，禮義積而民和親。故世主欲民之善同，而所以使民之善者異。或導之以德教，或毆之以法令。導之以德教者，德教行而民康樂；毆之以法令者，法令極而民哀戚。」〔註120〕這種德教優於刑罰說法的思路是「刑罰積」，則會導致「民怨背」或者「民怨倍」，只有通過德教才能使「民氣和」「民康樂」。這樣的思路更多的是考慮到民本身的問題，完全是以民心向背、民生樂貧為出發點。這也是漢代相當一部分儒家學者所倡導的思想。

　　第三，天任德而不任刑。上天「任德」而不「任刑」的說法來源於董仲舒。漢武帝時，武帝策問「伊欲風流而令行，刑輕而奸改」的方法是什麼。董仲舒為武帝指出一條通往德治的道路，其理論基礎就是「天之任德不任刑」。董仲舒將天這一權威放在君主的頭頂，他說如果君主「廢德教而任刑罰」，那麼就會導致「刑罰不中，則生邪氣。邪氣積於下，怨惡畜於上」。於是上天就會降下災異。因此，「王者上謹於承天意，以順命也。下務明教化民，以成性也。正法度之宜，別上下之序，以防欲也：修此三者而大本舉矣」。〔註121〕董仲舒指出，只要武帝遵循這三者，就能達到盛世。

　　第四，先德教而後刑罰。先德後刑的思想強調「德」與「刑」兩種治民手段所應遵循的先後順序。漢殤帝時，鄧太后掌朝，鄧太后下詔：「深惟至治之本，道化在前，刑罰在後。將稽中和，廣施慶惠，與吏民更始。」〔註122〕漢桓帝時，寇榮冒死上疏：「臣聞天地之於萬物也好生，帝王之於萬人也慈愛。陛下統天理物，為萬國覆，作人父母，先慈愛，後威武，先寬容，後刑辟，

〔註119〕　《漢書》卷四八《賈誼傳》，第2553頁。
〔註120〕　《大戴禮記・禮察》。王聘珍撰，王文錦點校：《大戴禮記解詁》，北京：中華書局，1983年第一版，第22～23頁。
〔註121〕　《漢書》卷五六《董仲舒傳》，第2500～2516頁。
〔註122〕　《後漢書》卷四《孝殤帝紀》，第197頁。

自生齒以上，咸蒙德澤。」〔註123〕此外，「先德後刑」的另一種表現爲「先賞後罰」。統治者認爲：「先賞後罰之義，所以章有德報厥功」。〔註124〕

第五，德爲陽刑爲陰說。統治者用「陽」與「陰」的關係來比喻「德」與「刑」的關係。陰陽思想的理論模式是漢代人對世界認識的基礎。他們在論及天地、萬物以及人事的過程中，無不用陰陽思想來表示相互對立統一的事物。統治者認爲：陽爲德，陰爲刑，可以通過德與刑、教與法來治理百姓。「德」與「刑」是治民的兩種手段，就像「陽」與「陰」，各占一端，缺一不可。漢武帝下策要「欲聞大道之要，至論之極」。董仲舒回答：「天道之大者在陰陽。陽爲德，陰爲刑。」〔註125〕由此提出「德陽刑陰」的說法。漢桓帝時梁太后臨朝稱制，朱穆給外戚梁冀的奏記也提到：「夫善道屬陽，惡道屬陰。」〔註126〕同樣，儒家經典著作也有「德陽刑陰」的說法。如《大戴禮記》：「陽曰德，陰曰刑。」〔註127〕在漢代君臣的言論中，「德政」常常被提及，尤其是皇帝在面對災異現象、大臣在看到朝政腐敗的時候，人們要求國家施行「德政」的呼聲就更大了。然而，「德爲陽」「刑爲陰」，「德」與「刑」不能只執著於一端，因爲「一陰一陽謂之道。陽得陰而成，陰得陽而序，剛柔相配」〔註128〕。「德陽刑陰」的說法，充分說明「陽」與「陰」彼此互補的特性，「陽」需要「陰」輔佐，「陰」需要「陽」的支持。只任「德」而沒有「刑」會使犯法者得不到懲戒；只任「刑」而不用「德」就會使百姓無法得到教化，因此要實行「德行並用」的治民策略。

〔註123〕 《後漢書》卷一六《寇榮傳》，第628頁。
〔註124〕 《漢書》卷八二《師丹傳》，第3510頁。
〔註125〕 《漢書》卷五六《董仲舒傳》，第2495頁；第2502頁。這裡，董仲舒將「陽德陰刑」的說法提出，而此前又提出「天任德而不任刑」，兩者還是有區別的。前者有時強調「德」與「刑」二者缺一不可，無主次之分，有時又是論證「天任德不任刑」的依據。事實上，董仲舒是根據不同情況來論述「德」、「刑」關係的。當時，從現實角度來談，應該糾正漢朝嚴刑峻法、任用酷吏的做法，於是他提出「任德不任刑」。而從實際的政治操作來說，刑罰又是必不可少的，與「德」處於同樣的地位，因此他又提出「陽德陰刑」。儘管「陰刑」會有在地位上弱於「陽德」的意義。但是，漢代人談到這個問題，更多的是強調陰陽二者不可或缺，陽爲陰輔，陰爲陽輔，二者相互協調，才能保證事物的穩定發展。
〔註126〕 《後漢書》卷四三《朱暉傳附孫穆傳》，第1462頁。
〔註127〕 《大戴禮記·四代》。王聘珍撰，王文錦點校：《大戴禮記解詁》，第170頁。
〔註128〕 《白虎通·三綱六紀》。陳立撰，吳則虞點校：《白虎通疏證》，第374頁。

　　漢代統治者對「德刑並用」的討論，側重點不同：「興德教除苛刑」強調的是去除嚴刑峻法而代以「輕刑」；「主德教而輕刑罰」強調德教的重要性，同時沒有否定刑罰的作用；「天任德而不任刑」樹立天的權威，強調「正法度之宜」，不要專任刑罰而要「以德教民」；「先德教而後刑罰」強調「德」與「刑」兩種手段的所施行的先後次序；「德為陽刑為陰說」用「一陰一陽謂之道」來強調「德」與「刑」二者同樣重要。可見，「德」與「刑」二者是並行不悖的，只是因人們討論的具體問題不同使得「德」與「刑」所佔比重不同。從本質上說，漢代統治者都是「德刑並用」的倡導者而非宣揚只用「德」或只用「刑」的純儒學者或純法學者。「德刑並用」強調的是「德」與「刑」二者相互補充、相輔相成的特點。漢代統治者認為德教可使百姓自然而然地向善，而刑法本身也是為了維護善良的百姓。文帝曾下詔提到的「法者，治之正也，所以禁暴而率善人也」〔註129〕就是典型例證。

（三）德刑並用的實踐

　　漢宣帝一直被認為是任用刑名多於儒術的皇帝。元帝當太子時，「見宣帝所用多文法吏，以刑名繩下」，而當時的大臣楊惲、蓋寬饒因為指出宣帝多用文法吏不用儒生的問題而遭誅。元帝說：「陛下持刑太深，宜用儒生。」宣帝很不高興地說：「漢家自有制度，本以霸王道雜之，奈何純任德教，用周政乎。且俗儒不達時宜，好是古非今，使人眩於名實，不知所守，何足委任。」〔註130〕因為作為太子的元帝提出這樣的問題，使得宣帝甚至有過更換太子想法，只是因為許皇后而沒有廢掉太子。這個故事多被人們例舉以證明宣帝好法而不好儒。而宣帝一句「漢家自有制度，本以霸王道雜之」更是被人們看作漢代政治思想的總體方略。人們認識到德教在「導民」中的重要作用，也明白刑罰是「懲惡」不可或缺的手段。這一點，漢代統治者，甚至是在野的思想家都認同。崔寔在《政論》中就「德刑」問題有深入的討論。他說：「夫刑罰者，治亂之藥石也；德教者，興平之梁肉也。夫以德教除殘，是以梁肉理疾也；以刑罰理平，是以藥石供養也。」〔註131〕崔寔對「德」與「刑」二者對治國理民作用的總結可謂精闢。而在實際的政治操作中，儘管國家的統治或

〔註129〕《史記》卷十《孝文本紀》，第418頁。

〔註130〕《漢書》卷九《元帝紀》，第277頁。

〔註131〕崔寔：《政論》，《全後漢文》本。嚴可均校輯：《全上古三代秦漢三國六朝文》，北京：中華書局，1958年第一版，第723頁。

因君權更替、或因皇帝年幼、或因外戚干政、或因宦官專權而時鬆時緊，抑或有時因事因人而偏重「任德」或偏重「任刑」，但從總體上說，統治者大多實踐著「德刑並用」的方略。

第一，漢代皇帝對「德刑並用」的推崇。如前所述，漢宣帝主要任用文法吏而不用儒生，但這並不代表宣帝只是「任刑」而不「任德」。廷史路溫書曾上疏宣帝秦政有「十失」，其中有一個還尚存，那就是「治獄之吏」。宣帝「深愍」，於是下詔：「間者吏用法，巧文寖深，是朕之不德也。夫決獄不當，使有罪興邪，不辜蒙戮，父子悲恨，朕甚傷之。」〔註132〕漢章帝一方面在詔書中強調「明君之德」，以顯示自己對德教的信服與實踐，同時痛斥「自往者大獄已來，掠考多酷，鑽鑽之屬，殘苦無極」，使他「念其痛毒，怵然動心」，希望刑罰「順時氣」而「宜及秋冬理獄，明爲其禁」，〔註133〕可見他對德教的贊同、嚴刑的厭惡。而另一方面，他贊同陳寵的「刑罰爲首」思想。陳寵引用《尚書》中的：「惟敬五刑，以成三德」來說明刑法與德教同樣重要。他說：「聖賢之政，以刑罰爲首」。但是他又慨歎當時的狀況是「斷獄者急於篝格酷烈之痛，執憲者煩於詆欺放濫之文，或因公行私，逞縱威福」，因此，陳寵認爲應該「宜隆先王之道，蕩滌煩苛之法。輕薄棰楚，以濟群生。全廣至德，以奉天心」。〔註134〕可見，章帝主張德教與刑罰的結合，但是刑罰不能濫用，刑措不能太深。

第二，善「德刑並用」之吏受到君主和百姓的推崇。儘管朝政之中，用德教的呼聲很大，但是在漢代崇尚嚴刑的人也不在少數。據史料記載，漢宣帝時，趙廣漢、韓延壽、尹翁歸、嚴延年、張敞這些漢代名臣，都是善用刑法之人，而他們「皆稱其位」〔註135〕。他們中很多又善用教化，可以說他們是「德刑並用」的典範，爲君主和百姓所欣賞。例如，尹翁歸曾任東海太守，後爲右扶風，史載其「爲政雖任刑，其在公卿之間清絜自守，語不及私，然溫良嗛退，不以行能驕人，甚得名譽於朝廷」。他死後，宣帝特別下詔：「朕夙興夜寐，以求賢爲右，不異親疏近遠，務在安民而已。扶風翁歸廉平鄉正，治民異等，早夭不遂，不得終其功業，朕甚憐之。其賜翁歸子黃金百斤，以奉其祭祠。」〔註136〕

〔註132〕《漢書》卷二三《刑法志》，第1102頁。
〔註133〕《後漢書》卷三《肅宗孝章帝紀》，第146頁、第157頁。
〔註134〕《後漢書》卷四六《陳寵傳》，第1549頁。
〔註135〕《漢書》卷八九《循吏傳・尹翁傳》，第3624頁。
〔註136〕《漢書》卷七六《尹翁歸傳》，第3207頁。

　　第三，「教」與「法」並施來實踐「德行並用」。教，即教化；法，即刑罰。在漢代，教化的含義很豐富，它既包括統治者通過教育的手段推行儒家的倫理道德，也包括統治者對自身行為的規範。統治者通過君臣示範、學校教育、地方教育的方式向民眾進行教化。在漢代的史料中，我們能看到大量國家施行德教、地方官吏「以德治民」的例子，從《漢書·循吏傳》《後漢書·循吏傳》中就可以看到。循吏的特點之一是善於教化民眾，他們通過仁愛之心，宣揚儒學思想，宣揚孝道來感化地方百姓，從而實現對地方的統治。這樣的循吏一直被後世所稱道，尤其是在史書當中，對他們的溢美之詞不勝枚舉。除了注重對教化的施行，漢代統治者也強調運用刑罰對百姓的威懾作用來實現對國家的統治，所謂「刑罰不可廢於國」〔註137〕。「聖人治天下，必有刑罰何？所以佐德助治，順天之度也。故懸爵賞者，示有勸也。設刑罰者，明有所懼也。」漢代從來沒有停止過使用刑罰，甚至實際情況是刑罰過重。班固在《漢書·刑法志》中提到：「自昭、宣、元、成、哀、平六世之間，斷獄殊死，率歲千餘口而一人，耐罪上至右止，三倍有餘。……今郡國被刑而死者歲以萬數，天下獄二千餘所，其冤死者多少相覆，獄不減一人，此和氣所以未洽者也。」〔註138〕同樣，在東漢後期，王充、王符、仲長統等人都提到當時國家存在刑罰過重的情況以及眾多冤死的百姓。漢代地方上也有酷吏，酷吏最主要的特點就是對百姓非常嚴苛，他們用嚴刑來約束百姓，對待「不軌之民」嚴格執法，從而起到對百姓的威懾作用，達到治理地方的效果。當然，在儒學思想日益深入人心之時，這種只會背頌法律而不懂儒家學術，只是「以法治民」的酷吏就遭到批判，但是這樣的官吏實際上一直到東漢還是存在的。在兩漢的統治中，施「德政」者有之，用刑深者有之。

　　第四，實行「德行並用」要「順時氣」。人們認為，在春夏時節應主要用德教的治民方略來「導民」，而秋冬時節以刑罰作為主要手段來「制民」。春天是萬物復蘇，百姓耕作的時節；夏天是萬物生長，欣欣向榮的時節，因此春夏應該主「德」，盡量不用重刑來懲治百姓。《禮記·月令》：「立春……（天子）命相布德和令，行慶施惠，下及兆人。」〔註139〕東漢時的郎顗上書給順帝就提到：「方春東作，布德之元，陽氣開發，養導萬物。王者因天視德，奉

〔註137〕　《漢書》卷二三《刑法志》，第1091頁。
〔註138〕　《漢書》卷二三《刑法志》，第1108～1109頁。
〔註139〕　《禮記·月令》。十三經注疏整理委員會：《禮記正義》，第535～537頁。

順時氣，宜務崇溫柔，遵其行令。」〔註140〕可見，當時施德教要「順時氣」的思想很普遍。同樣，運用「刑罰」的手段治民也要「順時氣」，所謂「以為王者生殺，宜順時氣」〔註141〕。統治者「用刑」不順時氣就會出現「陰陽不和」「寒暑失序」，導致自然災害的發生。一般說來，春夏時節不宜用重刑，只可用輕刑，秋冬時節才能用重刑。本初元年（公元146年）國家下詔：「方春東作，育微敬始。其敕有司，罪非殊死，且勿案驗，以崇在寬。」〔註142〕在漢代，一旦出現災異現象，統治者們常常認為是因為在春夏使用過重的刑罰。例如漢明帝時，鍾離意因為「天氣未和，日月不明，水泉湧溢，寒暑違節」而希望明帝能「垂聖德，揆萬機，詔有司，慎人命，緩刑罰，順時氣，以調陰陽，垂之無極。」〔註143〕

由於深受陰陽思想、災異論的影響，漢代統治者篤信「德政不施」「刑罰不中」就會出現「陰陽失調」，導致天災人禍，甚至動搖國家的統治。「德行並用」的思想使漢代統治者在治民理念上不執著於「德」或「刑」的任何一端，而是通過不斷調整二者的關係及比重，力圖使「德」與「刑」在國家治民方略中處於平衡狀態。但是，「德刑並用」治民方略的效果則因為政令執行的好壞或者當朝者的明闇而時好時壞。

對地方百姓訴訟過多，犯罪之民過多的地區，統治者常常會任用酷吏來治理。與善用教化之法的循吏不同，酷吏多用嚴刑治民。「酷吏」向來具有威名，他們自身廉潔、不畏豪富、用刑深刻，使得百姓聞風而喪膽、畏罪自重。

漢代的地方官吏，對待社會中的「惡子」（不聽父母教誨者）、「無市籍商販」等人，也會採取嚴厲打擊的方式。漢成帝在永治、元延年間，治政不勤。當時長安城的治安不好，甚至出現「奸滑浸多，閭里少年群輩殺吏」的情況。長安令尹賞「乃部戶曹掾史，與鄉吏、亭長、裏正、父老、伍人」將長安的惡民、無市籍商販等人都逮捕，大約有一百人，最後這些人都死在獄中。尹賞以一百條人命換來了「盜賊止，郡國亡命散走，各歸其處，不敢闚長安」〔註144〕的局

〔註140〕　《後漢書》卷三〇下《郎顗傳》，第1066～1067頁。
〔註141〕　《後漢書》卷三《肅宗孝章帝紀》，第153頁。
〔註142〕　《後漢書》卷六《孝質帝紀》，第153頁。
〔註143〕　《後漢書》卷四一《鍾離意傳》，第1409～1410頁。
〔註144〕　《漢書》卷九十《酷吏傳·尹賞傳》，第3673～3674頁。

面。漢代的酷吏中，也有對普通百姓要求過於嚴苛的。東漢初年，樊曄爲天水太守，「政嚴猛，好申韓法，善惡立斷。人有犯其禁者，率不生出獄，吏人及羌胡畏之」。〔註145〕最後天水郡也實現了路不拾遺的良好治安。這樣統治下的百姓當然會安分守己，但這是在嚴刑威懾下的、是經受壓抑的「安分守己」。

統治者對是否要用酷吏，也是有過討論的。漢武帝想任用寧成爲郡守，公孫弘說：「臣居山東爲小吏時，寧成爲濟南都尉，其治如狼牧羊。成不可使治民。」公孫弘就主張不讓酷吏寧成爲郡守。於是漢武帝沒有讓寧成做郡守，而是讓他任關都尉，負責徵收貨物稅，稽察旅客往來。結果出入關的官吏們都說：「寧見乳虎，無值寧成之怒」。這裡武帝聽從了公孫弘的建議，沒有任用以嚴苛著稱的寧成，是統治者不任用酷吏爲要職的表現。但是在西漢末年，前引酷吏尹賞在臨死前對他兒子說了一番話，從中我們能讀出當時這些酷吏本身的想法：「丈夫爲吏，正坐殘賊免，追思其功效，則復進用矣。一坐軟弱不勝任免，終身廢棄無有赦時，其羞辱甚於貪污坐臟。慎毋然。」尹賞認爲，作爲吏，即使因爲施行嚴刑治民而被免官，朝廷念在其治民效果，也會再次任用。一個官吏如果因爲軟弱不能勝任官吏之職而被免官，那一輩子就沒有再當官的時候了，這樣的話，受到的羞辱比貪污犯罪還大。尹賞這樣說，表明儘管以嚴刑治民的酷吏可能不得朝廷的喜歡也不得民心，但是其治民效果好，可以爲國家培養順民，那樣朝廷還是很願意任用這樣的官吏的。又如前引東漢初年天水太守樊曄，他以「政嚴猛」著稱，而他死後，漢明帝還對他在天水郡的治民效果念念不忘，認爲後人無人能及。漢靈帝時，曾經對苛官酷吏打擊很大，司空張顥就參奏酷吏、貪污者，所奏者都被免官。陽球本身也屬於酷吏，應當被罷免，但是靈帝念在他曾經以嚴厲的手段鎮壓九江起義軍的功勞不但沒有罷免他，反而讓他擔任議郎一職。可見，漢代統治者在評價官吏時常常會以治民效果爲標準，就這一點來說，統治者是很現實的。

三、「讀經」治民

漢代繼秦而起，在痛斥「秦弊」中，統治者們總結經驗，認爲治理天下必須得行仁義、施德政。與此同時，他們也注意到儒家經典對治國安民的作用。漢高祖劉邦在建國之初，不滿陸賈常說《詩》《書》，陸賈則指出《詩》《書》

〔註145〕《後漢書》卷七七《酷吏傳·樊曄傳》，第 2491 頁。

對治理天下的作用，他對劉邦說：「鄉使秦以併天下，行仁義，法先聖，陛下安得而有之？」劉邦「有慚色」，對陸賈說：「試爲我著秦所以失天下，吾所以得之者，及古成敗之國。」於是陸賈爲劉邦作《新語》。〔註146〕可見，在漢朝之初，統治者就已經明白儒家經典在治國上的重要作用。隨後，惠帝廢除「挾書律」，文帝、景帝廣開獻書之路，這些都促進儒家經典的重新恢復。直到漢武帝時，儒家被「尊崇」，儒學經典被奉爲治國安邦的聖典。到了東漢，儒學的地位被進一步鞏固，國家頒佈了統一經典說法的《白虎通義》。統治者的種種做法使儒學在國家的意識形態中處於核心地位。在這一過程中，除了儒生們紛繁複雜的今古文經學的爭論之外，統治者們更加注意將「五經」，甚至包括《孝經》《論語》等灌輸到臣民的思想當中，倡導他們誦讀儒家經典，以期得到教化臣民的作用。

在漢代，統治者認爲儒家經典各有不同的作用。以下以「五經」和《孝經》爲代表分別來概括。

第一，誦讀「五經」可以整飭「五常」。「五經」在漢代一般說來指《易》《尚書》《詩》《禮》《春秋》。「五常」即仁、義、禮、智、信。在漢代人眼中，人生來就具有「五常」之性。這一點前文已述。那時，漢代統治者構建了作爲人的道德準則。既然人生來具有「五常」之性，那麼作爲臣民就要遵守「五常」的道德標準，作爲統治者就有整飭臣民「五常」之性的責任。董仲舒在《天人三策》中提到「夫仁誼禮知信五常之道，王者所當修飭也。」這裡董仲舒強調統治者應該注重「五常之道」的建設，這樣統治者才能「受天之祐，而享鬼神之靈，德施於方外，延及群生也」。〔註147〕在如何整飭「五常」之道的措施中，誦讀「五經」就成爲有效的方法之一。因爲「五經」與「五常」是相匹配的，「五經」闡述了五常之道。《漢書・藝文志》認爲：「六藝之文：《樂》以和神，仁之表也。《詩》以正言，義之用也。《禮》以明體，明者著見，故無訓也。《書》以廣聽，知之術也。《春秋》以斷事，信之符也。五者，蓋五常之道，相須而備，而《易》爲之原。」〔註148〕《白虎通義》則認爲「《樂》

〔註146〕《史記》卷九七《酈生陸賈列傳》，第 2699 頁；《漢書》卷 43《陸賈傳》，第 2113 頁。

〔註147〕《漢書》卷五六《董仲舒傳》，第 2505 頁。這裡的「誼」即爲「義」。《說文解字・言部》：「誼，人所宜也。」段玉裁注：「誼、義，古今字，周時作誼，漢時作義，皆今之仁義字也。」

〔註148〕《漢書》卷三〇《藝文志》，第 1723 頁。

仁、《書》義、《禮》禮、《易》智、《詩》信也。」〔註149〕這裡，儘管《漢書‧藝文志》和《白虎通義》對五經對應的五常的說法有所不同，但可以肯定的是，漢代人們認爲「五經」闡述了仁、義、禮、智、信的五常之道，通過對五經的研習，可以知道如何遵守「五常之道」。

第二，誦讀《孝經》可以治理臣民。漢代倡導孝道，統治者更是要求天下臣民誦讀《孝經》來實現對孝道觀念的灌輸。東漢末年的荀爽曾明確指出說：「漢制使天下誦《孝經》，選吏舉孝廉。」〔註150〕可見，漢代誦讀《孝經》已經形成傳統。對於誦讀《孝經》的緣由，統治者有一套較爲完整的論述。首先，他們認爲「天生之以孝悌」。董仲舒在討論「萬物之本」問題時，提到「天生之以孝悌」。他說：「何謂本？日：天地人，萬物之本也，天生之，地養之，人成之；天生之以孝悌，地養之以衣食，人成之以禮樂，三者相爲手足，合以成體，不可一無也。」〔註151〕既然孝悌是天生的，那人們就要按照「孝」的規範來行事。與此同時，「孝行」同其他道德規範相比，又是最根本的。《孝經‧庶人》上說：「子曰：夫孝，天之經，地之義也，民之行也。」鄭玄注爲：「孝爲百行之首，人之常德，若三辰運而有常」。〔註152〕可以說，「孝」是人們道德行爲規範的根本，所謂「孝者，德之至，道之要也」〔註153〕。因此，作爲統治者就要施行孝道，倡導孝道。只有統治者施行了孝道，「舉顯孝悌，表異孝行」，這樣才是「奉天本也」〔註154〕，最終才能實現「上下臣人，和睦無怨」〔註155〕的理想。而《孝經》則闡明了孝道。《漢書‧藝文志》上說：「《孝經》者，孔子爲曾子陳孝道也。天之經，地之義，民之行也。舉大者言，故日《孝經》。」〔註156〕《白虎通義》上說：「夫孝者，自天子下至庶人，上下通《孝經》者。」〔註157〕上至天子下至庶人，通《孝經》者亦可稱之爲「孝」。因此，統治者要求天下臣民誦讀《孝經》，以「孝」的道德規範來約束自己的行爲，以期實現國家的長治久安。

〔註149〕《白虎通義‧五經》。蘇輿撰，鍾哲點校：《春秋繁露義證》，第447頁。
〔註150〕《後漢書》卷六二《荀淑傳》，第2051頁。
〔註151〕《春秋繁露‧立元神》。蘇輿撰，鍾哲點校：《春秋繁露義證》，第168頁。
〔註152〕《孝經》卷三《庶人》，鄭玄注。《漢魏古注十三經》下冊，北京：中華書局影印本，1998年第一版，第9頁。
〔註153〕《孝經》卷一《開宗明義章》，鄭玄注。《漢魏古注十三經》下冊，第1頁。
〔註154〕《春秋繁露‧立元神》。蘇輿撰，鍾哲點校：《春秋繁露義證》，第169頁。
〔註155〕《孝經》卷一《開宗明義章》，鄭玄注。《漢魏古注十三經》下冊，第1頁。
〔註156〕《漢書》卷三〇《藝文志》，第1719頁。
〔註157〕《白虎通義‧五經》。蘇輿撰，鍾哲點校：《春秋繁露義證》，第446頁。

　　漢代統治者對讀「五經」與《孝經》的認識，是在總結「秦弊」的基礎上，對儒家經典的道德教化作用進行深層次思考而得出的。在某種意義上，漢代的統治者將儒家經典的道德教化意義更加凸顯出來。正是基於對「讀經」問題的認識，統治者又在施政過程中開拓各種途徑，勸導和規範臣民「讀經」，從而在一定程度上使臣民「讀經」得以保障。

　　漢代統治者認為，「五經」所蘊含的道理，《論語》《孝經》所倡導的理念對教育百姓有重要的意義。因此，統治者倡導通過推行頌讀儒家經典的著作可以達到匡正民風、培養順民的目的，更有助於形成良好的社會風氣，為漢代社會道德建設奠定基礎。

（一）「讀經」治民的措施

　　為了倡導「讀經」，漢代統治者通過各種途徑，採取各種措施，勸導臣民「讀經」。統治者在選擇官吏上注重對通經之士的任用；在學校教育上要求研習儒家經典；在對普通百姓的教化上更是鼓勵其誦讀儒家經典中文字較易的《孝經》。可以說，漢代統治者施行了一系列自上而下的勸導「讀經」的措施。

1.「通經者為官」——選官的重要標準

　　漢代統治者常常以是否精通經學為選官標準。在漢代的選官制度中，察舉制是重要的選舉制度之一，漢武帝以後逐漸成為常制。漢武帝時，察舉制設有四科，主要為：「一曰德行高妙，志節清白。二曰經明行修，能任博士。三曰明曉法律，足以決疑，能案章覆問，文任御史。四曰剛毅多略，遭事不惑，明足照奸，勇足決斷，才任三輔令。皆存孝悌清公之行。自今已後，審四科辟召，及刺史、二千石察舉茂才尤異孝廉吏，務實校試以職。」〔註158〕其中，「經明行修，能任博士」主要指的是察舉制度中「文學」、「明經」兩科。「文學」在當時也就是經學。「文學」之科也就是選舉通曉經學之人。漢代自文帝始開始要求選拔「文學」之士。漢武帝也在元朔元年（前128年）下詔要求：「選豪俊，講文學」。〔註159〕漢昭帝更是明確下詔：「其令三輔、太常舉賢良各二人，郡國文學高第各一人。賜中二千石以下至吏

〔註158〕　《後漢書》卷四《孝和帝紀》注，第 176 頁；《後漢書》卷一一四《百官志·太尉條》注，第 3559 頁。

〔註159〕　《漢書》卷四九《晁錯傳》記載：「後詔有司舉賢良文學士，錯在選中。上親策詔之……」。可見文帝時已經開始以「文學」一科取士了。《漢書》卷六《武帝紀》，第 166 頁。

民爵各有差。」〔註160〕但是，到了東漢，以「文學」舉士的例子就不多了。從此可以看出，「文學」之科並非常制。

「明經」也就是「通曉經學」之義。「明經」之科與「文學」相似，也是指選舉通經之士爲官。在漢代，以「明經」之科爲官的人很多。韋賢父子皆以「明經」入仕，最後官至丞相；眭弘「以明經爲議郎，至符節令」；翟方進「二三歲，舉明經，遷議郎」；王嘉「以明經射策甲科爲郎」〔註161〕。到了東漢，皇帝更是連連下詔書，要求舉明經之士。漢章帝時下詔：「令郡國上明經者，口十萬以上五人，不滿十萬三人。」〔註162〕本初元年（146年），梁太后秉政，下詔：「令郡國舉明經，年五十以上、七十以下詣太學。」〔註163〕

以通經取士的名目除了「文學」，又另立「明經」一科，足見漢代統治者對經學的重視，從而也大大助長了整個國家誦讀儒學經典的熱情。甚至夏侯勝在教導他的學生時說：「士病不明經術。經術苟明，其取青紫如俛拾地芥耳。學經不明，不如歸耕。」〔註164〕可以說，精通儒家經典才能入仕的思想已經深入人心了。

2.「教學以經書」──學校教育的主要內容

漢代，隨著儒學被定爲一尊，以「經學」爲核心的官學教育體系也逐步建立起來。自漢武帝建立五經博士，太學在中央建立，開始「養天下之士」〔註165〕，而「自此以來，則公卿大夫士吏斌斌多文學之士矣」〔註166〕。而就官學教育的內容來講，主要是儒家經典，即「五經」。董仲舒在《春秋繁露》中對六藝的看法，恰恰道出了官學教育以「五經」爲主的原因，他說：

> 詩書序其志，禮樂純其美，易春秋明其知，六學皆大，而各有
> 所長。詩道志，故長於質；禮制節，故長於文；樂詠德，故長於風；

〔註160〕《漢書》卷七《昭帝紀》，第233頁。
〔註161〕分別見《漢書》卷七三《韋賢傳》，第3107頁；《漢書》卷七五《眭弘傳》，第3153頁；《漢書》卷八四《翟方進傳》，第3411頁；《漢書》卷八六《王嘉傳》，第3488頁。
〔註162〕《後漢書》卷三《肅宗孝章帝紀》，第152頁。
〔註163〕《後漢書》卷六《孝質帝紀》，第281頁。
〔註164〕《漢書》卷七五《夏侯勝傳》，第3159頁。
〔註165〕《漢書》卷五六《董仲舒傳》，第2512頁。
〔註166〕《史記》卷一二一《儒林列傳》，第3119頁。

書著功，故長於事；易本天地，故長於數；春秋正是非，故長於治

人；能兼得其所長，而不能遍舉其詳也。〔註167〕

正是由於「五經」在對人有不同教育價值的作用下，漢代官學以「五經」作為學校的教材。甚至為了統一「五經」，漢代又出現兩次討論儒學經典的會議，即西漢石渠閣會議以及東漢的白虎觀會議，這兩次會議解決了統一「五經」教材的作用。此外，漢靈帝刻熹平石經立於太學門外，為的也是統一學校教材。

《孝經》和《論語》在漢代為蒙學讀物。在學習「五經」以前，先要接受以《論語》和《孝經》為主的倫理道德教育。漢元帝在做太子之時，就已經通《論語》、《孝經》〔註168〕。漢順帝的梁皇后，「九歲能誦《論語》，治《韓詩》，大義略舉」〔註169〕。博士范升也是「九歲通《論語》、《孝經》，及長，習《梁丘易》、《老子》，教授後生」〔註170〕。

由此可見，誦讀儒家經典已經成為人們日常學習的必修課了。因此，無論是天子、諸侯還是普通百姓，只要是接受教育的對象，至少在學生階段就要「讀經」。這樣，統治者讓整個國家的教育系統都以教授經學為主要內容，從而進一步擴大了「讀經」者的範圍。

3.「教民以經義」——地方教化的形式之一

在漢代統治者眼中，對臣民進行教化是必須的。他們在討論教化民中時說：「教者，何謂也？教者，效也。上為之，下傚之，民有質樸，不教而成。」〔註171〕民的本性是「質樸」，是可以被教化的。而「堯、舜之民，可比屋而封，桀、紂之民，可比屋而誅」〔註172〕也是教化的結果。漢代繼承秦朝的制度，鄉縣設三老，主要是掌管教化。可見，漢代統治者對地方教化的重視。

在地方教化中，統治者試圖向百姓灌輸「孝」、「德」等儒家基本理念，而其灌輸這些思想的主要方式是倡導他們誦讀儒家經典。一方面他們加強地方學

〔註167〕 《春秋繁露・玉杯》。蘇興撰，鍾哲點校：《春秋繁露義證》，第35頁。
〔註168〕 據《漢書》卷七一《疏廣傳》記載：「在位五歲，皇太子年十二，通《論語》、《孝經》。」第3039頁。
〔註169〕 《後漢書》卷十下《皇后紀下・順烈梁皇后紀》，第438頁。
〔註170〕 《後漢書》卷三六《范升傳》，第1226頁。
〔註171〕 《白虎通義・三教》。陳立撰，吳則虞點校：《白虎通疏證》，第371頁。
〔註172〕 《新語・無為》。王利器撰：《新語校注》，北京：中華書局，1986年第一版，第65頁。

校的興建，所謂「里有序而鄉有庠。序以明教，庠則行禮而視化焉」〔註173〕。地方學校的主要內容也是教授儒家經典，要求「讀經」。另一方面，對普通百姓的教化則通過基層官吏宣揚儒家經典來實現。這些官吏常常是精通儒家經典的「文質彬彬之士」。例如「文翁，廬江舒人也。少好學，通《春秋》，以郡縣吏察舉。景帝末，為蜀郡守，仁愛好教化。」〔註174〕東漢的爰延，「清苦好學，能通經教授」。「縣令隴西牛述好士知人，乃禮請延為廷掾，范丹為功曹，濮陽潛為主簿，常共言談而已。後令史昭以為鄉嗇夫，仁化大行，人但聞嗇夫，不知郡縣。」〔註175〕這些通經之吏同時也認為「讀經」可以化民。東漢中平二年（公元 185 年），「北地羌胡與邊章等寇亂隴右」，宋梟認為：「涼州寡於學術，故屢致反暴。今欲多寫《孝經》，令家家習之，庶或使人知義。」於是讓家家習《孝經》，以期解決當時地方的叛亂問題。儘管最後的效果不佳，而且遭到朝廷的詰責。〔註176〕但是從中我們可以看出，當時官吏們對「讀經」作用的篤信。

漢代統治者通過選官制度、學校教育、地方教化等途徑將「讀經」推廣開來，試圖通過鼓勵臣民「讀經」來實現對社會道德的約束。可以說，儘管在選官制度上還存在其他取仕途徑，沒有像後代科舉制對世人入仕的刺激那樣強烈，但可以肯定地是，自中央至地方鼓勵「讀經」的途徑已經逐漸形成，而選官制度、學校教育、地方教化等措施也確實對鼓勵臣民「讀經」起到了一定的推動作用。

（二）「讀經」治民的實踐

漢代統治者不僅為倡導「讀經」開拓了各種途徑，並且還將「讀經」切實的施行下去。他們通過「君臣讀經」「百姓讀經」等政治實踐，切實地將誦讀儒家經典貫徹下去。

1.「君臣讀經」的示範作用

漢代，君主和大臣多通儒家經典。除了漢高祖劉邦不懂《詩》《書》以外，其餘的皇帝，大多在幼年就研習儒家經典。漢昭帝說自己「通《保傅傳》，《孝經》、《論語》、《尚書》，未云有明」〔註177〕。元平元年（公元 114 年），劉病

〔註173〕 《漢書》卷二四上《食貨志上》，第 1121 頁。
〔註174〕 《漢書》卷八九《循吏傳·文翁傳》，第 3625 頁。
〔註175〕 《後漢書》卷四八《爰延傳》，第 1618 頁。
〔註176〕 《後漢書》卷五八《蓋勳傳》，第 1880～1881 頁。
〔註177〕 《漢書》卷七《昭帝紀》，第 223 頁。

已「有詔掖庭養視，至今年十八，師受《詩》、《論語》、《孝經》，操行節儉，慈仁愛人」，因此「可以嗣孝昭皇帝後，奉承祖宗，子萬姓」〔註178〕，而成爲漢宣帝。漢成帝在做太子時，也「好《詩》《書》，上儉節」〔註179〕。而皇太子的教育也得到重視，例如郅惲「授皇太子《韓詩》，侍講殿中」〔註180〕，桓榮「以《尚書》授太子」〔註181〕，桓榮之子桓郁也於「永平十五年，入授皇太子經，遷越騎校尉，詔敕太子、諸王各奉賀致禮」〔註182〕。此外，作爲漢代官吏，如前所述，除了選官需要「通經」以外，他們在官學教育中所學也是儒家經典，而以《孝經》《論語》作爲啓蒙，隨後研習「五經」。

漢代「君臣讀經」的意義不僅僅是他們可以從儒家經典中汲取治理國家的方法，更爲突出的是其對廣大民眾的示範作用。漢代，人們奉行自先秦以來的「上行下效」思想。所謂「上行下效」就是說在朝爲君爲臣之人的行爲對天下百姓具有很大的影響作用。君臣的思想道德境界直接關係到整個國家百姓思想道德好壞。漢元帝時，匡衡好《詩》，他認爲：「朝廷者，天下之楨幹也。公卿大夫相與循禮恭讓，則民不爭；好仁樂施，則下不暴；上義高節，則民興行；寬柔和惠，則眾相愛。」〔註183〕既然是「上行下效」，那麼君臣「讀經」就會給百姓以榜樣作用，再加上國家對「讀經」之士的標榜，這就促使天下百姓「讀經」。只是在對待普通百姓，國家更多的是強調要其讀文字淺顯而又有助於孝道思想灌輸的《孝經》。這裡，統治者通過自身讀經的示範作用，在整個社會的輿論導向上給天下百姓予以指引，即爲君爲臣之人都積極「讀經」，那麼作爲普通的民，也應該像在上者一樣「讀經」，這樣，才能保證整個國家的道德標準都遵從儒家的「德」、「孝」觀念，從而達到治民的理想境界。

2.「百姓讀經」的具體實行

漢代統治者通過地方教化，勸導百姓讀經。如前所述，漢代普通百姓讀的最多的是《孝經》。這主要因爲：一是《孝經》文字較爲淺顯易懂，普通的地方小吏基本上都能誦讀，從而他們能將《孝經》的內容講給當地的百姓。二是漢代倡導「以孝治國」，通過對《孝經》的誦讀，可以傳播「孝」的思想，

〔註178〕　《漢書》卷八《宣帝紀》，第 238 頁。
〔註179〕　《漢書》卷八六《王嘉傳》，第 3495 頁。
〔註180〕　《後漢書》卷二九《郅惲傳》，第 1031 頁。
〔註181〕　《後漢書》卷三七《桓榮傳》，第 1249 頁。
〔註182〕　《後漢書》卷三七《桓郁傳》，第 1249 頁。
〔註183〕　《漢書》卷八一《匡衡傳》，第 3334 頁。

從而在整個社會確立「孝」的道德理念。於是，漢代有「使天下誦《孝經》」〔註184〕的制度。東漢的仇覽，「少爲書生淳默，鄉里無知者。年四十，縣召補吏，選爲蒲亭長」。作爲亭長的仇覽，「好行教化」。當時有個叫羊元的人，「兇惡不孝」，他的母親告訴了仇覽，「覽呼元，誚責元以子道，與一卷《孝經》，使誦讀之」。後來，「元深改悔，到母床下，謝罪曰：『元少孤，爲母所驕』」。之後，「母子更相向泣，於是元遂修孝道，後成佳士」〔註185〕。仇覽給羊元《孝經》讓其誦讀，實現了「教民以孝」的爲官之責，達到了「導民以孝」的目的。讀《孝經》在漢代的普遍以及所取得的效果，由此可見一斑了。

此外，除了前面所舉宋梟認爲淨化道德風氣的方法是要求家家寫《孝經》的例子之外，在黃巾起義之時，向栩也認爲通過讀《孝經》能平定叛亂。他認爲只要「遣將於河上北向讀《孝經》，賊自當消滅」〔註186〕。儘管宋梟和向栩在國家動亂時要求讀《孝經》的做法不免過於理想化，但是，從中我們可以看出，在漢代，官吏們對「讀經」可以教化民眾的作用是深信不疑的。他們認爲「讀經」可以使百姓淨化思想，樹立儒家的基本道德理念，實現象堯舜之民「可比屋而封」的理想境界。

漢代，由君臣到民，都在一定程度上參與到「讀經」運動中，這使得漢代對「讀經」的倡導得到了實踐。儘管漢代史料在百姓讀經的問題上記載很有限，但是，我們從現有的史料中，還是可以窺探到一些地方的百姓曾經接受過儒家經典的教育，至少在統治者看來，通過「讀經」是可以實現對民眾的道德教化的。

（三）「讀經」對社會道德建設的影響

漢代統治者在對儒家經典的教化意義有系統認識的基礎上，推行了一系列勸導「讀經」的政治措施並將其付諸於政治實踐，從而將「讀經」運動由中央推廣至地方，從統治者自身推及至普通百姓。因此，儒家經典的核心內容與理念勢必會隨著統治者倡導「讀經」的展開而灌輸到臣民中的思想中，而對整個社會的道德風氣有所影響。綜合來看，有以下三點主要的影響。

〔註184〕前引《後漢書》卷六二《荀爽傳》，第2051頁。另據本傳注：「平帝時，王莽作書八篇戒子孫，令學官以教授，吏能誦者比《孝經》。」可見，當時誦《孝經》之盛。見本傳，第2051頁。
〔註185〕《後漢書》卷七六《循吏傳·仇覽傳》，第2480頁。
〔註186〕《後漢書》卷八一《獨行傳·向栩傳》，第2694頁。

第一，「五常」成為評判個人道德好壞的標準。仁、義、禮、智、信的「五常」觀念，隨著世人誦讀儒家經典而日益深入人心。漢宣帝在懷念漢武帝時下詔說：「夙夜惟念孝武皇帝躬履仁義」〔註187〕，他對漢武帝的評價以「仁義」為標準。東漢時，禮震，「光武嘉其仁義，拜震郎中，後以公事左遷淮陽王廄長」〔註188〕。「成瑨少修仁義，篤學，以清名見。舉孝廉，拜郎中，遷南陽太守。」〔註189〕只有具有「仁義」，才能為君為臣，成為世人的典範，為後人傚仿。而禮、智、信的觀念也和「仁義」一樣，同為評判個人道德的標準而為世人遵循。

第二，「孝行」成為社會道德追求的典範。漢代統治者奉行「導民以孝，則天下順」〔註190〕的治國理念，不僅在對君、臣、民基本的道德規範中要求遵循「孝」的規範，更是在整個社會中宣揚「孝」的理念、推廣「孝行」、以有「孝行之人」為社會道德的楷模。漢代對「孝」的觀念的灌輸得益於統治者對讀《孝經》的重視，前文已指出，「漢制使天下讀《孝經》」。由於「孝」的觀念在整個漢代社會逐漸根深蒂固，使得社會上湧現出一大批孝子、孝女，甚至到東漢出現「巨孝」〔註191〕之稱。從讀《孝經》的展開與「孝」的觀念的灌輸這兩個活動，我們可以看出：一方面統治者督促臣民讀《孝經》，以期將「孝」的思想觀念貫徹下去，為漢代實現「以孝治天下」奠定輿論的基礎；另一方面當整個社會的道德輿論導向「孝道」時，尤其是在東漢以後，統治者為了將「孝行」進一步提升到理論層次，也會更加倡導世人讀《孝經》，這樣的結果是整個社會對「孝」的道德觀念的重視，又會反過來引導人們去讀《孝經》。因此，整個社會人們讀《孝經》活動的展開與整個社會孝道文化的形成是一個互動的過程，二者是相互促進的。

第三，促進地方道德風氣的形成。在漢代史書上常常出現地方「大化」、「大治」的字眼，用以形容地方百姓得到教化，形成了良好的道德風氣。漢

〔註187〕《漢書》卷八《宣帝紀》，第243頁。
〔註188〕《後漢書》卷七九上《儒林傳上・歐陽歙傳》注，第2556頁。
〔註189〕謝承：《後漢書》卷四。周天遊輯校：《八家後漢書輯注》，上海：上海古籍出版社，1986年第一版，第121頁。
〔註190〕《漢書》卷八《宣帝紀》，第259頁。
〔註191〕據《後漢書》卷三九《江革傳》記載：「元和中，天子思革至行，制詔齊相曰：「諫議大夫江革，前以病歸，今起居何如？夫孝，百行之冠，眾善之始也。國家每惟志士，未嘗不及革。縣以見穀千斛賜『巨孝』，常以八月長吏存問，致羊酒，以終厥身。如有不幸，祠以中牢。」由是「巨孝」之稱，行於天下。」

宣帝時，從夏侯勝研習《尚書》的黃霸，爲潁川太守，「治爲天下第一」。漢宣帝特意下詔書讚揚黃霸：「潁川太守霸，宣佈詔令，百姓鄉化，孝子弟弟貞婦順孫日以眾多，田者讓畔，道不拾遺，養視鰥寡，贍助貧窮，獄或八年亡重罪囚，吏民鄉於教化，興於行誼，可謂賢人君子矣。」〔註192〕西漢末年，卓茂「習《詩》、《禮》」，「以儒術舉爲侍郎，給事黃門，遷密令」，在位「舉善而教」，最後，「數年，教化大行，道不拾遺」〔註193〕。這些受過儒家經典教育的官吏，到地方爲官，他們「在郡修典禮，設條教」〔註194〕「修庠序之教」〔註195〕，甚至「每行縣止息亭傳，輒引學官祭酒及處士諸生執經對講」〔註196〕，通過宣揚儒家經典中的道德標準來治理地方百姓，使百姓熟知儒家倫理道德的標準，最後實現「政化大行」的理想狀態，從而促使當地道德風氣的形成。儘管如此，社會上也不乏「雖有鑒明之資，仁義之志，一旦富貴，則背親捐舊，喪其本心。皆疏骨肉而親便辟，薄知友而厚狗馬」〔註197〕之人，從這一層意義來說，「讀經」對社會道德風氣形成的作用又是有限的。

漢代，隨著儒學「獨尊」地位的確立，使得統治者用倡導臣民「讀經」的方法來灌輸儒家的思想觀念，爲的是達到整個社會在思想上的統一。在這一過程中，儒家「五常」「孝」等核心價值標準成爲社會道德評價的主要標準，制約著上至君臣下至百姓的一言一行。在這裡，「讀經」凸顯的是其社會政治功能。「經」不僅僅是先秦的文化典籍，更是維護國家政治秩序的神聖典冊。統治者通過勸導臣民「讀經」，充分地將儒家經典的教化作用顯現出來，可以說，「讀經」只是其建設社會道德的政治手段之一。事實上，漢武帝「獨尊儒術」以後，有相當長的一段時間，儒學的地位還沒有穩固下來，統治者選擇「讀經」作爲其建設社會道德的重要手段的另一個用意是通過「讀經」鞏固儒學的地位。漢代官吏「以經治民」，百姓以「讀經」來加強個人道德修養的種種事實表明，「讀經」已經成爲漢代百姓日常風俗文化的一部分，而並不僅僅是漢代儒士們的特權。統治者在一定程度上實

〔註192〕《漢書》卷八九《循吏傳・黃霸傳》，第3631頁。
〔註193〕《後漢書》卷二五《卓茂傳》，第869～870頁。
〔註194〕《後漢書》卷二七《張湛傳》，第929頁。
〔註195〕《後漢書》卷七六《循吏傳・衛颯傳》，第2459頁。
〔註196〕《後漢書》卷二五《劉寬傳》，第887頁。
〔註197〕《潛夫論・忠貴》。王符著，汪繼培箋，彭鐸校正：《潛夫論箋校正》，北京：中華書局，1985年第一版，第112～113頁。

現了以「讀經」教化民眾的目的。可以說，「讀經」的展開不僅促進了社會道德風氣的形成，維護了社會的穩定，而且鞏固了儒學的地位，維護了君主專制的統治。隨後，「讀經」成爲歷代君主奉行的治民政策。科舉制確立以後，在功名利祿的驅使下，「讀經」更成爲下層民眾改變自身命運的有效途徑，儒家典籍也更加成爲世人頂禮膜拜神聖經典，而其維護統治制度與社會秩序的作用也就更加彰顯出來了。

四、以孝治民

漢宣帝曾下詔：「導民以孝，則天下順」。〔註198〕漢代「孝」的觀念不僅是統治者對國家倫理觀念的樹立，更多的是通過宣揚「孝」的重要性來治理百姓，引導百姓都爲「孝」。這裡所說的「孝」包括兩個層次的含義，一是孝，一是弟，即對上、對老者要「孝」，對下、對兄弟姐妹要「弟」，也就是愛兄弟姐妹。漢代常常說「孝悌」。《禮記‧祭義》：「眾之本教曰孝」。〔註199〕《孝經》：「夫孝，德之本也。又，天之經也，民之行也。」〔註200〕漢代統治者將「孝」作爲治理百姓的一種手段，施行政策的一種原則，希望通過向百姓灌輸「孝」的觀念，達到人人皆行「孝悌」的目的。

（一）養老制度與以孝治民

漢代統治者通過對養老制度的施行以達到「以孝治民」的目的。漢代的養老制度始於漢高祖時期，確立於漢文帝。漢王二年，「舉民年五十以上，有修行，能帥眾爲善，置以爲三老，鄉一人。擇鄉三老一人爲縣三老，與縣令丞尉以事相教，復勿繇戍。以十月賜酒肉。」〔註201〕漢高祖設立三老，掌地方教化，輔佐地方官吏，對地方百姓的管理起到了一定的作用。此後，三老制度在兩漢開始確立下來，爲養老制度的形成奠定了基礎。三老制的施行，使地方上對年五十以上，有修行的老者給予了重視，同時也凸顯了老人在社會上的重要地位。到了漢文帝時，史書上明確記載了國家對老者的優待政策，同時學者們也認爲這是漢代確立養老制度的標誌〔註202〕。漢文帝元年（公元

〔註198〕　《漢書》卷八《宣帝紀》，第 250 頁。
〔註199〕　《禮記‧祭義》。十三經注疏整理委員會：《禮記正義》，第 1555 頁。
〔註200〕　《孝經‧開宗明義章第一》。十三經注疏整理委員會：《孝經注疏》，第 3 頁。
〔註201〕　《漢書》卷一上《高帝紀上》，第 33 頁。
〔註202〕　參見張鶴全：《西漢養老制度簡論》，《學習與探索》，1992 年第 6 期；臧知非：《「王杖詔書」與漢代養老制度》，《史林》，2002 年第 2 期。

前 179 年），下詔說：「老者非帛不煖，非肉不飽。今歲首，不時使人存問長老，又無布帛酒肉之賜，將何以佐天下子孫孝養其親？今聞吏稟當受鬻者，或以陳粟豈稱養老之意哉。具爲令。」當年，地方官員就對「年八十已上，賜米人月一石，肉二十斤，酒五斗。其九十已上，又賜帛人二疋，絮三斤。」〔註203〕隨後，漢代建立起一整套養老制度。

在養老制度中，有一個特別的制度，即王杖制度。王杖制度就是指統治者定期將一種杖賜給年高的老人。王杖是指帝王賜給老者之杖，又稱鳩杖。早在先秦時期，就有養老授杖的傳統。《周禮》：「共王之齒杖」。鄭玄注爲：「王之所以賜老者之杖。〔註204〕《呂氏春秋·仲秋紀》：「養老衰，授几杖」。〔註205〕

在漢代，王杖制度的形成有一個過程，一般認爲，王杖制度確立於漢高祖時期，這是根據「王杖詔令冊」中的記載推測的。〔註206〕但是，從已出土的漢簡上的確切記載來看，漢代明確頒佈了高年授王杖的詔令應爲漢宣帝時。〔註207〕筆者通過翻閱「王杖十簡」、「王杖詔令冊」等資料，綜合學者們的研究成果，將漢代王杖制度的主要內容總結如下：

賜杖對象爲年七十以上的長者。據「王杖十簡」記載：

　　制詔御史曰：年七十受王杖者，比六百旦，入宮廷不趨，犯罪耐以上毋二尺告劾，有敢徵召、侵侮者比大逆不道。建始二年九月甲辰下。〔註208〕

這裡我們可以看出，在漢成帝時，賜杖對象的年齡爲七十以上，從這個詔書的規定來看，除了年齡限制在七十歲以上，沒有對賜杖對象做其他條件的限

〔註203〕《漢書》卷四《文帝紀》，第 113 頁。

〔註204〕《周禮·司寇刑官之職·伊耆氏》。中華書局編輯部編：《漢魏古注十三經》上冊，中華書局影印本，1998 年第一版，第 239 頁。

〔註205〕《呂氏春秋·仲秋紀》。許維遹撰，梁運華整理：《呂氏春秋集釋》，北京：中華書局，2009 年第一版，第 176 頁。

〔註206〕參見朱紅林：《漢代「七十賜杖」制度及相關問題考辨——張家山漢簡〈傅律〉初探》，《東南文化》，2006 年第 4 期。

〔註207〕參見武威縣博物館：《武威新出王杖詔令冊》，載甘肅省文物工作隊、甘肅省博物館編：《漢簡研究文集》，蘭州：甘肅人民出版社，1984 年第一版，第 59 頁。

〔註208〕《王杖十簡考釋》，中國科學院考古研究所、甘肅博物館編：《武威漢簡》，北京：文物出版社，1964 年第一版，第 140 頁。

制。可見，能得到王杖制度特權的老人，不一定非得德高望重，像三老那樣有修行，只要符合年齡條件，都可以享受王杖制度的種種待遇。

　　第二，王杖主的特權。持王杖之人在政治地位、經濟待遇、刑罰等方面享有特權。在政治地位方面，如前引「王杖十簡」上記載，持王杖者「比六百石」「入朝廷不趨」。在「王杖詔令冊」中也有記載：

　　　　制詔御史：年七十以上杖王杖，比六百石，入官府不趨；吏民有敢毆辱者，逆不道，棄市。　　　　　　令在蘭臺第冊三。〔註209〕

在經濟待遇方面，王杖主有經商免稅、免除田賦的優待，同時對贍養王杖主的非親屬之人，也享有經商免稅的待遇。所謂「夫妻俱毋子男爲獨寡，田毋租，市毋賦，與歸義同；沽酒醪列肆」，王杖主「行馳道中；列肆賈市，毋租，比山東復」，「復人有養謹者扶持，明著令」。〔註210〕在刑罰方面，「年七十以上，人所尊敬也，非首、殺傷人，勿告劾，它毋所坐」〔註211〕。除非犯了殺人罪，否則，七十以上執王杖的老人犯了法，都可以不予以告發，也不判罪。從以上三個方面，我們可以看出，王杖主在政治、經濟、法律方面的特權，一方面保障了他們在社會生活中的政治地位，使他們在社會中爲人們所尊敬；另一方面，在經濟上給他們免稅免賦的保障，同時對贍養他們的人也給予優待，這就促成了漢代養老風氣的形成。法律方面的特權，則彰顯了漢代統治者對老人犯罪的寬容，這源於他們對老人「亡暴虐之心」的認識與肯定。

　　第三，對侵犯王杖主之人的處罰措施。漢代對侵犯王杖主之人的處罰還是很重的，一般來說主要的處罰是「棄市」。「王杖詔令冊」中的幾個典型案例，都與地方官吏和普通百姓對王杖主的毆辱相關，現摘錄如下：

　　　　汝南大守讞廷尉，吏有毆辱受王杖主者，罪名明白。

　　　　制曰：讞何，應論棄市。雲陽白水亭長張熬，坐毆捽受王杖主，使治道，男子王湯告之，即棄市。

　　　　汝南郡男子王安世，坐桀黠，擊鳩杖主，折傷其杖，棄市。

　　　　南郡亭長司馬護，坐擅召鳩杖主，擊留，棄市。長安東鄉嗇夫田宣，坐毄鳩杖主，男子金里告之，棄市。

〔註209〕武威縣博物館：《武威新出王杖詔令冊》，第37頁。
〔註210〕武威縣博物館：《武威新出王杖詔令冊》，第35～36頁。
〔註211〕武威縣博物館：《武威新出王杖詔令冊》，第35頁。

隴西男子張湯，坐桀黠、歐擊王杖主，折傷其杖，棄市。亭長
二人，鄉嗇夫二人，白衣民三人，皆坐歐辱王杖功，棄市。〔註212〕
對王杖主的毆辱，會導致「棄市」的下場，這足以威懾官吏和百姓。通過法
律的強制力對王杖主進行保護，表明漢王朝對實行王杖制度的決心。可見，
王杖制度在漢代的施行情況還是不錯的，是取得一定效果的。〔註213〕

漢代王杖制度對老人的種種優待，是漢代盛行養老之風的體現。王杖
制度的確立也推動了漢代養老之風的形成。從下令招納有孝行之人為官、
到災荒之年或者遇到國家重大事件之時賜給老人布帛、糜粥，再到實行王
杖制度確立老人在國家社會生活中的地位，這些政策措施的背後，統治者
是如何認識養老這一問題的呢？王杖制度又是如何推動養老之風的形成的
呢？

漢代，統治者倡導孝道，他們直接將「孝」與統治國家聯繫起來，總結
出「導民以孝，則天下順」的治民思想準則。漢代，是一個宗法社會，國家
的結構和每個家庭的結構是一樣的。只有百姓對家中的長者「尊」，才可能對
一級級的統治者「忠」。因此，「孝」與「忠」是連在一起的。可見，漢代統
治者對「孝」的認識，不僅停留在「父慈子孝」可以使每個家庭和睦的層面
上，而是上升到整個國家統治的層面上——「導民以孝，則天下順」道出了
漢代統治者對「孝」、對養老問題的認識。也正是對養老問題事關國家安危的
認識，才使漢代統治者賜給老人王杖，以示帝王對老人的尊敬，這對廣大的
民眾既起到威懾的作用也起到表率的作用。

王杖制度在漢代的施行情況還是值得稱道的，至少從漢代墓葬中出土的
鳩杖以及漢簡的記載中可以看出。漢代也的的確確在社會上形成了養老、敬
老、尊老的觀念。東漢時期，國家出現了「巨孝」。光武帝末年，江革「與母
歸鄉里。每至歲時，縣當案比，革以母老，不欲搖動，自在轅中輓車，不用
牛馬，由是鄉里稱之曰『江巨孝』」〔註214〕。此後，「巨孝」之名便風行天下，
用以形容至孝之人。當然，這是遵行孝道的極端例子。但從中我們可以看出：

〔註212〕武威縣博物館：《武威新出王杖詔令冊》，第35～37頁。

〔註213〕關於王杖制度的施行情況，很多文章都給予較高的評價，詳見郭浩：《漢代王
杖制度若干問題考辨》，《史學集刊》，2008年第5期；朱紅林：《漢代「七十
賜杖」制度及相關問題考辨——張家山漢簡〈傅律〉初探》，《東南文化》，2006
年第4期。

〔註214〕《後漢書》卷三九《江革傳》，第1303頁。

孝行、養老的觀念已經深入人心，人們已將是否行孝道作爲評價一個人好壞的主要標準之一了。這樣的結果是整個社會都有一個趨向：標榜孝道，標榜至孝之人。而王杖制度在漢代的確立與實行，無疑給孝道觀念的灌輸起到了輿論上的支持和制度上的保障。可以說，王杖制度在一定程度上推動了漢代社會養老之風的形成，促進了整個社會養老規範的實現。

（二）以孝治民的實踐

漢代統治者對「孝」觀念的宣傳和灌輸是非常注重的。除了制定嚴格的養老制度外，還在社會生活的方方面面滲透「孝」的思想以眞正實現「以孝治民」。漢代統治者本身就是行「孝」的典範。君主每年所行的養老禮儀就彰顯了他們對孝道的宣揚。同時，漢代在評價君主或者官吏時也常常會用「孝」字來說明其完美的道德。文帝就曾被讚頌爲「賢聖仁孝」〔註215〕。

第一，嘉獎行孝之民。對恪守孝道的百姓，一般來講，統治者會減免他們的賦役來鼓勵他們。漢武帝曾下詔：「朕嘉孝悌力田，哀夫老眊孤寡鰥獨，或匱於衣食，甚憐愍焉。」〔註216〕漢代有「孝悌」，指孝敬父母、敬愛兄長之民。漢惠帝二年（公元前 193 年）下詔：「舉民孝悌力田者復其身」。〔註217〕後來到了高后元年（公元前 187 年）開始將「孝悌」作爲鄉官，目的是「所以勸導鄉里，助成風化也」〔註218〕。漢文帝時，開始將「孝悌」等鄉官作爲常置之官。漢代統治者選擇的「孝悌」之吏，其本身必須是孝行的楷模，這樣他們才能眞正地使鄉里百姓都能遵循孝道。漢代對孝悌之吏經常會有獎勵，每逢君主即位、立后、立太子等大事之時，都會下詔對「孝悌」的鄉官進行獎勵，獎勵之物多爲錢、帛、米等，有時也賜予他們爵位。「孝悌」一職從高后設立以後，一直到東漢都存在，它是與三老、力田並行的鄉官，對教化百姓起到了很重要的作用，而皇帝在詔書中也屢屢強調它的重要性。最早，文帝就曾下詔：「孝悌，天下之大順也。」〔註219〕此外，統治者對有突出孝行的百姓，還進行額外的賞賜。東漢有一個叫毛義的人，他「家貧，以孝行稱」。他爲了孝敬父母，所以不做官。人稱「『家貧親老，不擇官而仕』

〔註215〕《史記》卷一〇《孝文本紀》，第 414 頁。
〔註216〕《漢書》卷六《武帝紀》，第 174 頁。
〔註217〕《漢書》卷二《惠帝紀》，第 90 頁。
〔註218〕《後漢書》卷二《顯宗孝明帝紀》，第 96 頁，李賢注。
〔註219〕《漢書》卷四《文帝紀》，第 124 頁。

者」。漢章帝曾下詔褒獎毛義，並賜穀千斛，常以八月長吏問起居，加賜羊酒」。〔註220〕

第二，以孝行者治民。漢代的選官制度有一大特點，那就是很願意選擇「孝廉」。「孝」就是指的孝行卓著之民。「廉」指的是廉潔之士。東漢大臣韋彪曾有一著名論斷：「夫國以簡賢爲務，賢以孝行爲首。」〔註221〕他們認爲「孝行」是一個人賢能與否最重要的標準。足見統治者對有孝行之民的格外欣賞，也可見他們認爲只有孝行卓著者，才能有示範作用，使百姓都像孝行者一樣奉行孝道。幾乎每到皇帝即位之初、天降災異之時，漢代統治者都會要求郡國舉「孝廉」，甚至各地上計吏到朝廷上計之時，也有推薦該地「孝廉」的責任。

第三，倡導讀《孝經》。如前所述，漢代統治者還通過推行讀《孝經》來達到治理臣民的效果。在漢代，從君主到官吏再到普通百姓，無一人不讀《孝經》。統治者將寫滿孝道思想的《孝經》奉爲治國吏民的「天書」，提出人人讀《孝經》的口號，希望以《孝經》灌輸「孝」的思想，從而使百姓「大化」。這無疑是理想主義色彩的做法。像仇覽那樣給逆子一本《孝經》，而使「逆子」變「孝子」的例子在漢代史料中還不多見。但統治者倡導天下臣民皆讀《孝經》的做法也確確實實爲宣傳孝道、實踐孝道奠定了思想基礎。

在漢代統治者眼中，孝敬父母是最基礎的人倫道德標準，由此延伸，在家對父母孝，在國則效忠君主。這是統治者強調孝道重要性的關鍵所在。此外，他們也認爲某地百姓有孝行之風，那麼這個地方的百姓也是易於統治的，就不會出現奸、滑、奢、淫之民，更不會出現叛國離家之民，這也是他們「以孝治民」的原因之一。

五、因民而治

在現存漢代的史料中，我們發現：在統治者眼中，漢朝社會中存在各種各樣形形色色的民。統治者對他們的稱呼有所不同。漢代統治者之所以對不同民有不同的稱呼，主要緣於其在處理具體政務中遇到的問題不同。

〔註220〕 《後漢書》卷三九《劉趙淳于江劉周趙列傳》，序，第1294頁。
〔註221〕 《後漢書》卷二六《韋彪傳》，第917頁。

（一）治「浮食之民」而勸務本

「浮食」用來指不耕作而食之民，一般指在社會上從事商業之民或是游手好閒之民，又稱為「遊食」。「遊食」和「浮食」中的「遊」和「浮」字，都有流動的含義。這就很形象地說明民因為從事商業活動可能到處遷移，居無定所，他們不會像普通的農民一樣安土重遷。漢代鹽鐵官孔僅、咸陽說：「浮食奇民欲擅管山海之貨，以致富羨，役利細民。」〔註222〕這裡的「奇民」特指王侯。不過，之後「奇民」與「浮食」意思逐漸一樣，都指不耕作而食之人。因為國家中大部分百姓從事農業或與農業相關的工作，而不耕作之人就顯得與大多數人不同，所以稱之為「奇」。

「浮食」「遊食」之民的特點是這些人從事商業，也就是從事「末業」。《漢書·地理志》：「浮食者多，民去本就末」。〔註223〕漢明帝也在詔書中說：「田荒不耕，遊食者眾。」〔註224〕漢代統治者本身對「浮食」「遊食」之民是沒有排斥心理的，只是一旦這樣的人在社會中的數量比較多時，他們就會擔心土地荒蕪、百姓重末而輕本了。所以，漢代統治者經常會關注「浮食」「遊食」之民的數量，一旦覺得人數過多，就會採取措施，讓人們「去末就本」，回歸到耕作農田當中去。如何來避免社會上出現過多的「浮食」「遊食」之民呢？漢代統治者主要採取了以下幾個措施：

第一，倡導「農本」。漢代統治者積極倡導「以農為本」的思想。他們在詔書中、在議政裏，常常申明治國的根本在於遵循「以農為本」的原則。而這些詔書的發布，常常是在「遊食」「浮食」之民眾多之時、土地荒蕪之時、「民相食」「民相啖」之時、天災戰亂之時。那時國家需要保證百姓基本的溫飽問題。於是，從西漢到東漢，皇帝們、官吏們採取了一系列的措施以保證農業生產。當然，倡導「以農為本」也是在政策上、輿論上限制「浮食」「遊食」之民的方法之一。

第二，驅民「就本」。漢代統治者限制浮食之民的強制手段時就直接驅逐百姓使之從事農業生產。《漢書·食貨志》：「今毆民而歸之農，皆著於本，使天下各食其力，末技遊食之民轉而緣南晦，則畜積足而人樂其所矣。」〔註225〕

這裡的「毆」字即爲「驅」。貢禹上疏：「驅天下之民皆歸於農，如此不解，則三王可侔，五帝可及」。〔註226〕

漢代統治者對「浮食」「遊食」之民人數眾多而深感棘手。僅僅靠農本思想的宣揚和重視農業的措施甚至直接驅民「就本」也不能解決問題。爲什麼統治者會如此限制浮食之民的數量呢？一方面因爲這些人數量多了，從事農業的人就少了，不利於滿足百姓對糧食的需求；另一方面在統治者的觀念裏，浮食、遊食之民引領了奢侈之風並經常居無定所，這樣會對整個社會風氣帶來不良的影響，也不利於統治的穩定。當然，有些浮食者可能因爲無地可耕，可能是因爲遇到天災人禍而被迫背井離鄉。

不管怎樣，漢代的浮食者、遊食者一直都存在，且數量不少。一旦浮食、遊食之民人數眾多，很多在朝野之外的思想家就開始以此來抨擊當朝的君主和大臣。王符在《潛夫論》中指出東漢社會的問題：「今舉世捨農桑，趨商賈，牛馬車輿，填塞道路，游手爲巧，充盈都邑，治本者少，浮食者眾。商邑翼翼，四方是極。今察洛陽，浮末者什於農夫，虛僞游手者什於浮末。」〔註227〕由此可見，人們認爲浮食之民過多會引起一系列擾亂民生、影響民風的問題，應該控制這些人的數量。

（二）治「無方之民」而用禮義

「無方之民」指的是不遵守、不躬行禮法的民眾。遵循禮法的人被稱爲「有方之民」。《荀子‧禮論》：「禮者，人道之極也。然而不法禮，不足禮，謂之無方之民」。〔註228〕《禮記‧經解》：「是故隆禮由禮，謂之有方之士；不隆禮，不由禮，謂之無方之民。」鄭玄注解爲：「隆禮，謂盛行禮也。方猶道也。」〔註229〕《史記‧禮書》：「然而不法禮者不足禮，謂之無方之民；法禮足禮，謂之有方之士。」〔註230〕

漢代統治者提倡用禮樂教化民眾。很多人也躬行禮法。統治者通過標榜「隆禮」之民來引導百姓遵循禮。遵循禮的表現有很多，如遵守最基本的三

〔註226〕《漢書》卷七二《貢禹傳》，第3097頁。

〔註227〕《潛夫論‧浮侈》。王符著，汪繼培箋，彭鐸校正：《潛夫論箋校正》，第120頁。

〔註228〕《荀子‧禮論》。王先謙撰，沈嘯寰、王星賢點校：《荀子集解》，第356頁。

〔註229〕《禮記‧經解》，鄭玄注。《禮記》載中華書局編輯部編：《漢魏古注十三經》上冊，北京：中華書局，影印本，第181頁。

〔註230〕《史記》卷二三《禮書》，第1172頁。

綱五常、遵循日常生活中的各種禮儀、恪守孝道等。東漢時，張霸是蜀郡（約在今四川省的中部）人，幾歲時就懂得孝敬父母、謙虛禮讓，「自然合禮」。在漢朝人的觀念中，張霸的行為符合禮的要求，鄉里人稱他為「張曾子」。〔註231〕張霸的綽號為「張曾子」，足見人們對他行孝道、守禮法的肯定。

有一點必須指出：「無方之民」的稱呼大多見於思想家的著作中，而現存史料裏，我們還很少見到君臣議政時直接說「無方之民」的例子。不過，漢代統治者希望通過教化民眾使他們知道禮法、遵循禮法、崇尚禮法則是不爭的事實。

（三）治「頑鈍之民」而興教化

「頑鈍」一詞本義指不鋒利的刀、槍、劍、戟等器物。「頑鈍」一詞還用來形容人時，主要有兩個含義：一是形容人的愚昧、遲鈍，漢代統治者形容百姓更多的是這個意思；二是形容人圓滑而沒有骨氣，這個意思的「頑鈍」在漢代又常常作「頑頓」。一般說來，漢代統治者稱百姓中愚昧無知之民為「頑鈍之民」〔註232〕。《白虎通》提出：「頑鈍之民亦足以別於禽獸，而知人倫，故無不教之民。」〔註233〕

在統治者看來，社會上存在「頑鈍之民」，這些百姓在心智上愚昧無知又反應遲鈍。然而，我們在漢代史料中，更多的看到的是官吏們自謙稱自己「頑鈍」。光武帝時，竇融形容自己的兒子說：「有子年十五，質性頑鈍。臣融朝夕教導以經藝，不得令觀天文，見讖記。誠欲令恭肅畏事，恂恂循道，不願其有才能，何況乃當傳以連城廣土，享故諸侯王國哉？」〔註234〕還有很多大臣稱自己是「愚頑」「頑陋」「頑駑」等，都是形容自己愚鈍的意思。而對百姓的愚昧則也多用「愚民」「民愚」「昧民」等來表示。這裡的「愚民」實際上與「頑鈍之民」意義相近。

〔註231〕《後漢書》卷三六《張霸傳》，第1241頁。

〔註232〕《尚書·畢命》：「毖殷頑民，遷於洛邑，密邇王室，式化厥訓。」可見，先秦時就有「頑民」一詞。但這裡的「頑民」主要是指殷朝遺民中不服從周朝統治的那些人。郭沫若在《中國古代社會研究》第二編第一章第二節中提到：「殷人被征服了以後事實上是作了奴隸，他們算是受盡了輕視和虐待的，周室的人稱他們為『蠢殷』，稱他們為『頑民』，一直到春秋戰國的時候都還把他們的後人當蠢人看待。」後來泛指改朝換代後仍效忠前朝的人。而這裡的「頑鈍之民」與「頑民」不同。

〔註233〕《白虎通·辟雍》。陳立撰，吳則虞點校：《白虎通疏證》，第263頁。

〔註234〕《後漢書》卷二三《竇融傳》，第807頁。

如何才能治理「頑鈍之民」呢？統治者認爲「教化」是唯一的出路。前引《白虎通‧辟雍》認爲，天下沒有不能教化之民，即使是頑鈍之民依然是可以被教化的。這裡主要指的是地方的學校教育對教化頑鈍之民的作用。其實，除了通過學習儒家文化實現教化以外，統治者也提倡通過地方官吏的統治來教化百姓。他們在地方設立「三老」，掌管教化。三老通過身體力行、榜樣作用、口頭宣傳達到教化一方百姓的目的。漢高祖劉邦時，統治者就建立了三老制度。「三老」的影響力還是比較大的，他們甚至可以和君主進行對話，與此同時，他們又是和百姓接觸最多之人且其在地方上的地位也很高，深受百姓的尊重。

（四）除「姦猾之民」而威刑罰

漢代史料中，常常看到一種對民的稱呼，即「姦猾」。「姦猾」的本義是奸詐狡猾，指在社會中從事非法之事、不務正業的那些人。這些人有的具有軍隊，有的有巨額的財富，有的只是做一些搶劫偷盜之事。統治者對姦猾之民很重視，因爲他們是社會中不穩定的因素之一，不僅會擾亂地方治安，甚至會動搖國家的統治。這裡需要指出的是，「姦猾之民」又常常被說成是「奸民」「猾民」「奸宄之民」「姦邪之民」等，都是指在社會上從事非法活動而又威脅治安甚至威脅政權統治的那些人，可見，「姦猾之民」的範圍很廣。這些稱呼在一般情況下可以互爲使用，但在有些時候也有細微差別，在不同的情景下有時更傾向於使用以下幾種稱呼：

第一，沒有從事「四民」之業的民，這部分人被稱爲「奸民」。在先秦時，思想家的著作有「姦猾」「奸民」的言論。《管子》說：「賢人進而奸民退。」〔註235〕《商君書》講：「不作而食，不戰而榮，無爵而尊，無祿而富，無官而長。此之謂奸民。」〔註236〕商鞅認爲那些不是在正規渠道——耕作、戰功、進爵而得到財富的人可稱爲奸民。漢代人依然持此看法。東漢末年的荀悅作《漢紀》，他在《漢紀》中提到：「國有四民，各修其業。不由四民之業者，謂之奸民。奸民不生，王道乃成。」〔註237〕荀悅這裏所說的，凡是沒有從事

〔註235〕 《管子‧五輔》。黎翔鳳撰，梁運華整理：《管子校注》，第192頁。

〔註236〕 《商君書‧畫策》。蔣禮鴻撰：《商君書錐指》，第111頁。

〔註237〕 荀悅：《漢紀》，《孝武帝紀一卷》，荀悅曰。荀悅撰，張烈點校：《漢紀》，《兩漢紀》上冊，北京：中華書局，2002年第一版，第158頁。

「士農工商」行業的百姓，即爲奸民。

第二，具有一定勢力且從事非法活動的民稱爲「姦猾」。實際上，姦猾之民的含義很廣，但我們從現存史料看，主要是指主要是侵掠百姓或者從事搶劫、盜竊之人。西漢時，東海郯縣大豪強東許仲孫就是典型的「姦猾」，他「亂吏治，郡中苦之」。班超之子班勇說：「今中國置州牧者，以禁郡縣姦猾盜賊也。」〔註238〕地方上有很多能夠治理姦猾之民的名吏，例如西漢時的尹翁歸，他「郡中吏民賢不肖，及姦邪罪名盡知之」〔註239〕。東漢光武帝時的祭肜，他「誅鋤姦猾，縣界清淨。詔書增秩一等，賜縑百疋，冊書勉勵」〔註240〕。光武帝認爲祭肜是可以委以大任的官吏。

如何來治理這些姦猾之民呢？統治者認爲，姦猾之民是社會的「大賊」，是社會不穩定的大隱患，所以只靠教化的手段已經不足以治理他們了。那就需要用「刑」的手段來打擊他們，才能從根本上遏制他們的勢力。漢代統治者考察地方官吏的指標之一就是該地的姦猾之民是否被繩之於法。治理姦猾之民用刑罰的做法，也充分體現出漢代統治者並不是傾向於只任「德教」，而是根據實際情況來具體判斷。面對姦猾之民就不能理想主義地認爲只要教化就可以感召他們，而需要用嚴刑來控制他們。

（五）治「淫流之民」而廢淫樂

漢代還存在「淫流之民」。荀悅在《漢紀》中提到：「不畜難得之貨，絕靡麗之飾，遏利欲之巧，則淫流之民定矣，而貪穢之俗清矣。」〔註241〕這是荀悅在談論漢武之際社會現狀問題時提出的。據《說文解字》：「淫，浸淫隨理也。」〔註242〕浸淫，也就是逐漸滲透的意思。「淫」字後來引申爲沉湎、沉溺、貪婪之義，常用於形容人或者人的行爲沒有節制、過度享樂。「淫」字一般都用作貶義，與其他字連一起成爲具有貶義的詞語。例如有形容過度役用的「淫用」，形容縱慾放蕩行爲、不合禮法行爲的「淫行」，形容做派不正當

〔註238〕《後漢書》卷四七《班勇傳》，第 1588 頁。
〔註239〕《漢書》卷七六《尹翁歸傳》，第 3208 頁。
〔註240〕司馬彪：《續漢書》卷二《祭遵傳從弟肜》。周天遊輯注：《八家後漢書輯注》，上海：上海古籍出版社，1986 年第一版，第 350 頁。
〔註241〕荀悅：《漢紀》，《孝武帝紀一卷》，荀悅曰。荀悅撰，張烈點校：《漢紀》，《兩漢紀》上冊，第 159 頁。
〔註242〕《說文解字·水部》。許慎著，段玉裁注：《說文解字注》，第 551 頁。

之人的「淫人」，形容人奸詐的「淫詐」等。

荀悅所說的「淫流之民」是指放縱遊樂、怠惰而不勞作之民。「淫流之民」又簡稱爲「淫民」。劉向在《說苑》中提到：「奪淫民之祿，以來四方之士。」〔註243〕這種只知道遊樂的「淫民」是漢代統治者需要要打擊的對象。那麼，到底應該如何減少「淫民」的數量呢？統治者認爲最根本的是要廢除「淫樂」。「淫樂」是指不同於正統雅樂的俗樂，後來用以指靡靡之音。人們認爲這種淫樂會消磨人的意志，破壞社會中的禮制，使聽者處於放縱的狀態，他們只是沉溺於享樂當中而荒廢了正事。「淫樂」是使百姓沉溺於享樂之中的根本原因。《史記‧樂書》指出爲什麼民會深受音樂的影響。它上面說：民本身是有血氣之性的，可以隨著外界的刺激而爲之感動，這種感動會影響民的心術，也就是形成民性與民情。「是以纖微瘆瘁之音作，而民思憂。闡諧嫚易之音作，而民康樂。麤厲猛奮之音作，而民剛毅。廉直正誠之音作，而民肅敬。寬裕和順之音作，而民慈愛。流辟邪散之音作，而民淫亂。」〔註244〕既然「流辟邪散」的音樂奏起會使百姓「淫」，那麼，統治者在選擇教化百姓的「樂」時，就要盡量避免使用這樣的音樂。於是，統治者提出要想使「俗無奸詐，民無淫風」〔註245〕，就要禁止「淫樂」。建元二年（公元前139年），嚴安上書漢武帝：「夫佳麗珍怪固順於耳目，故養失而泰，樂失而淫，禮失而采，教失而偽。偽、采、淫、泰，非所以範民之道也。」〔註246〕「範民」的意思就是用禮樂教化、匡正民眾。嚴安這裡強調「養」「樂」「禮」「教」的度，一旦這些治民之道有偏頗則會導致民泰、民淫、民采、民偽。「泰」這裡指驕縱奢侈；「淫」指過度享樂；「采」指文過其實；「偽」指不合禮法。嚴安進一步提出：「臣願爲民制度以防其淫，使貧富不相耀以和其心。」〔註247〕

漢代人認爲，黃帝作《咸池》，顓頊作《六莖》，帝嚳作《五英》，堯作《大章》，舜作《招》，禹作《夏》，湯作《濩》，武王作《武》，周公作《勺》。這

〔註243〕《說苑‧政理》。劉向撰，向宗魯校正：《說苑校正》，第166頁。

〔註244〕《史記》卷二四《樂書》，第2016頁；《漢書》卷二二《禮樂志》，第1037頁。

〔註245〕袁宏：《後漢紀‧孝獻皇帝紀》，荀悅進獻《申鑒》語。袁宏撰，張烈點校：《後漢紀》，《兩漢紀》下冊，第566頁。

〔註246〕《漢書》卷六四下《嚴安傳》，第2809頁。

〔註247〕《漢書》卷六四下《嚴安傳》，第2809頁。

些都是具有教化百姓作用的樂。殷時商紂王所作的是「淫聲」只是用來取悅婦人之樂。春秋以後，周朝的音樂逐步衰敗，而鄭、衛、宋、趙四國開始演奏與雅樂相對的俗樂，於是淫聲四起。漢朝時，官方開始時興雅樂。〔註248〕西漢末年，為了禁淫樂，曾經取消過樂府官。漢哀帝下詔：「鄭衛之聲興則淫辟之化流，而欲黎庶敦樸家給，猶濁其源而求其清流，豈不難哉。孔子不云乎：『放鄭聲，鄭聲淫。』其罷樂府官。」〔註249〕西漢末平帝時「班教化，禁淫祀，放鄭聲」〔註250〕。儘管國家明令要求禁止演奏淫樂，但君主並不一定遵循。此時為了治理淫流之民，大臣們也會紛紛上書勸諫君主要廢淫樂。漢元帝時，貢禹上書希望元帝「放出園陵之女，罷倡樂，絕鄭聲」〔註251〕。貢禹的建議雖然元帝沒有完全實行，但還是很認同的。光武帝時，每次宴請群臣，都要桓譚鼓琴。桓譚本來是宋弘推薦的。宋弘看到光武帝「好其繁聲」，於是對桓譚說：「吾所以薦子者，欲令輔國家以道德也，而今數進鄭聲以亂《雅》《頌》，非忠正者也。能自改邪？將令相舉以法乎？」〔註252〕桓譚立刻向宋弘道歉。後來光武帝再讓桓譚鼓琴的時候，宋弘說：「臣所以薦桓譚者，望能以忠正導主，而令朝廷耽悅鄭聲，臣之罪也。」光武帝也感覺自己的做法不妥，於是「改容謝」。〔註253〕宋弘之所以提醒桓譚不要總是在光武帝面前鼓琴，其目的是希望桓譚能「輔國家以道德」，不要讓光武帝沉溺於聲樂之中而忘記治國理民之責。

從國家明令要禁淫樂到君臣要求要「放鄭聲」，都是要防止淫樂給百姓帶來的負面作用，從而減少國家的「淫民」數量，使更多的百姓能夠本本分分、安安心心地從事士、農、工、商的四業。

（六）治「奢侈之民」而倡節儉

漢代有貧民亦有富民，在富民之中有一些人崇尚奇珍異寶、美車華服，再加上漢代皇帝中有很多人是濫用錢財、奢侈無度，於是漢朝興起一股奢侈之風。漢武帝時，嚴安曾在上書時指出當時的狀況：「今天下人民用財侈靡，

〔註248〕《漢書》卷二二《禮樂志》，第1038～1044頁。
〔註249〕《漢書》卷二二《禮樂志》，第1074頁。又見《漢書》卷一一《哀帝紀》，第335頁。哀帝詔曰：「鄭聲淫而亂樂，聖王所放，其罷樂府。」
〔註250〕《漢書》卷一二《平帝紀》，第351頁。
〔註251〕《漢書》卷七二《貢禹傳》，第3079頁。
〔註252〕《後漢書》卷二六《宋弘傳》，第904頁。
〔註253〕《後漢書》卷二六《宋弘傳》，第904頁。

車馬衣裘宮室皆竟修飾，調五聲使有節族，雜五色使有文章，重五味方丈於前，以觀欲天下。」〔註254〕東漢末年的仲長統在其名著《昌言》中這樣描述當時的狀況：「豪人之室，連棟數百，膏田滿野，奴婢千羣，徒附萬計。船車賈販，周於四方，廢居積貯，滿於都城，琦賂寶貨，巨室不能容；馬牛羊豕，山谷不能受。妖童美妾，填乎綺室；倡謳妓樂，列乎深堂。賓客待見而不敢去，車騎交錯而不敢進。三牲之肉，臭而不可食；清醇之酎，敗而不可飲。」〔註255〕當時富豪擁有財富千萬，貧民則可能無衣無食。如何來處理貧富的差距呢？統治者一致認為，倡導節儉、勸民從事農桑之業，是解決社會上奢侈之風太盛同時緩解貧富差距的最好方法。

　　漢代統治者有一個普遍的認識，君主的言行會使百姓傚仿。如果君主本人就很奢侈，那麼會教民興奢侈之風，從而百姓也會變得崇尚奢侈。這樣，整個國家都將沉浸在浮奢當中，從事商業、努力斂財之人也就更多了。由此，朝廷上下，無論是君主還是大臣，都倡導節儉。就連掌權的皇太后也認為「富民之要，在於節儉」〔註256〕。順帝也在詔書中提到「昔我太宗，丕顯之德，假於上下，儉以恤民，政致康乂」〔註257〕，以顯示其遵循先王的節儉之道。還有一個小故事是關於漢武帝與有「滑稽」之稱的東方朔的。當時人們棄本逐末，奢靡之風很盛。武帝問東方朔：「吾欲化民，豈有道乎？」東方朔在例舉文帝崇節儉的做法之後，開始批評武帝：「今陛下以城中為小，圖起建章，左鳳闕，右神明，號稱千門萬戶。木土衣綺繡，狗馬被績罽。宮人簪瑇瑁，垂珠璣。設戲車，教馳逐，飾文采，叢珍怪。撞萬石之鍾，擊雷霆之鼓，作俳優，舞鄭女。上為淫侈如此，而欲使民獨不奢侈失農，事之難者也。」〔註258〕東方朔直接說武帝淫奢，要想百姓不奢侈就很難了。本來這樣的說法會使自尊極強的漢武帝惱怒，但東方朔用了較為詼諧的語氣，也使武帝比較容易地接受了他的建議。可見，君主希望百姓節儉而不奢侈，他自己可能常常背上「淫奢」的名號。君主個人首先要節儉才能使天下的百姓都崇尚節儉，甘於從事農桑之業。與此同時，地方官吏也要通過自己的節儉以影響當地百姓，使之形成從儉的風氣。

〔註254〕　《漢書》卷六四下《嚴安傳》，第2809頁。

〔註255〕　仲長統：《昌言・理亂篇》，《全後漢文》本。嚴可均校輯：《全上古三代秦漢三國六朝文》，第2809頁。

〔註256〕　《史記》卷一一二《平津侯主父列傳》，第2963頁。

〔註257〕　《後漢書》卷六《孝順帝紀》，第264頁。

〔註258〕　《漢書》卷六五《東方朔傳》，第2856頁。

（七）招「隱逸之民」而爲國用

　　兩漢，有一個群體頗爲統治者所關注，那就是「隱逸之民」〔註259〕。「隱逸」一詞在漢代史料中並不多見，但《漢書》中記載著一個官吏何武所說的話中提到了「隱逸」。他說：「刺史古之方伯，上所委任，一州表率也，職在進善退惡。吏治行有茂異，民有隱逸，乃當召見，不可有所私問。」〔註260〕「隱逸」的意思是指有才能但隱居不仕之人。漢代的「隱逸」常常被表述爲「逸民」（又作「佚民」「軼民」）「處士」「岩穴」「幽隱」「幽人」「高士」「名士」「志尚士」〔註261〕，等等。《後漢書》有《逸民列傳》就是專門記錄東漢的隱逸之民的。東漢之初，光武帝時人們對逸民政策的形容是「舉逸民天下歸心」〔註262〕。這些隱逸之民或德行高邈、或飽讀詩書、或精治國之方、或通災異之術、或善征戰沙場、或有奇能異材。他們是名副其實的「賢能」之士。他們或因對政不滿、或爲躲避戰亂而選擇隱居山林。一般學者在論述漢代的「隱逸」時常常用「士」不用「民」。學者們可能認爲這些人不同於目不識丁的普通百姓，而是知書達理之人，因此常常用「隱士」「逸士」來表述。我們認爲，這些人雖然有才有能，但在隱居之時，他們實際上都屬於「民」的範疇，因爲他們和目不識丁的百姓一樣，並不屬於掌握政治權力的「統治者」，他們是沒有政治身份的，可以接受國家授田、授爵、爲國家提供徭役、賦稅和兵役的百姓。

　　兩漢的統治者對隱逸之民的政策是招攬，也就是鼓勵地方推舉有德有才的逸民、幽隱出仕，爲君主所用，成爲國家的棟樑。漢武帝認爲「燭幽隱，勸元元」〔註263〕是國之大事。漢章帝在選官之時強調「其以岩穴爲先，勿取浮華」〔註264〕。漢和帝下詔：「昭岩穴，披幽隱，遣詣公車」。〔註265〕漢代統治者一直秉承著「昭岩穴，披幽隱」的政策，將很多隱逸之民招徠爲官，這

〔註259〕事實上，「隱逸」一詞就可以表示隱逸者的意思了，這裡作「隱逸之民」是爲了更符合文章的整體。下文皆稱「隱逸」以爲簡便。
〔註260〕《漢書》卷八六《何武傳》，第3484頁。
〔註261〕「志尚士」一稱呼在漢代史書中只在《後漢書》中出現一次。「奉者，志尚士也，心賤之，自恨來，固辭而去。」見《後漢書》卷三九《劉趙淳于江劉周趙列傳·序》，第1294頁。
〔註262〕《後漢書》卷八三《逸民列傳》，第2757頁。
〔註263〕《漢書》卷六《武帝紀》，第167頁。
〔註264〕《後漢書》卷三《肅宗孝章帝紀》，第139頁。
〔註265〕《後漢書》卷四《孝和帝紀》，第178頁。

些從政的逸民，也成爲漢代統治者中主要的一部分。據學者研究，兩漢史書中可見的隱逸大概有一百二十多人。〔註266〕隱逸之民的數量在秦末、王莽篡政後或者兩漢之際、東漢後期是最多的。那時人們爲了躲避戰亂或者因爲對當政者的不滿而選擇隱居。這些隱居之民即使身不在朝廷，但心還在朝廷。他們中很多人都著書立說，批評當時的政治，希望後世之人能夠讀到他們的著作而有所覺悟。王符、王充、仲長統、崔寔等人就是典型例證。

　　儘管漢代統治者對積極尋找隱逸之民十分熱衷，但實際上，在他們的觀念中，一個盛世、一個安定社會的理想狀態是沒有隱逸、沒有幽隱之士的。漢成帝下詔：「古之選賢，傅納以言，明試以功，故官無廢事，下無逸民，教化流行，風雨和時，百穀用成，眾庶樂業，咸以康寧。」〔註267〕《淮南子》：「聖主在上，廓然無形，寂然無聲，官府若無事，朝廷若無人，無隱士，無軼民，無勞役，無冤刑，四海之內，莫不仰上之德，象主之指」〔註268〕。在國無處士、郡無岩穴、山無幽隱的理想政治狀態下統治者渴望賢人都能認同當朝的政治統治且都爲國所用。他們深知，這些隱逸之民一旦從政爲國所用，不僅僅能夠有助於政治統治、造福於民，更可以消除地方的不穩定因素，這些有識之士，一旦被反動的勢力所利用，後果是不堪設想的。

　　除了以上所舉漢代的各種「民」以外，兩漢還有對民的一些稱呼，如「逐利之民」「流民」「貧民」，等等。「逐利之民」這樣的稱呼可以歸爲「浮食之民」的範疇。而「流民」「貧民」則爲統治者討論如何應對自然災害時被提到，這裡就不贅述了。兩漢的統治者，根據各種「民」的特點，採取不同的措施，希望這些形形色色的民通過「治理」能夠走上「正途」。另一方面，統治者也在不斷地調整策略，希望用更加多樣的政策、措施構建一個相對和諧、相對安定的社會。

（八）平「叛亂之民」而用暴緩

　　兩漢，叛亂之民很多。一般來說，統治者處理地方的叛亂之民，大多是「以暴制暴」——用武力鎮壓起義軍，達到平息暴亂的目的。不過，漢代還出現了「以緩治民」的實例，使我們對漢代統治者在政治實踐中的政治智慧又有了新的認識。

〔註266〕 王繼訓：《漢代「隱逸」考辨》，《理論學刊》，2005 年第 5 期。
〔註267〕 《漢書》卷一〇《孝成帝紀》，第 317 頁。
〔註268〕 《淮南子‧泰族訓》。何寧撰：《淮南子集釋》，第 1382～1383 頁。

1. 以暴制暴

漢代統治者對地方的叛亂多使用武力平定。漢武帝即位後，北攻匈奴、南擊百越、西擊大宛、東攻朝鮮，再加上他大興土木、勞民傷財，使得各地出現「民力屈，財力竭，因之以凶年，寇盜並起」〔註269〕的情況。到了天漢二年（公元前99年）全國多個地方出現暴亂，以南陽、楚、齊、燕趙之地最為劇烈。當時，大規模的地方起義有幾千人，小規模的也有幾百人。這些起義的百姓各自為號，進攻城邑、奪取庫房的兵器、釋放囚犯、囚禁甚至殺害太守、太尉等官吏。如此聲勢浩大的起義軍，國家只有通過武力才能平定。歷次的地方起義，統治者多用武力的方式予以鎮壓。但是，往往有時統治者鎮壓的越猛烈，起義的民眾對統治者的反抗情緒就越大。漢武帝雖然努力鎮壓天漢二年開始的起義，甚至有一次殺死起義軍一萬人，但起義軍「復聚黨阻山川者，往往而群居」〔註270〕，使得統治者無可奈何。為了平定叛亂，漢武帝甚至要求鎮壓叛亂效果不好的地區，兩千石以下的官吏都被處死，這叫「沈命法」。一些小吏害怕被處死，以至於欺瞞地方暴亂而不上報，最後的結果是「盜賊寖多，上下相為匿，以文辭避法焉」，在上報的公文上說該地沒有叛亂之民。〔註271〕漢武帝以暴治暴的結果是國家耗費大量的人力、物力、財力來鎮壓叛亂，以嚴法來約束地方官吏，這樣的結果是各地的起義好幾年也沒能平定，影響了整個國家對地方的統治，也使暴亂之地的社會秩序陷入混亂。

2. 以緩治民

與漢武帝以武力平定起義不同的是，宣帝時龔遂所採取的是以緩治起義之民的方法。這種方法不用一兵一卒就可以收復民心、平息起義。漢宣帝剛剛開始親政，渤海郡發生大規模的饑荒，使得當地百姓發生暴亂，國家派去兩千石的官吏都不能控制，這使得漢宣帝很苦惱。當時丞相御史推薦龔遂前往治理，史書上記載了漢宣帝和龔遂的對話。漢宣帝召見已經七十多歲的龔遂，見他身材短小，認為他不能擔此重任，對龔遂說：「渤海郡地區現在出現很多盜賊，我很是擔心，你打算用什麼方法來平息此暴亂呢？」龔遂說：「渤海郡距離長安很遙遠，當地百姓迫於飢寒，而官吏又不予以救助，於是出現

〔註269〕 《史記》卷一二二《酷吏列傳》，第3151頁。
〔註270〕 《史記》卷一二二《酷吏列傳》，第3151頁。
〔註271〕 《史記》卷一二二《酷吏列傳》，第3151頁。

暴亂。現在皇帝您派我是平定他們呢，還是安撫他們呢？」宣帝聽到龔遂說
的話，感到很高興，說：「選取賢良之人，當然是爲了安撫他們了。」龔遂說：
「臣聞治亂民猶治亂繩，不可急也。唯緩之，然後可治。臣願丞相御史且
無拘臣以文法，得一切便宜從事。」他的意思是治理亂民不能操之過急，
需要「緩」才可以治理。於是漢宣帝便給龔遂重金讓他去渤海郡。龔遂到
了渤海郡，將迎接他的軍隊都勸退了，並「移書勅屬縣悉罷逐捕盜賊吏」，
也就是罷免那些平定暴亂的小吏。他宣佈手持「鉏鈎田器者皆爲良民」，要
求「吏無得問」，而「持兵者乃爲盜賊」。於是龔遂沒帶任何人馬到了渤海
郡官府就任，結果是「郡中翕然，盜賊亦皆罷」。後來渤海郡又出現劫掠之
人，但聽到龔遂的教令，即「持兵者乃爲盜賊」，就「即時解散，棄其兵弩
而持鈎鋤」。龔遂十分清楚渤海郡出現暴亂的原因是「歲饑」，也就是百姓
出現饑荒，而當地的官吏不能及時撫恤，渤海郡中並沒有想威脅中央統治
的勢力存在，出現的「盜賊」只是處於饑荒之中的百姓被迫揭竿而起而已。
當他認定了手拿「鉏鈎田器」的人爲良民，而「持兵者」爲盜賊，同時不
讓地方軍隊迎接他上任，而是「單車獨行至府」，表明自己並不是來與渤海
郡的百姓爲敵，並不是來平定渤海郡的，這樣就消除了郡中百姓與官府之
間的敵對情緒。君與民、官與民的矛盾也就被巧妙地化解了。再加上龔遂
本身到任之後「乃開倉廩假貧民，選用良吏，尉安牧養焉」，當地百姓也就
安居樂業了。〔註272〕

　　龔遂的措施反映出統治者處理地方暴亂時，在確定其爆發原因僅僅是因
爲單純的「歲饑」而不是地方勢力想篡奪政權之後，就不應該將百姓放在敵
對的位置，而是重在「安民」，施行一些緩和社會矛盾的方法，這樣以緩治民
會收到不錯的效果。這一思想體現了漢代統治者中一些人的政治智慧。

　　在現實政治中，漢代統治者在平定地方起義的過程中，大多沒用龔遂
的緩急之術，更多的是通過武力來鎮壓起義。當然，龔遂平定渤海郡的起義，
是抓住了其根本原因——「歲饑」。如果地方起義的原因複雜，有多種原因促
成的起義，那麼使用龔遂的方法是否有效就另當別論了。我們在漢代的史料
中也沒有發現類似的記載。因此，採取武力無疑是迅速平定暴亂最簡單的方
法。

〔註272〕《漢書》卷八九《循吏傳・龔遂傳》，第3639頁。

漢代統治者在政治實踐中所施行的無為而治、德刑並用、讀經治民、以孝治民以及因民而治的治民方略充分體現出他們對如何治民問題有比較深入的思考。他們並不執於任何一種治民方略論，往往是針對不同的問題採取不同的方法。儘管在一些方面出現過理想主義的做法（如認為讀《孝經》就可以平定地方的叛亂），但在大多數情況下，統治者所採取的方略都是因時、因勢、因事而變化的。我們認為，漢代統治者在治民問題上趨於「雜」——並不是只用哪一家的思想，而是利用各種先秦以來的政治思想資源，根據當時需要解決的現實問題，採取相應的策略。我們這裡例舉的這五種治民方略論是漢代統治者在政治實踐中應用得最為普遍、最具代表性、最具概括性的方略。需要說明的是，以上我們例舉的例子多為正面的，其目的並不是想要彰顯兩漢統治者的治民之功，而是要申明這些看似時常因為爭權奪勢、奢侈無度使得政治昏暗的統治者，在施政過程中也確實提出了一些有見地、富含政治理性的治民方略，更重要的是他們在看似粉飾太平的行為下，還是做了一些實事的。從這個意義上來說，我們不應該低估漢代統治者的治國能力與政治理論水平，否則，很難解釋他們是如何在長時段中統治整個王朝的。一個王朝在統治期間的陰暗面必然很多，但如何解釋其能夠長期存在？這恐怕不能簡單的回答，而應從其統治內部，從理論到政治實踐整體來考察。

第三節　治民原則

漢代統治者在探索治民論的過程中，逐步摸索出一系列治民的原則，而這些治民原則都有一個共性，那就是遵循「某為本」的說法，主要有「以農為本」「以賢為本」「禮樂為本」。我們可以統稱為各種問題的「本」論。

「本」字的本義是草木的根或靠根的莖幹。《說文·木部》釋「本」字：「本，木下曰本。從木。」〔註273〕本在樹下，樹的根株為本。《國語·晉語》：「伐木不自其本，必復生」。〔註274〕《禮記·大學》：「物有本末，事有終始」。〔註275〕可見「本」字具有根本、本源、要害的意思。漢代統治偏愛「本」字以強調某個問題的重要性。這些「本」論實際上都是圍繞如何更好地治理民

〔註273〕《說文解字·木部》。許慎著，段玉裁注：《說文解字注》，第248頁。

〔註274〕《國語·晉語》。徐元誥撰，王樹民、沈長雲點校：《國語集解》，北京：中華書局，2002年第一版，第256頁。

〔註275〕《禮記·大學》。十三經注疏整理委員會：《禮記正義》，第1859頁。

眾展開的。甚至其中的一些「本」論與「民本」論還是互證關係。這些「本」論在漢代統治者治民的過程中起著重要的作用。

「以農爲本」「以賢爲本」「禮樂爲本」的治民原則已滲透到兩漢統治的方方面面。君主不遵循「君德」時，官吏不守「臣道」時，外戚專政時，宦官專權時，國家衰敗時抑或百姓遇到天災人禍時，只要國家出現問題，就會有人站出來用這些原則來提醒君主、約束官吏、教化百姓。可以說，這些「本」論已經成爲統治者在處理政務、討論問題時，日常遵循的、最基本的政治常識。

一、以農爲本

「以農爲本」論古已有之。在中國古代社會中，農業無疑是支持國家各項事業得以運作發展的基礎部門，歷代統治者多以勸督農桑作爲治政之本。可以說，大多數統治者都是農本論的宣揚者。漢文帝下詔：「農，天下之本」。〔註276〕漢景帝也曾下詔：「農，天下之本也」。〔註277〕在漢代，農本與民本常常被相提並論。統治者遵循「足民—農本」的思路，認爲「王者八政，以食爲本」〔註278〕。因爲「民可百年無貨，不可一朝有饑」〔註279〕，所以國家要「急耕稼之業，致耒耜之勤，節用儲蓄，以備凶災」，爲的就是「人無饑色」〔註280〕。「以農爲本」的最終目的在於給民衣食，使民富，其要求有三：

第一，務順時氣，不奪農時。皇帝一方面下詔書要求各級官吏在「方春戒節，人以耕桑」的時候「務順時氣，使無煩擾」〔註281〕。另一方面，也謹愼地選擇自己巡狩天下的時間。因爲皇帝一出巡，必然會興師動眾、勞民傷財。漢明帝在永平四年（公元61年）春天，只是「車駕近出，觀覽城第」，東平憲王劉蒼就上書說：「臣聞時令，盛春農事，不聚眾興功。」他認爲即使皇帝出巡時一切從簡也會侵擾百姓的耕作。漢明帝看了奏章，立即回了宮。〔註282〕

〔註276〕 《史記》卷一〇《孝文本紀》，第423頁。
〔註277〕 《漢書》卷四《景帝紀》，第152頁。
〔註278〕 《後漢書》卷三《肅宗孝章帝紀》，第145頁。
〔註279〕 《後漢書》卷五七《劉陶傳》，第1846頁。
〔註280〕 《後漢書》卷三《肅宗孝章帝紀》，第145頁。
〔註281〕 《後漢書》卷二《顯宗孝明帝紀》，第98頁。
〔註282〕 《後漢書》卷四二《東平憲王蒼傳》，第1434頁。

第二，賑貸糧種，給民土地。漢代時，災異論盛行的原因之一就是各種天災人禍屢有發生。水災、乾旱、蝗患、牛疫，這些對農業有致命打擊的災害一發作，就會使本來溫飽就很成問題的百姓的生活更加艱難。於是，遇到災患，國家就會下令賑貸百姓以糧種，同時又「恐人稍受稟，往來煩劇，或妨耕農」，皇帝又會強調官吏們應該「實核尤貧者，計所貸並與之」〔註283〕。給民土地則要求統治者不貪廣土，國家的山澤林川與民同享。所謂「名山大澤不以封者，與百姓共之，不使一國獨專也。山木之饒，水泉之利，千里相通，所均有無，贍其不足」〔註284〕。鄧太后就聽從張禹的勸說將本來要興建苑囿的廣成、上林空地給貧民耕種。〔註285〕

第三，帝親籍田，以祈農事。籍田，又作「藉田」，其來源已久。《詩經·周頌》中有四首樂歌，即《載芟》《良耜》《臣工》《噫嘻》，就是為周初的籍田儀式所創造的樂歌。《國語》記載了虢文公因為周宣王即位，卻「不籍千畝」而進諫，並道出了先秦實行籍田之禮的具體規定。〔註286〕《禮記·月令》也對籍田之禮的儀式有所記載。到了西漢，籍田之禮也作為一種儀式被延續下來，漢文帝、漢景帝、漢武帝等皇帝都曾行過籍田之禮。《白虎通·耕桑》中說：「王者所以親耕后親桑何？以率天下農桑也。」〔註287〕漢武帝曾說：「朕親耕籍田以為農先」。〔註288〕漢明帝曾講：「朕親耕籍田，以祈農事。」〔註289〕而當有的皇帝長久不行籍田之禮時，便有大臣上書要求皇帝「親籍田之勤，以先群萌，率勸農功」，而皇帝也只能欣然接受。〔註290〕這種籍田之禮以一種儀禮的形式表達著國家對農業的關注。君臣勸農耕田，使民安於務本，這樣才有利於農業生產；農業穩定才能保證民不飢寒；民不飢寒，國家才不至於荒亂。可見，「以農為本」的最終歸節點仍是「以民為本」。

「以農為本」在漢代的廣泛提倡與實行使得統治者對民的職業有一定限制，耕農之人不允許再從事除耕種土地以外的其他行業。然而在漢代統治者的思想觀念裏，「農本」又歸依於「民本」，這使得他們在實際政治中，常常

〔註283〕《後漢書》卷三《肅宗孝章帝紀》，第 132 頁。
〔註284〕《白虎通·封公侯》。陳立撰，吳則虞點校：《白虎通疏證》，第 140 頁。
〔註285〕《後漢書》卷四四《張禹傳》，第 1498～1499 頁。
〔註286〕《國語·周語上》。徐元誥撰，王樹民、沈長雲點校：《國語集解》，第 15 頁。
〔註287〕《白虎通·耕桑》。陳立撰，吳則虞點校：《白虎通疏證》，第 276 頁。
〔註288〕《漢書》卷五六《董仲舒傳》，第 2507 頁。
〔註289〕《後漢書》卷二《顯宗孝明帝紀》，第 107 頁。
〔註290〕《後漢書》卷六一《黃瓊傳》，第 2034 頁。

依據「民本」的思想來調節「農本」的措施。明帝時，官禁民二業，「至有田者不得漁捕」。而有大臣上言：「今濱江湖郡率少蠶桑，民資漁採以助口實，且以冬春閒月，不妨農事。」只要「有助穀食」，百姓得利，讓民從事漁捕之業也未嘗不可。於是，「帝悉從之」。〔註291〕從這一個案可以看出，統治者通過適時適度地調整「以農爲本」的施政原則，最終落實了民本思想，將其付諸了實踐。

漢代很多地方官吏都倡導「以農爲本」的思想，他們在所治之地勸民耕種土地，種植桑樹，爲的就是滿足人們的衣食之需。西漢宣、成之時的召信臣，他「躬勸耕農，出入阡陌」，並興修水利，助百姓灌漑，於是「民得其利，畜積有餘」。召信臣深得百姓的愛戴，人們稱他爲「召父」，以此來說明召信臣堪爲百姓父母官的楷模。〔註292〕東漢有「杜母」之稱的杜詩也是「又修治陂池，廣拓土田」〔註293〕。前所舉秦彭，他除了善於教化民眾以外，「興起稻田數千頃，每於農月，親度頃畝，分別肥埆，差爲三品，各立文簿，藏之鄉縣」〔註294〕。秦彭還將他的做法上奏給章帝，章帝要求天下郡縣都採用秦彭的方法。地方官吏通過勸民耕種土地常常會使該地百姓因耕而富，從而解決了百姓的吃飯問題，這是以禮教民、穩定民心的基礎。

東漢的張奮在給漢和帝所陳表中提到：「夫國以民爲本，民以穀爲命，政之急務，憂之重者也。」和帝覽其表，「即時引見，復口陳時政之宜」。〔註295〕張奮所上之表指出了「民爲國本」與「穀爲民命」的特定關係。從「以民爲本」的思路來看，由於民是國家得以存在的政治力量，沒有民，國家就沒有存在的政治基礎，因此「民爲國本」，而要想「以民爲本」，做到「政在養民」，首要任務是保證民的溫飽，因此，農就顯得極爲重要，由此形成了「以農爲本」的思想。從這個思路來看，民本思想是農本思想的理論依據，農本思想是民本思想的必然歸宿。從「以農爲本」的角度看，農是國家得以存在的物質基礎，沒有農，國家就沒有得以存在的物質支持，因此「農爲國本」。而要想做到「以農爲本」，就得考慮如何讓民專心務農，因爲民才是從事農業生產的人力資源，沒有民，農業生產就無從談起，因此，國家就要重視民，安撫好民，這又導出

〔註291〕 《後漢書》卷三九《劉般傳》，第1305頁。
〔註292〕 《漢書》卷八九《循吏傳・召信臣傳》，第3642頁。
〔註293〕 《後漢書》卷三一《杜詩傳》，第1094頁。
〔註294〕 《後漢書》卷七六《循吏列傳・秦彭傳》，第2467頁。
〔註295〕 《後漢書》卷三五《張奮傳》，第1199頁。

「以民爲本」的思想。從這一思路來看，農本思想是民本思想的理論前提，民本思想是農本思想的導出結論。可見，農本思想與民本思想是一種互證關係，二者密切相連，互爲因果。

　　無論是農本思想，還是民本思想，在中國古代的統治思想中都具有極其重要的地位。而二者互爲因果的互證關係更加表明了其在國家政治生活中缺一不可的事實。可以說，農本論與民本論是統治者治國的重要政策原則與施政綱領，它們出現在皇帝的詔書中、大臣的上書以及思想家的著作裏，也滲透在各種實踐了的重農、重民的措施中、禮儀制度裏，還體現在官吏們躬身勸農恤民的政治實踐裏。因此，在某種意義上說，農本論與民本論是一體之論。二者都爲統治者所信奉，成爲治國理民的重要原則。

二、以賢爲本

　　「尚賢愛民」一直被統治者奉爲治國安民的良策。賢人常常被比喻爲君主的股肱耳目，如果君主沒有才德，而其輔佐之臣爲賢能之人，那麼也可以實現國泰民安。所謂「材能德行，國之鍼藥也，得其立功效，乃在君輔」〔註296〕。以賢爲本的思路是：

　　首先，賢爲政本。皇帝們反覆在詔書中強調：「蓋爲政之本，莫若得人，褒賢顯善，聖製所先」〔註297〕，「選舉良才，爲政之本」〔註298〕，要求精選賢良之士，以輔佐王業。

　　其次，立官爲民。所謂「夫張官置吏，所以爲人也」〔註299〕。國家設置官吏是爲了治理民眾。這在前文已經有所論述。

　　再次，選賢爲民。如果「官人不得於上」，那麼就會導致「黎民不安於下」〔註300〕的後果，所以官吏是否賢能關乎百姓的安樂。統治者必須廣納賢人，才能實現百姓的平安足食、辨風正俗。於是光武帝在建國之初便急於選賢納能，隨後的明帝、章帝、和帝、安帝、順帝、桓帝更是連連下詔書要求舉賢良方正。

〔註296〕桓譚：《新論》卷上《求輔》。桓譚撰，朱謙之校輯：《新輯本桓譚新論》，第9～10頁。
〔註297〕《後漢書》卷五《孝安帝紀》，第217頁。
〔註298〕《後漢書》卷四《孝和帝紀》，第176頁。
〔註299〕《後漢書》卷一上《光武帝紀上》，第49頁。
〔註300〕《後漢書》卷四《孝和帝紀》，第178頁。

　　然而，在選賢取士的過程中必然會出現各種問題。當時的統治者就因爲「選舉不實，邪佞未去，權門請託，殘吏放手，百姓愁怨，情無告訴」〔註301〕而憂心忡忡，於是要求選舉時要「不繫閥閱」〔註302〕「勿取浮華」〔註303〕。「不繫閥閱」就是不拘泥於門第選賢，統治者認爲只要有殊才異行就可以爲官。不過，不看門第、不問出身的選賢取士在漢代更多的是流於一種理想。《白虎通》就講：「賢者子孫類多賢」〔註304〕，所以應選之人的出身背景還是相當重要的。「勿取浮華」就是不選取那些滿口盡是溢美之詞的人，而要選擇能直言極諫者。漢代皇帝在詔書中專門要求有關部門在選賢能時舉直言極諫者，因爲在他們的觀念裏，「明王所以立諫諍者，皆爲重民而求己失」〔註305〕。選取上來的賢能之士必須經過考黜才能得以升遷。考黜的出發點是君主可以「勉賢抑惡」，歸結點則爲「重民」〔註306〕。可見，從選官的原則來看，無論是要求賢人符合直言極諫的標準，還是要求考黜已經爲官的賢人，其出發點和歸宿點都是「重民」。

　　衡量賢人的標準除了要愛民、爲民辦事外，最重要的有四：

　　一曰孝。漢代大力推行孝道，統治者認爲只有擁有孝道的人才能率領民眾崇化厲俗。所謂「伏惟明詔，憂勞百姓，垂恩選舉，務得其人」，而國家選賢又以「孝行爲首」。只有「忠孝之人，持心近厚」，百姓才能得其恩惠；而「鍛鍊之吏，持心近薄」〔註307〕，百姓可能受其苛責，容易產生怨恨。

　　二曰忠。「忠」與「賢」常常並立使用，所謂「國以賢化，君以忠安」〔註308〕。「賢人」只有「忠」才能盡心爲君主效力，才能在不威脅君主至高無上的地位的前提下，爲民辦事，盡職盡責。

〔註301〕　《後漢書》卷二《顯宗孝明帝紀》，第98頁。

〔註302〕　《後漢書》卷三《肅宗孝章帝紀》，第133頁。

〔註303〕　《後漢書》卷三《肅宗孝章帝紀》，第139頁；《後漢書》卷五《孝安帝紀》，第236頁。

〔註304〕　《白虎通·諫諍》。陳立撰，吳則虞點校：《白虎通疏證》，第237頁。

〔註305〕　《白虎通·封公侯》。陳立撰，吳則虞點校：《白虎通疏證》，第142頁。

〔註306〕　《白虎通·考黜》中說：「諸侯所以考黜何？王者所以勉賢抑惡，重民之至也。」陳立撰，吳則虞點校：《白虎通疏證》，第276頁。

〔註307〕　《後漢書》卷二六《韋彪傳》，第918頁。

〔註308〕　《後漢書》卷五一《龐參傳》，第1691頁。

　　三曰德。漢代統治者認爲「百姓可以德勝，難以力服」〔註309〕，只有「德行高妙，志節清白」〔註310〕的賢人對百姓施仁恕、崇寬和、弘德惠，才能實現滌宿惡、助風化的理想。

　　四曰才。「才」是賢人必備的素質之一。如果「爲官失才」就會「害及百姓」〔註311〕。通曉「經明行修」的人可以做博士；明曉法律的人可以「文任御史」；「剛毅多略，遭事不惑」的人可以「才任三輔令」。所以「才」所包含的內容不僅要求賢人具備一定的文化修養，還要求其有勇有謀，在「試之以職」後「乃得充選」〔註312〕。

　　「以賢爲本」論反映了人在政治中的地位和作用。中國古代君主政治的主要特點之一就是「人治」。人治下的政治體制決定了在實際政治操作中，統治者對某一事務的處理有一定的隨意性和可變性，只不過他們大都將民的生活狀況作爲衡量這種「人治」是否符合理想政治的標準。漢代統治者通過強調賢人在國家政治活動中的重要性，申明「賢爲政本」「立官爲民」「選賢爲民」以及「勿取浮華」的選賢原則和「孝、忠、德、才」的選賢標準，構建了「以賢爲本」的政治操作原則。從中我們可以看出，任用賢人的目的是爲了民，選取賢人的原則和標準也遵循的是「以民爲本」的思路。可以說，正是由於統治者認識到民在國家中的重要性，治理民眾的官吏又是是否能安定民心的關鍵，才產生出要選取賢能爲官爲吏的思想。同時，對以賢爲本論的凸顯成就了統治者對民本思想的張揚——統治者越是強調「以賢爲本」，越是彰顯出以賢爲本思想中民本思想的理念。因此，「以賢爲本」是民本思想的推衍和延伸。

三、禮樂爲本

　　漢初，統治者認爲秦朝滅亡的原因之一是施行了嚴刑峻法，因此，他們

〔註309〕《後漢書》卷四一《鍾離意傳》，第1409頁。

〔註310〕《後漢書》卷四《孝和帝紀》的注中記載，《漢官儀》曰：「建初八年十二月己未，詔書辟士四科：一曰德行高妙，志節清白。二曰經明行修，能任博士。三曰明曉法律，足以決疑，能案章覆問，文任御史。四曰剛毅多略，遭事不惑，明足照奸，勇足決斷，才任三輔令。皆存孝悌清公之行。自今已後，審四科辟召，及刺史、二千石察舉茂才尤異孝廉吏，務實校試以職。有非其人，不習曹事，正舉者故不以實法。」

〔註311〕《後漢書》卷六三《李固傳》，第2076頁。

〔註312〕詳見《後漢書》卷四《孝和帝紀》，第176頁。

提出要任用德教。對德教的宣揚也就上升到強調教化的重要性。如何實現教化呢？統治者認為國家制禮作樂可以實現教化百姓的目的。人們開始強調禮樂的作用，提出「聖人所美，政道至要，本在禮樂」〔註313〕的觀念，由此引出禮樂是國家政治的根本的理念。漢代統治者常常引用孔子的「安上治民，莫善於禮。移風易俗，莫善於樂」〔註314〕來討論政事，目的在於強調禮樂的重要性。

　　什麼是「禮」？什麼是「樂」呢？《史記·樂書》：「樂者，天地之和也。禮者，天地之序也。和，故百物皆化。序，故群物皆別。過制則亂，過作則暴。明於天地，然後能興禮樂也。」〔註315〕《禮記·曲禮》：「夫禮者所以定親疏，決嫌疑，別同異，明是非也。」〔註316〕禮是「序」，這個「序」就是指社會的等級秩序、倫理關係、社會規範和傳統習慣。通過制定「禮」人們可以明辨是非、區別同異。《白虎通》將「禮」解釋成為「履」，「可履踐而行」。〔註317〕也就是說「禮」是需要人們踐行的，是社會自上而下需要遵循的秩序法則。「樂」即音樂，「樂」本身的作用是「和」，是指國家的音樂可以和合天下、和合萬事萬物、和合人情倫理〔註318〕。所謂「故樂者，所以崇和順，比物飾節，節奏合以成文，所以合和父子、君臣，附親萬民也。是先王立樂之意也。」〔註319〕國家作樂，根據國內各個地方不同的風俗，製成音樂，有助於教化天下百姓。人們普遍認為音樂具有表現國家興衰、國內民風淫樸的功能。《白虎通》上明確說：「樂者，樂也，君子樂得其道，小人樂得其欲。」〔註320〕音樂對於君子來說是

〔註313〕　《後漢書》卷三五《張奮傳》，第1199頁。

〔註314〕　漢平帝時太后掌權，太后曾下詔：「《孝經》曰：『安上治民，莫善於禮』」。詳見《史記》卷一一二《平津侯主父列傳》，第2963頁。另見《漢書》卷七二《王吉傳》，第3063頁；《後漢書》卷三〇下《郎顗傳》，第1054頁；《後漢書》卷三五《張奮傳》，第1199頁；《後漢書》卷六二《荀爽傳》，第2056頁。

〔註315〕　《史記》卷二四《樂書》，第1191頁。

〔註316〕　《禮記·曲禮》。十三經注疏整理委員會：《禮記正義》，第14頁。

〔註317〕　《白虎通·禮樂》。陳立撰，吳則虞點校：《白虎通疏證》，第93頁。

〔註318〕　「和合」一詞具有「調和」「匯合」「協調」之義。漢代常常使用「和合」一詞來表明協調、調和兩個事物、兩個問題、抑或關係。亦有「合和」一詞，用來表達二者相對融洽、和諧的關係或者狀態。舉個例子來說，漢代出現頻率最高的是「和合陰陽」與「陰陽合和」。「和合陰陽」中「和合」是動詞，涵義「調和」；「陰陽合和」中「合和」為一種狀態，涵義為「和諧」。

〔註319〕　《白虎通·禮樂》。陳立撰，吳則虞點校：《白虎通疏證》，第94頁。

〔註320〕　《白虎通·禮樂》。陳立撰，吳則虞點校：《白虎通疏證》，第93頁。

樂「其道」，而小人只是貪圖音樂以滿足欲望。另一方面，整個國家的狀態則能從該國的音樂中體現出來：一個國家的音樂如果「淫」，那麼該國的國君必然昏庸無道，一個國家的音樂如果「樸」，那麼該國的國君必然勤政愛民；一個國家的音樂如果「淫」，那麼該國必然民風不樸，一個國家的音樂如果「樸」，那麼該國民風必然淳樸。由此，禮規定了國家的制度、秩序；樂則具有體現和影響國家上至君主下至百姓品性的作用。

「禮」則「序」；「樂」則「和」。事實上，禮樂制度本身是圍繞著「民」這個主體來制定的，而其政治功能也主要體現在「導民」「教民」上。漢代統治者認為禮樂制度從產生到應用，都是依據「民情」「民風」「民俗」而來；禮樂制度從政治功能到政治效果都是為了「導民」「教民」「化民」而定。我們可以從以下幾點看出漢代統治者對「禮樂」與「民」關係的認識。

第一，因民而制禮樂。漢代統治者認為，國家制禮作樂的依據是民，主要是依據民情、民性、民風、民俗而定。漢武帝制詔御史，在詔書中說：國家制禮是「因民而定，追俗為制」〔註321〕。國家制樂也是依據風土人情、地方習俗等等。

第二，導民而興禮樂。漢初，「禮崩樂壞」，在陸賈主持下，漢朝開始復興禮樂。到了元朔五年（公元前124年），武帝下詔：「蓋聞導民以禮，風之以樂。今禮壞樂崩，朕甚閔焉。故詳延天下方聞之士，咸薦諸朝。其令禮官勸學，講議洽聞，舉遺興禮，以為天下先。」〔註322〕此後，漢朝就開始大規模的興禮樂了。武帝逐步將禮樂制度化，為後代奠定了基礎。為什麼漢代統治者對興禮樂可以「導民」如此地篤信呢？《禮記·王制》：「修六禮以節民性」。〔註323〕《白虎通》上有明確的說明。《白虎通·禮樂》：「王者所以盛禮樂何？節文之喜怒。樂以象天，禮以法地。人無不含天地之氣，有五常之性者，故樂所以蕩滌，反其邪惡也，禮所以防淫佚，節其侈靡也。」〔註324〕在《白虎通》看來，「禮」的作用是「防淫佚」，樂的作用是「反邪惡」，禮樂對於百姓來說具有導向、引導、指引的作用。統治者可以利用禮樂將百姓引導到所謂的「正途」中去，將百姓的行為控制在利於國家統治的範圍之內。

〔註321〕　《史記》卷二三《禮書》，第1161頁。
〔註322〕　《漢書》卷六《武帝紀》，第171～172頁。
〔註323〕　《禮記·王制》。十三經注疏整理委員會：《禮記正義》，第471頁。
〔註324〕　《白虎通·禮樂》。陳立撰，吳則虞點校：《白虎通疏證》，第93頁。

　　第三，化民而用禮樂。漢代常常會用「化民」一詞，來表示教化百姓。人們普遍認爲禮樂具有教化民眾的作用。漢武帝時，「得神馬渥窪水中」，於是武帝作《太一之歌》，後來又得千里馬，武帝又作歌。中尉汲黯進諫說：「凡王者作樂，上以承祖宗，下以化兆民。今陛下得馬，詩以爲歌，協於宗廟，先帝百姓豈能知其音邪？」〔註325〕這裡汲黯實際上是勸諫武帝，作樂是爲了教化百姓，而君主因爲得到馬而作樂，百姓哪裏能得到教化呢？可見，作樂的目的是「化民」在漢代已經是政治常識了。《白虎通》引用孔子的話說：「樂在宗廟之中，君臣上下同聽之，則莫不和敬；在族長鄉里之中，長幼同聽之，則莫不和順；在閨門之內，父子兄弟同聽之，則莫不和親。」〔註326〕如果樂在宗廟、族長鄉里、閨門等不同地方奏起，就可以實現「君君、臣臣、父父、子子」的井然秩序，並能調和其中的政治關係以及倫理關係。

　　國家政治以禮樂爲根本，而漢代統治者認爲制禮作樂本身又是「因民而定」，禮樂又具有「導民」「化民」的政治功能。由此，漢代統治者構建了「禮樂」與「民」的關係。在一定意義上，「禮樂爲本」的理念與「民爲國本」的思想二者是相互論證的關係。制定禮樂是「因民」，即禮樂爲民而制，民情、民風又是國家制禮作樂的來源，顯現出民在國家政治中的重要作用；禮樂的興衰、完備與否又影響著民情、民風是否淳樸易治，從而顯現出禮樂在國家政治中的重要作用。可見，「禮樂爲本」與「民爲國本」二者是相互論證的關係。由此，「禮樂爲本」的理念也滲入到日常的政治當中，成爲探討如何治民的一個重要原則而爲統治者所認同並躬行。

　　「以農爲本」「以賢爲本」和「禮樂爲本」的思想充分體現出漢代統治者對治政過程中一些具有根本性、全局性、概括性理念的深入思考。農業、賢者、禮樂制度都是國家得以運行的要素，而這些事務處理得是否恰當也直接影響著統治者治理百姓效果的好壞。「以農爲本」「以賢爲本」「禮樂爲本」的思想又與「以民爲本」思想息息相關，成爲制約統治者施行各種治民方略的根本性原則。漢代統治者認爲，這些原則是不容置疑且需要在處理政務中堅決予以貫徹執行的。「以農爲本」「以賢爲本」「禮樂爲本」的治民原則論也深遠地影響了漢代以後統治者治民政策的制定，並一直延續到中華帝制的盡頭。

〔註325〕《史記》卷二四《樂書》，第1178頁。
〔註326〕《白虎通·禮樂》。陳立撰，吳則虞點校：《白虎通疏證》，第94頁。

第四章　恤民論

統治者還有一些問題需要考慮：如何才能收集民意？面對自然災害，國家應該採取哪些措施？面對社會中大量的鰥、寡、孤、獨之民統治者又如何安置？這些都是擺在漢代統治者執政中的重要問題。對民意的收集與上達是統治者恤民的前提，更凸顯了漢代統治者治民、恤民的制度建設；對災後百姓的安撫是穩定一方國土的基礎，更凸顯了漢代統治者應對自然災害的能力；對社會弱勢群體的救助是穩定整個民心的保障，更凸顯了漢代君主的仁愛之心。無論是真心地「撫民」「恤民」還是「掛金子招牌」的虛偽做作，漢代統治者在處理災民、弱民上有一整套措施。這些措施在一定程度上緩解了社會矛盾、解決了一些社會問題，同時為災民、弱民擺脫境遇起到了重要的作用。

第一節　集民意

漢代統治者要把握民意民情，就需要對現實中的民進行瞭解，體察民情。那麼如何才能瞭解民意民情呢？漢代有收集民意與民意上達的渠道，有些是常制，有些則為特殊情況下才使用。收集民意與民意上達制度的確立和實施，為統治者瞭解各地的社會問題、弄清百姓的具體情況提供了有力的保障，同時也是君與民、官與民進行有效溝通的一個途徑。

一、收集民意

（一）皇帝循行天下

漢代，一些皇帝常常喜歡到全國各地去巡視，稱為「循行」或者「巡行」。

「循」通「巡」字。「循行」與「巡行」都是出行巡察的意思，大多指從中央到地方這種距離較遠的巡察。我們也常在漢代史書中看到有某個皇帝「循行天下」「巡行」「巡幸」某地的記載。具有象徵意義和禮儀性質的巡行，常常是皇帝為了一己之私，為了宣揚個人權威、觀覽地方風情而舉行的。皇帝在出遊之時，會耗費大量的人力、物力、財力——皇帝所到之處，當地官員都要精心準備一番，甚至還會為了修築供皇帝觀覽、居住的各種苑囿而增加民眾的徭役和賦稅。因此，皇帝的出巡常常被認為是勞民傷財的舉動，其循行天下的提議常常遭到很多大臣的反對。儘管如此，我們從漢代的史書中，也能看到這樣的情況：皇帝在循行天下的過程中，在一定的程度上瞭解民間百姓的疾苦，當即制定對策，採取措施，幫助處於貧困之中的百姓解決問題。當然，反映這種情況的史料並不是俯拾即是的，這主要受皇帝循行地方的次數、史書記載的取捨以及皇帝個人循行目的等因素的影響。〔註1〕皇帝巡行地方並解決百姓疾苦的例子大多出現在東漢，在西漢我們看到的更多是皇帝派遣大臣到地方巡行或者皇帝巡行的目的是為了祭祀。關於皇帝循行天下，主要有以下幾方面內容：

第一，皇帝出行「務省約」。建初七年（公元82年），漢章帝「幸偃師，東涉卷津，至河內」。章帝下詔：「車駕行秋稼，觀收穫，因涉郡界。皆精騎輕行，無它輜重。不得輒修道橋，遠離城郭，遣吏逢迎，刺探起居，出入前後，以為煩擾。動，但患不能脫粟瓢飲耳。所過，無違詔書。」〔註2〕這裡章帝明確要求所巡視之地「務省約」，且他巡行的目的在於「欲令貧弱有利」〔註3〕。之後，章帝確實給當地官吏賜錢，並為所到之處的犯罪之民減刑。

第二，三老上書言事。皇帝所巡行的地方，作為與百姓接觸最多的三老可能會借機向皇帝進言，使得當地百姓的問題得以解決。漢明帝永平五年（公元62年），明帝到了鄴，當地常山三老對明帝說：「上生於元氏，願蒙優復。」於是明帝下詔：「豐、沛、濟陽，受命所由，加恩報德，適其宜也。今永平之政，百姓怨結，而吏人求復，令人愧笑。重逆此縣之拳拳，其復元氏縣田租

〔註1〕 一般來說，漢代皇帝出巡最多的是去某地（如雍）進行祭祀活動，有時會順便到周邊地區進行巡視，大多帶有禮儀性質和象徵意義。當然史書上也有少量皇帝因為關心某件事而巡視某地的記載。

〔註2〕 《後漢書》卷三《肅宗孝章帝紀》，第143頁。

〔註3〕 《後漢書》卷三《肅宗孝章帝紀》，第143頁。

更賦六歲，勞賜縣掾史，及門闌走卒。」〔註4〕皇帝在巡行過程中，可能接觸到當地的三老，三老言事，一般都會准許。

第三，皇帝巡行給吏民賞賜。一般皇帝所行幸之地，都會給從縣令到三老，甚至鰥、寡、孤、獨、貧民等人以賞賜。例如永元三年（公元91年）漢和帝曾經「行幸長安」，同時下詔：「其賜行所過二千石長吏已下三老、官屬錢帛，各有差。鰥、寡、孤、獨、篤癃、貧不能自存者粟，人三斛。」〔註5〕

第四，皇帝巡行解決當地問題。漢武帝元鼎四年（公元前113年），武帝「行幸滎陽」後，「還至洛陽」下詔說「瞻望河洛，巡省豫州」，同時表明自己在巡行中「詢問耆老」。〔註6〕永平十三年（公元70年），汴渠修成，明帝巡行汴渠，於是下詔：「自汴渠決敗，六十餘歲，加頃年以來，雨水不時，汴流東侵，日月益甚，水門故處，皆在河中，漭瀁廣溢，莫測圻岸，蕩蕩極望，不知綱紀。今兗、豫之人，多被水患，乃云縣官不先人急，好興它役。……今五土之宜，反其正色，濱渠下田，賦與貧人，無令豪右得固其利，庶繼世宗《瓠子》之作。」〔註7〕明帝在說明汴渠修建意義的同時，還要求將當地的田地，「賦與貧民」，可見當時明帝巡行汴渠絕對不是爲了自己的享樂。

漢代的皇帝通過對各地的巡行解決了當地的一些問題。但因其所巡行的範圍有限，更多的時候，「巡行」「循行」「行幸」等在史書上是帶有禮儀性質的、具有象徵意義的記載。皇帝們更多的是到地方進行祭祀活動，而眞正解決百姓問題的記載（或因爲史料有限），相對於禮儀性的「行幸」少了許多。這樣的「巡行」「循行」「行幸」彰顯皇帝權威的意味明顯多於收集民意的意義。儘管如此，皇帝們至少還可以通過巡視地方來瞭解民情，這也可以說是統治者收集民意的一個渠道。

（二）派遣官吏循行地方

皇帝循行地方勢必會興師動眾，很不便捷，因此，漢代統治者更多的是派遣官吏去地方循行。官吏們所循行之地，要麼是蒙受自然災害、要麼是地方出現暴亂、要麼是貧民饑民過多、要麼是地方官吏遇到處理不了的事情，總之，官吏們所循行之處都是整個漢朝在統治過程中出現問題最多的地方。

〔註4〕　《後漢書》卷二《顯宗孝明帝紀》，第108頁。
〔註5〕　《後漢書》卷四《孝和帝紀》，第172頁。
〔註6〕　《漢書》卷六《武帝紀》，第183頁。
〔註7〕　《後漢書》卷二《顯宗孝明帝紀》，第116頁。

這些被派遣到地方執行任務的官吏，有丞相、御史大夫、博士等。這些人由皇帝親自派遣，實際上就是皇帝的代表，他們相對於皇帝循行某地來說，到地方的速度更快，且能更加及時、準確地反映當地的問題。他們到地方循行，主要有以下幾個工作要做：

第一，代表皇帝慰問百姓。漢宣帝下詔：「朕惟百姓失職不贍，遣使者循行郡國問民所疾若。」〔註8〕漢元帝下詔：「朕承先帝之聖緒，獲奉宗廟，戰戰兢兢。間者地數動而未靜，懼於天地之戒，不知所繇。師方田作時，朕憂蒸庶之失業，臨遣光祿大夫褒等十二人循行天下，存問耆老鰥寡孤獨困乏失職之民……。」〔註9〕某個地方出現天災人禍、饑民過多的情況時，皇帝就會派遣大臣到地方督促抗災的活動，並依照皇帝的意思給當地減免賦稅、賞賜錢糧。這些被派到地方的官吏儼然是代表皇帝慰問地方的使者，也是朝廷對地方民生問題非常關注的體現。這樣做的結果不僅僅在一定程度上解決了當地的問題，還向天下百姓表明了統治者對百姓的仁惠之心。

第二，物色地方賢才之人。武帝曾派遣博士六人循行天下，要求他們「諭三老孝悌以為民師，舉獨行之君子，徵詣行在所。朕嘉賢者，樂知其人。廣宣厥道，士有特招，使者之任也」〔註10〕。武帝希望派遣到地方的這些使者能夠協助他找到賢能之士，為國家物色人才。漢宣帝派遣「遣大中大夫強等十二人循行天下」，要他們「舉茂材異倫之士」〔註11〕。漢成帝下詔：「臨遣大中大夫嘉等循行天下，存問耆老，民所疾苦。其與部刺吏舉惇樸遜讓有行義者各一人」〔註12〕。派遣到地方的大臣一方面要代表皇帝慰問百姓，另一方面還要為朝廷積極尋找可造之才，這也是他們到地方的主要任務之一。

第三，檢舉地方治民所出現的問題。漢武帝曾要求循行天下的使者「詳問隱處亡位，及冤失職，姦猾為害，野荒治苛者，舉奏」〔註13〕。由此，使者還有到地方監督地方官吏工作的作用。漢宣帝時，吏治深刻且有日食之象，於是宣帝下詔：「皇天見異，以戒朕躬，是朕之不逮，吏之不稱也。以前使使者問民所疾苦，復遣丞相、御史掾二十四人循行天下，舉冤獄，察擅為苛禁

〔註8〕 《漢書》卷八《宣帝紀》，第252頁。
〔註9〕 《漢書》卷九《元帝紀》，第279頁。
〔註10〕 《漢書》卷六《武帝紀》，第180頁。
〔註11〕 《漢書》卷八《宣帝紀》，第258頁。
〔註12〕 《漢書》卷一○《成帝紀》，第258頁。
〔註13〕 《漢書》卷六《武帝紀》，第180頁。

深刻不改者。」〔註 14〕派遣到地方的官吏對地方治民工作具有監督作用，這樣一來確實有助於發現地方存在的問題，緩解地方官民之間的矛盾。

第四，觀覽地方風俗。事實上，皇帝派遣中央官吏到地方循行的重要任務就是觀覽地方風俗。也就是通過官吏的親自走訪、詢問來觀察地方的風氣，瞭解當地的民風。漢宣帝時曾要求派遣到地方的使者「覽觀風俗」〔註 15〕。漢元帝下詔：「臨遣光祿大夫褒等十二人循行天下，……覽風俗之化」〔註 16〕。漢平帝時，「遣太僕王惲等八人置副，假節，分行天下，覽觀風俗」。〔註 17〕史載：「和帝即位，分遣使者，皆微服單行，各至州縣，觀采風謠」。〔註 18〕

漢代君主派遣官吏到地方巡行，對於有針對性地解決地方存在的各種問題來說，無疑是最為便捷的。官吏將其巡行中所收集的民意信息上報給皇帝，也使得穩坐朝中皇帝可以掌握地方的情況，瞭解地方百姓的生活狀況，從而果斷地採取措施，懲治有問題的地方官吏，收攬民心，處理地方上亟待解決的問題。

（三）上計制度

上計制度〔註 19〕起源於戰國，是指各地官吏定期到中央彙報該地的人口、財政、訴訟、民風等情況，是中央瞭解地方情況的最主要來源。上計的內容包括：「秋冬歲盡，各計縣戶口墾田，錢穀入出，盜賊多少，上其集簿。丞尉以下，歲詣郡，課校其功。功多尤為最者，於廷尉勞勉之，以勸其後。負多尤為殿者，於後曹別責，以糾怠慢也。諸對辭窮尤困，收主者，掾史關白太守，使取法。丞尉縛責，以明下轉相督敕，為民除害也。」〔註 20〕秦漢時期，上計制度更加完善。每年的秋冬，各地要派遣專門人員到朝廷上計，彙報該地的政治情況、經濟情況以及風土民情。不過地方上計的官吏所彙報的情況也並非都是實情，常常會存在欺瞞朝廷的情況。於是朝廷會派御史專

〔註 14〕　《漢書》卷八《宣帝紀》，第 268 頁。
〔註 15〕　《漢書》卷八《宣帝紀》，第 258 頁。
〔註 16〕　《漢書》卷九《元帝紀》，第 279 頁。
〔註 17〕　《漢書》卷一二《平帝紀》，第 185 頁。
〔註 18〕　《後漢書》卷八二上《方術列傳‧李郃傳》，第 2717 頁。
〔註 19〕　由於上計制度在各種制度史中討論頗多，本文只是做一個概述，並沒有充分展開，只希望達到點到為止的作用。目的在於證明這種制度是統治者收集民意的一個途徑之一。
〔註 20〕　《後漢書》卷一一八《百官五》，第 2623 頁，胡廣曰。

門負責查上計簿。漢武帝報曰：「今流民愈多，計文不改」。〔註21〕漢宣帝曾
下詔：「上計簿，具文而已，務爲欺謾，以避其課。……御史察計簿，疑非實
者，按之，使眞僞毋相亂。」〔註22〕

　　上計吏也可以上書，他們反映的情況也會被皇帝採納。例如順帝永建四
年（公元129年），當時龐參爲太尉，錄尙書事，位居三公。他卻因爲「忠直」
得罪不少人而不得順帝喜歡，龐參「稱疾」。廣漢郡的上計掾段恭上疏說：「伏
見道路行人，農夫織婦，皆曰『太尉龐參，竭忠盡節，徒以直道不能曲心，
孤立群邪之間，自處中傷之地』。……紓夫國以賢化，君以忠安。今天下咸欣
陛下有此忠賢，願卒寵任，以安社稷。」〔註23〕於是順帝「詔即遣小黃門視
參疾，太醫致羊酒」〔註24〕。可見，漢代負責上計的官吏，可以通過上書給
皇帝，從而反映情況，解決問題。

　　上計吏除了彙報當地情況的職責外，還常常向朝廷推薦當地的賢才之
人。這分兩種情況：一是上計吏受當地想爲官之人之託，這些人希望藉此有
到朝廷謀官的機會，甚至他們會隨上計吏一同到中央，伺機而動，看是否能
被錄用；二是朝廷也希望上計吏在彙報地方工作的同時推選有才之人爲官。
可見，上計制度也是朝廷招攬賢才、百姓進入仕途的一個途徑。

二、民意上達

　　漢代，統治者利用各種渠道來收集民意，而普通百姓也希望自己所遇到
的問題能夠盡快地傳達給君主，使得問題得到解決。於是，各地百姓也通過
不同渠道來表達自己對現行政治的看法——或歌頌或抨擊。

（一）百姓上書言事

　　漢初就有明確對吏民上書的規定，普通百姓可以通過上書給朝廷，將自
己面對的種種問題反映到中央政府。一般上書之民，要麼是爲了解決自己的
問題，要麼是反映當地情況。雖然不是所有的問題都能解決，但有些還是得
到了皇帝的回覆，甚至皇帝親自下詔書予以解決。漢代對普通百姓上書有明
確的制度規定。西漢前期是公車司馬掌管上書事宜。成帝時，戶曹上書主管

〔註21〕　《漢書》卷八《宣帝紀》，第273頁。
〔註22〕　《漢書》卷四六《石奮傳》，第2198頁。
〔註23〕　《後漢書》卷五一《龐參傳》，第1691頁。
〔註24〕　《後漢書》卷五一《龐參傳》，第1691頁。

平民上書。《史記正義》引《漢儀注》云：「公車司馬掌殿司馬門，夜繳宮，天下上事及闕下，凡所徵召皆總領之。」《舊漢儀》記載：「尚書四人爲四曹：常侍尚書主丞相御史事，二千石尚書主刺史二千石事，戶曹尚書主庶人上書事，主客尚書主外國事。成帝置五人，有三公曹，主斷獄事。」〔註25〕到了東漢，「權歸臺閣，尚書爲主理官民上書的機構。此外，中書亦掌上書事，其職掌同於尚書，掌文書，通章奏」〔註26〕。普通百姓上書言事，也有嚴格的文字、格式等規定。如前面的引文中，統治者對上書所書寫的文字有要求，即「吏民上書，字或不正，輒舉劾」〔註27〕。元康二年（公元前64年）宣帝也曾下詔：「聞古天子之名，難知而易諱也。今百姓多上書觸諱以犯罪者，朕甚憐之。其更諱詢。諸觸諱在令前者，赦之。」〔註28〕可見，上書如果「字或不正」「觸諱」都是犯罪。

就上書之民的身份來看，他們大多數都是飽讀詩書之民，雖然沒有官爵，但其本身可能才華橫溢，甚至在地方上還頗有名氣，當然其中也有如緹縈之類的普通小民，不過他們至少是識文斷字之人。這些人中的主體是可以稱之爲「士」的一群人，他們雖不在朝爲官，但時刻關注政事、心繫百姓安危，在某種程度上這群人也是國家政治的監督者，對統治者制定政策也有一定的影響。

百姓上書的目的大致可以分爲以下幾個方面：

第一，求官。很多布衣之民積極上書，實際上是爲了求得官職。漢武帝時，國家廣納賢才，而四方之士也通過上書的方式，希望得到皇帝的賞識而走入仕途。「武帝初即位，徵天下舉方正賢良文學材力之士，待以不次之位，四方士多上書言得失，自衒鬻者以千數，其不足採者輒報聞罷。」〔註29〕朱買臣喜好讀書，但是到了四十多歲依然貧窮，連他的老婆也看不起他。後來他跟隨上計吏到了長安，「詣闕上書，書久不報，待詔公車」〔註30〕，爲漢武帝所召見，後曾因功位列九卿。漢成帝好鬼神之術，於是各地希望求官職的

〔註25〕《漢書》卷一○《成帝紀》，第308頁，顏師古注。
〔註26〕趙光懷：《民間上書與漢代政治》，《求索》，2005年第1期。
〔註27〕《漢書》卷三○《藝文志》，第1721頁。
〔註28〕《漢書》卷八《宣帝紀》，第256頁。
〔註29〕《漢書》卷六五《東方朔傳》，第2841頁。
〔註30〕《漢書》卷六四上《朱買臣傳》，第2791頁。

民眾紛紛上書言祭祀、方術之事，「皆得待詔」〔註31〕。可見，漢代時，很多官吏都是通過上書的途徑而走入的仕途。當然，這一批人需要具備一定的才華，才能被統治者發現從而得到重用。

第二，言事。漢武帝時，「時方事匈奴，興功利，言便宜者甚眾」。齊人延年上書討論改變黃河河道，以此來遏制匈奴的勢力。儘管漢武帝以「河乃大禹之所道也，聖人作事，爲萬世功，通於神明，恐難改更」爲由沒有採納延年的建議，但武帝依然肯定「延年計議甚深」〔註32〕。王莽時，曾因立后之事而「庶民、諸生、郎吏以上守闕上書者日千餘人」〔註33〕。人們通過上書可以參與討論國家大事。漢章帝時，第五倫深受地方百姓的愛戴，他犯法獲罪，「老小攀車叩馬，啼呼相隨，日裁行數里，不得前。倫乃僞止亭舍，陰乘船去。眾知，復追之。及詣廷尉，吏民上書守闕者千餘人」〔註34〕。東漢時，這種吏民〔註35〕上書的事情並不少見，人們通過上書來發表言論，參與政事，很多上書也得到朝廷的重視。

第三，訴冤。漢元帝時「民多冤結，州郡不理，連上書者交於闕廷」。〔註36〕漢成帝下詔：「刑罰不中，眾冤失職，趨闕告訴者不絕」〔註37〕。漢質帝下詔：「頃者，州郡輕慢憲防，競逞殘暴，造設科條，陷入無罪。或以喜怒驅

〔註31〕《漢書》卷二五下《郊祀志下》，第1260頁。
〔註32〕《漢書》卷二九《溝洫志》，第1686頁。
〔註33〕《漢書》卷九九上《王莽傳上》，第4051頁。
〔註34〕《後漢書》卷四一《第五倫傳》，第1397頁。
〔註35〕這裡需要特別說明「吏民」一詞的涵義。鑒於漢代史書中屢次出現「吏」與「民」二者相連的詞，使得一些學者認爲「吏民」爲一個階層。有學者指出：「吏民」既包括可以爲官爲吏之民，也包括曾經爲官爲吏之民，還包括正在充當吏職之民。吏民具備爲吏的政治標準和財產標準，一般都佔有爵位，是一個生活相對富裕的階層。吏民是秦漢國家生存的基礎，是國家授田的主要對象和賦稅徭役的主要承擔者，他們在社會中處於被統治地位。（劉敏：《秦漢時期「吏民」的一體性和等級特點》，《中國史研究》，2008年第3期。）也有學者指出：「吏民」中的「吏」是與「長吏」相對應的「下吏」，秦漢以降兩者之間的界線呈逐步下移趨勢。這些「下吏」來自於「民」，又復歸於「民」，與普通農民共同組成中國古代皇權統治之基礎——「吏民」。從社會結構而言，他們是社會金字塔的底層；從國家政治統治來說，他們是地方政府管治的基本民眾。（黎虎：《論「吏民」的社會屬性——原「吏民」之二》，《文史哲》，2007年第2期。）無論是否吏民具有爵位，這些學者都認爲吏民是國家的被統治者，是地方管理的基本民眾。
〔註36〕《漢書》卷七一《于定國傳》，第3043頁。
〔註37〕《漢書》卷一〇《成帝紀》，第315頁。

逐長吏，恩阿所私，罰枉仇隙，至令守闕訴訟，前後不絕。」〔註 38〕可見，兩漢因爲冤枉而上書者比比皆是。百姓通過上書訴冤，儘管不可能完全解決百姓的個人問題，但也是民意上達的一個渠道。

百姓上書的作用體現在以下幾個方面：

第一，影響統治者政策的制定。漢文帝十四年（公元前 166 年），「魯人公孫臣上書陳終始傳五德事，言方今土德時，土德應黃龍見，當改正朔服色制度」〔註 39〕。於是文帝和丞相張蒼等人討論此事，結果張蒼認爲漢代應爲水德、尙黑，文帝沒有採納公孫臣的建議。但是到了文帝十五年（公元前 165 年），史載「黃龍見成紀，天子乃復召魯公孫臣，以爲博士，申明土德事」〔註 40〕。像五行之德這樣的大事，作爲普通百姓的公孫臣上書提出自己的意見，最後因爲「黃龍見」，不僅他的意見得到了文帝的採納，而且公孫臣也成爲文帝所招攬的博士，爲國家所用。可見，民眾上書對統治者的政策還是有一定影響力的。當然，這些上書的民眾本身需要具備較高的文化修養，要麼其對國家各種禮儀制度非常精通，要麼其論政內容異於常人且非常精彩，這樣他們的建議才有可能得到皇帝的賞識，並且直接影響統治者政策的制定。

第二，舉報不軌的王侯官吏。康王劉嘉的兒子劉定國，荒淫無度，他又想殺害他的臣下肥如，肥如派郢人告發定國，定國派人將郢人殺害了。到了元朔元年（公元前 128 年），郢人的兄弟上書給武帝告發劉定國的種種惡行，於是「詔下公卿，皆議曰：『定國禽獸行，亂人倫，逆天，當誅。』上許之。定國自殺，國除爲郡」〔註 41〕。

第三，監督官吏的行爲。漢十二年（公元前 195 年）秋，丞相蕭何以低賤的價格強買民田宅，目的爲了「自污」以減少劉邦對他的猜忌。而劉邦正好平定完鯨布的叛亂在返回的途中，「民道遮行上書，言相國賤強買民田宅數千萬」〔註 42〕，再加上此時蕭何又向劉邦請示希望將閒置的空地賜給百姓耕種，劉邦認爲蕭何本來就買了百姓很多的田地，又向他來要空地給百姓耕種，於是劉邦大怒，說：「相國多受賈人財物，乃爲請吾苑」。後來劉邦「乃下相

〔註 38〕　《後漢書》卷六《孝質帝紀》，第 280 頁。
〔註 39〕　《史記》卷一〇《文帝紀》，第 429 頁。
〔註 40〕　《史記》卷一〇《文帝紀》，第 430 頁。
〔註 41〕　《史記》卷五一《荊燕世家》，第 1997 頁。
〔註 42〕　《史記》卷五三《蕭相國世家》，第 2018 頁。

國廷尉，械繫之」。〔註43〕雖然最後劉邦又給蕭何謝罪。但從「民道遮行上書」的記載可見，百姓對官吏爲政是否清廉、執政是否合法還是具有一定的監督作用的，百姓通過上書，是可以揭露官吏爲官所出現的問題的。

兩漢百姓的上書，在一定程度上反映了民情民意。他們通過上書可以發表對時政的看法，而主管的官吏會視情況將見解出眾的上書呈予皇帝親覽。皇帝又會就相關內容與大臣們進行討論，最後決定是否採納上書的建議。由於漢代曾出現過上千名百姓、低級官吏以及太學生聯合的「守闕上書」〔註44〕，使得百姓上書的行爲在某種程度上具有輿論監督的作用。儘管百姓上書的建議或反映的問題最終被統治者採納或解決的相對較少，但上書無疑是百姓向上傳達意見的一個有效途徑，爲統治者處理國家的各項政治事務提供了有力的支持。地方百姓通過上書言事、訴冤，使他們有處訴冤有處訴苦，從而在一定程度上緩和了社會中貧與富、貴與賤的矛盾。

（二）歌謠刺政之風

漢代，百姓有以歌謠刺政的風氣。百姓通過編寫歌謠，彼此傳唱，來品評官吏、議論時政。百姓所編歌謠常常會作爲一種民意傳達到統治者那裡。歷代皇帝還派遣大臣去各地「采風謠」，即將百姓所作歌謠內容轉述給皇帝，統治者認爲采風謠可以觀民風俗、瞭解民意。一般只有對百姓來說比較重要的人和事才能被編進歌謠之中，因此，皇帝們都十分重視收集這些歌謠，而百姓也實現了將其願望傳達給朝廷的目的。百姓通過傳唱歌謠是參與政治的一種體現。

第一，反映現實。百姓用歌謠來描繪現實——百姓生活安樂時作歌來頌，百姓生活動蕩時作歌來怨。例如漢初百姓歌頌著名的丞相蕭何、曹參爲：「蕭何爲法，顜若畫一。曹參代之，守而勿失。」〔註45〕丞相蕭何、曹參，因爲施行清靜不擾民的治民政策而使得整個漢朝社會從秦末戰爭的陰影中逐步走向正軌，社會生產也得到恢復，百姓得以安居樂業。「載其清淨，民以寧一」就是當時社會情況的寫照。漢武帝太始二年（公元前 95 年），白渠修成，灌溉田地四千五百多頃，百姓得便利，作歌：「田於何所？池陽、谷口。鄭國在

〔註43〕《史記》卷五三《蕭相國世家》，第 2018 頁。

〔註44〕例見《漢書》卷七二《龔鮑傳》，第 3094 頁；《漢書》卷九九上《王莽傳上》，第 4051 頁。

〔註45〕《史記》卷五四《曹相國世家》，第 2031 頁。

前，白渠起後。舉臿爲雲，決渠爲雨。涇水一石，其泥數斗。且溉且糞，長
我禾黍。衣食京師，億萬之口。」〔註46〕白渠建成給百姓帶來的好處我們從
歌謠中就可以看出，這反映出漢代水利工程惠及百姓，並得到百姓稱道的事
實。東漢剛平定了黃巾起義，百姓作歌：「天下大亂兮市爲墟，母不保子兮妻
失夫。」〔註47〕這是當時社會動亂的眞實寫照，同時反映了百姓的無奈。

　　第二，品評官吏。漢代百姓通過歌謠來品評官吏的好壞。對於治民有道
的官吏，百姓就會大加歌頌。例如漢宣帝時的趙廣漢「爲京兆尹廉明，威制
豪強，小民得職」，後因爲犯法當誅，當時「吏民守闕號泣者數萬人」，但廣
漢還是被腰斬了。後來「百姓追思，歌之至今」。〔註48〕這裡的「今」概指東
漢班固著書之時，說明趙廣漢事蹟所編的歌謠一直流傳到百年之後。趙廣漢
也成爲百姓心目中好官的典範了。光武帝時，郭賀爲尚書令，他爲政「多所
匡益」後爲荊州刺史，百姓歌曰：「厥德仁明郭喬卿，忠正朝廷上下平。」〔註
49〕可見，百姓的歌謠確實反映了官吏爲政的好壞。東漢時，彭熙因爲深得百
姓愛戴，於是輿人〔註50〕歌之曰：「我有枳棘，岑君伐之。我有蟊賊，岑君遏
之。狗吠不驚，足下生氂。含哺鼓腹，焉知凶災？我喜我生，獨丁斯時。丁
猶當也。美矣岑君，於戲休茲。」〔註51〕

　　第三，諷刺時政。文帝六年（公元前174年），淮南厲王劉長與匈奴勾結，
意圖謀反，後事發被拘，爲了不落下「殺弟」的罪名，文帝沒有立即處死他
而是將他發配到蜀郡嚴道縣，但在途中劉長就絕食身亡了。文帝十二年（公
元前168年），民間有百姓作歌謠來說淮南厲王的事情：「一尺布，尚可縫。
一斗粟，尚可舂。兄弟二人不能相容。」〔註52〕百姓認爲文帝與劉長本是兄
弟，卻不能相容。後來文帝聽說了這個歌謠，慨歎說：「堯舜放逐骨肉，周公
殺管蔡，天下稱聖。何者？不以私害公。天下豈以我爲貪淮南王地邪？」文
帝認爲天下人作歌謠來諷刺淮南厲王的死，是因爲百姓認爲文帝貪圖厲王之
前所轄的領地。於是文帝「乃徙城陽王王淮南故地，而追尊諡淮南王爲厲王，

〔註46〕《漢書》卷二九《溝洫志》，第1685頁。
〔註47〕《後漢書》卷七一《皇甫嵩傳》，第2302頁。
〔註48〕《漢書》卷七六《趙廣漢傳》第3205～3206頁。
〔註49〕《後漢書》卷二六《蔡茂傳》，第908頁。
〔註50〕這裡的「輿人」並非造車的工人或者操賤役的吏卒，而是眾人的意思。《國語·
　　　　晉語三》：「惠公入，而背外內之賂。輿人誦之。」韋昭注：「輿，眾也。」
〔註51〕《後漢書》卷一七《岑彭傳》，第663頁。
〔註52〕《史記》卷一一八《淮南衡山列傳》，第3080頁。

置園復如諸侯儀」〔註 53〕。可見，百姓的歌謠在一定程度上起到了輿論監督的作用，使得文帝因歌謠而施政。

在漢代，還有一種歌謠很流行，那就是童謠，也就是孩童所唱的歌謠。這些歌謠一般具有詼諧、朗朗上口的特點。漢代童謠流傳下來的很多，大部分被認為是讖語。前朝的童謠可能是對後來出現的災異、政治變動的預見。漢元帝時有童謠：「井水溢，滅竈煙，灌玉堂，流金門。」〔註 54〕到了漢成帝時，就有泉水溢出。井水屬於陰；竈煙，屬陽；玉堂、金門，是至尊之居。井水溢出將竈煙撲滅，是陰盛陽，並且水流到了皇帝所居的地方，人們認為「竊有宮室之應也」〔註 55〕，將這個童謠看作是王莽篡位的讖語。劉玄更始年間，南方有童謠：「諧不諧，在赤眉。得不得，在河北。」〔註 56〕後來劉玄被赤眉軍所殺，這是「不諧」，光武帝劉秀則由河北而興，這是「得」。人們常常將這一類的童謠加上神秘色彩，認為這是國家政治的預言。漢順帝末年，京都有童謠：「直如弦，死道邊。曲如鉤，反封侯。」〔註 57〕這裡「直如弦」指的是剛正不阿的太尉李固、杜喬等人。「曲如鉤」指梁冀、胡廣等人。到了漢桓帝時，梁冀等人真的掌握大權，而李固、杜喬則被處死。這裡的童謠就頗具讖語的意思了。因此，童謠與百姓的歌謠略有不同。前者是具有預見性的歌謠且傳唱者為孩童；後者多為刺政而作且傳唱者年齡不限。

漢代關於百姓歌謠的記載很多，有些將具體內容記錄下來，有些則用「百姓歌之」予以表示，可見百姓作歌謠的普遍與歌謠傳唱的持久。一方面，漢代百姓所作所唱的歌謠可以將民意傳達給朝廷，甚至很多官吏剛被派到某地為官之時，很重要的事情就是采風謠。韓延壽到潁川做太守，他治民就採取「問以謠俗，民所疾苦」〔註 58〕的方法，結果潁川大治。另一方面，百姓的歌謠對統治者制定政策也有所影響。對於某地百姓深惡痛絕之吏，百姓用歌謠表達對他的不滿，而朝廷可能以此作為懲治苛官酷吏的依據。某地百姓用歌謠表達對該地官吏的愛戴，為他歌功頌德，朝廷可能以此作為重用官吏的標準。例如漢明帝時，宋均為「東海相」後來因為犯法而免官。「而東海吏民

〔註 53〕　《史記》卷一一八《淮南衡山列傳》，第 3080～3081 頁。
〔註 54〕　《漢書》卷二七中之上《五行志中之上》，第 1395 頁。
〔註 55〕　《漢書》卷二七中之上《五行志中之上》，第 1395 頁。
〔註 56〕　《後漢書》卷一上《光武帝紀上》，注引《續漢志》，第 10 頁。
〔註 57〕　《後漢書》卷七《孝桓帝紀》，注引《續漢志》，第 291 頁。
〔註 58〕　《漢書》卷七六《韓延壽傳》，第 3210 頁。

思均恩化，爲之作歌，詣闕乞還者數千人。」兩年後，漢明帝將他召回，「徵
拜尚書令」。〔註59〕

　　漢代統治者通過收集民意可以對地方的民情有所掌握，從而爲思考如何
恤民提供了基礎。百姓通過上書、唱歌謠的形式也能將所遇到的問題反映到
朝廷，既有了發出民聲的渠道又有助於爲統治者提供民情的信息。可以說，
在上者觀民意與在下者表民聲，這兩者之間是一個互動的過程，彼此是相互
聯繫，相互影響的。正是在上對下、下傳上的過程中，統治者才能更加深入
地瞭解百姓，體察民情。儘管在實際當中，某地百姓的眞實信息——包括大
部分百姓的生存狀況、社會矛盾，等等，可能很難眞正傳達到統治者那裡去，
但漢代這些或常規或臨時的瞭解民意的制度，對皇帝、對中央決策機構中的
大臣還是具有很大意義的。他們可以利用收集到的各地信息，根據各地不同
的情況，派遣不同的官吏去治理。這樣才可能眞正做到「恤民」。

第二節　恤災民

　　漢代自然災害眾多，幾乎年年歲歲都有各種天災發生。如水災、旱災、
雹災、地震、蝗患、瘟疫，等等。這些自然災害常常會危及百姓生命，同時
也考驗漢朝政府執政能力。兩漢政府都採取了一些措施來賑災，主要包括以
儲備爲主的災前準備和以賑濟爲主的災後處理兩大方面。統治者通過儲備和
賑濟的措施幫助災民度過難關。當然，國家的力量是有限的，再加上當時交
通和信息的問題，使得賑災的舉措往往會滯後。朝廷的措施再好，如果地方
執行不利，受災的百姓可能也得不到實惠。但這也是古代社會很難避免的問
題。

一、積極儲備，以備災荒

　　漢代有豐富的儲備思想，其經典依據是《禮記·王制》中的記載。所謂
「國無九年之蓄曰不足，無六年之蓄曰急，無三年之蓄曰國非其國也。三年
耕，必有一年之食；九年耕，必有三年之食。以三十年之通，雖有凶旱水溢，
民無菜色」〔註60〕。西漢初年，賈誼也指出：「禹有十年之蓄，故免九年之水；

〔註59〕　《後漢書》卷四一《宋均傳》，第1413頁。
〔註60〕　《禮記·王制》。十三經注疏整理委員會：《禮記正義》，第441頁。

湯有十年之積，故勝七年之旱。夫蓄積者，天下之大命也。苟粟多而財有餘，何向而不濟？」〔註61〕此外，晁錯、董仲舒、淮南王劉安、劉向等都是儲備說的擁護者。其具體措施爲：

（一）爲饑者儲，爲災者備

在漢代人眼中，儲備糧食的目的很明確，即爲災荒之年的饑貧之民實行倉儲。每到災害過後，國家都會下詔書要求地方開倉庫以賑濟百姓，而開倉賑濟的前提是從中央到地方有充足的糧食儲備。統治者首先考慮的是百姓因爲災荒而導致饑貧，結果是他們可能會產生對國家的愁怨心理，進而會在地方發起暴動，從而影響政局，動搖國家的統治。因此，至少是出於對穩定國家統治的考慮，漢代統治者將「人無宿儲，下生愁墊」〔註62〕的道理銘記在心。建初四年（公元 79 年），國家出現牛疫，影響農業生產，於是漢章帝下詔說：「節用儲蓄，以備凶災，是以歲雖不登而人無饑色。」並要求給無田的百姓以公田耕種，同時「貰與田器，勿收租五歲，除算三年」。〔註63〕漢桓帝時，國家下詔給司隸校尉、部刺史說：「蝗災爲害，水變仍至，五穀不登，人無宿儲。其令所傷郡國種蕪菁以助人食。」〔註64〕此外，東漢也繼承前代的倉儲制度，從中央到地方建立了大大小小的糧倉，以備災荒。

（二）君臣重儲，貯不獨享

漢代的統治者要求無論是「秉四海之維」的君，還是「君之股肱」的臣，都要重視儲備，尤其是重視糧食的儲備。東漢的光武帝、明帝、章帝崇尚節儉，對自己的要求很高，爲的就是給臣民作出表率，告訴他們節儉儲備的重要性。同時，皇帝們還告誡官吏，要時時注意儲備糧食，以備災荒。漢明帝在行籍田之禮的詔書中明確提出：「煩勞群司，積精禱求。」〔註65〕「積精」即是儲積的意思，也就是要求百官注重糧食的儲備。漢桓帝時，出現「川靈湧水，蝗螽孳蔓，殘我百穀，太陽虧光」的災異，導致百姓「飢饉薦臻」，國家要求「其不被害郡縣，當爲饑餒者儲」。〔註66〕除了要求君臣重儲以外，皇

〔註61〕 《新書‧大政》。賈誼撰，閻振益、鍾夏校注：《新書校注》，第 163 頁。
〔註62〕 《後漢書》卷二《顯宗孝明帝紀》，第 106 頁。
〔註63〕 《後漢書》卷三《肅宗孝章帝紀》，第 145 頁。
〔註64〕 《後漢書》卷七《孝桓帝紀》，第 299 頁。
〔註65〕 《後漢書》卷二《顯宗孝明帝紀》，第 107 頁。
〔註66〕 《後漢書》卷七《孝桓帝紀》，第 228 頁。

帝還勸百姓重視糧食的儲備。漢安帝時，京師的百姓不重視倉儲，而競相奢侈，給其他地方的百姓造成不好的影響。安帝下詔書說：「比年雖獲豐穰，尚乏儲積，而小人無慮，不圖久長，嫁娶送終，紛華靡麗，至有走卒奴婢被綺縠，著珠璣。京師尚若斯，何以示四遠？」〔註67〕皇帝勸儲，一方面表明東漢皇帝在觀念上對糧食儲備的重視，另一方面也將糧食儲備思想灌輸給百姓，使得糧儲思想得以宣揚，百姓得以教化。但是，儘管統治者在觀念上重儲，在制度上有倉儲制的支持，可實際上，國家對糧食的儲蓄，往往不能為民所用，而是為統治者們所獨佔，這樣就更不能真正達到「為饑者儲，為災者備」的目的。東漢末年，道教的經典《太平經》中對富人儲備獨享的抨擊不可謂不重。《太平經》將統治者比作糧倉中的老鼠，認為他們「常獨足食」，而「此大倉之粟，本非獨鼠有也；少內之錢財，本非獨以給一人也；其有不足者，悉當從其取也」。〔註68〕統治者，應將儲備之糧與天下共之，在災荒民饑的時候，開倉濟民，而不是獨自佔有。《太平經》的說法可以代表東漢時期百姓的一種看法，他們更關心的是倉庫的糧食是否真正物盡其用。

（三）儲備有道，蓄不橫斂

東漢中後期，國家出現了「三空之厄」。所謂「三空」即田野空，朝廷空，倉庫空。「三空」問題是漢桓帝時陳蕃提出來的。當時桓帝在農忙時節幸廣成校獵，陳蕃認為在「三空」的情況下，皇帝卻「失其勸種之時，而令給驅禽除路之役」，這樣做不是「賢聖恤民之意」〔註69〕。既然國家需要蓄糧食以充倉庫，那麼就要按照一定的規矩進行儲備，一般認為「民三年耕，則餘一年之畜」〔註70〕。同時在儲備時人們要遵守「蓄不橫斂」的原則。東漢末年，為了緩解農災的壓力和支付平定地方叛亂的巨額軍費，國家的賦稅徭役很重。這樣的結果是「萬里懸乏，首尾不救，徭役並起，農桑失業，兆民呼嗟於昊天，貧窮轉死於溝壑矣」。仲長統斥責道：「今通肥饒之率，計稼穡之入，令畝收三斛，斛取一斗，未為甚多」，國家「一歲之間，則有數年之儲」，但是實際上由於統治者的奢侈淫逸，使得「及至一方有警，一面被災，未逮三

〔註67〕　《後漢書》卷五《孝安帝紀》，第228頁。
〔註68〕　《太平經·六罪十治訣》。王明校注：《太平經合校》，北京：中華書局，1960年第一版，第247頁。
〔註69〕　《後漢書》卷六六《陳蕃傳》，第2162頁。
〔註70〕　《漢書》卷二四上《食貨志上》，第1123頁。

年，校計騫短」，統治者們「坐視戰士之蔬食，立望餓殍之滿道」。〔註71〕仲長統的言論直指東漢暴斂之弊。國家要備荒、要備戰，但是儲備之道很重要，一旦爲了儲備而橫征暴斂，不但收不到緩解災荒的壓力，反而激起民怨，成爲地方起義的導火索之一。因此，儲備之道是「蓄不橫斂」，只有做到「蓄不橫斂」才能最終發揮儲以備荒的作用。

二、賑濟災民，惠及百姓

漢代延續了先秦以來的賑濟思想，強調在災害過後給災民糧食、土地、並且減免稅賦以幫助災民擺脫困境。董仲舒在《春秋繁露》中指出，在五行變化之際，對待百姓要「救之以德」。「救之以德」的措施有「省繇役，薄賦斂，出倉穀」，爲的是「振困窮矣」〔註72〕。劉向認爲對待災民一方面要「散財以賑貧」，另一方面更要「列地以分民」〔註73〕，強調在救災中給民土地讓其耕種的重要性。漢代的統治者在面對各種自然災害時，也提倡對災民進行賑濟，並由此形成了賑濟說，成爲指導救災工作的實踐準則。人們根據不同的情況提出了不同的賑濟政策，並將其應用於救災工作當中，其賑濟政策主要有以下三點：

（一）開倉稟食，慰安生業

一遇到諸如水災、旱災、地震、蝗患、牛疫這樣地災害，糧食的產量就會大大減少，隨之國家將面臨最嚴峻的問題——「民饑」。爲了防止因爲「民饑」而導致的各種社會問題，漢代實行了「開倉稟食，慰安生業」〔註74〕的政策。統治者將各地的糧倉打開，給民糧食以供其食用，同時賜給他們種子，讓他們耕種。漢和帝永元五年（公元 93 年），前一年因爲災害收成不佳，再加上隴右出現地震，地方上的貧民很多，和帝派遣使者到地方賑濟貧民，「開倉賑稟三十餘郡」〔註75〕。秉承朝廷的意志，地方上的官吏也在災荒之時，開倉給百姓以救濟。漢安帝時，蘇章出任武元令，「時歲饑，輒開倉廩，活三千餘戶」〔註76〕。漢桓帝時，度尚因「爲政嚴峻」而遷文安令，「遇時疾疫，

〔註71〕《後漢書》卷四九《仲長統傳》，第 1656 頁。
〔註72〕《春秋繁露·五行救變》。蘇輿撰，鍾哲點校：《春秋繁露義證》，第 385 頁。
〔註73〕《說苑·政理》。劉向撰，向宗魯校正：《說苑校正》，第 168 頁。
〔註74〕《後漢書》卷三二《樊宏傳》，第 1128 頁。
〔註75〕《後漢書》卷四《孝和帝紀》，第 176 頁。
〔註76〕《後漢書》卷三一《蘇章傳》，第 1107 頁。

穀貴人饑，尚開倉稟給，營救疾者，百姓蒙其濟」〔註77〕。從中央到地方，從皇帝到官吏，在百姓遭受自然災害的困境時，開倉濟民，可以緩解「民饑」，同時，也穩定了民心，讓他們在災害過後，可以安穩地繼續耕種土地，從事農業生產。

（二）蠲免租賦，安輯流民

百姓遇到自然災害，接受國家的救濟，使得他們能夠暫時度過災害所帶來的困境，但是暫時解決了溫飽問題之後，他們迫切需要恢復農業生產，為以後的生計打算。因此，國家為了鼓勵百姓恢復生產，實行了減免租賦的政策。永元十四年（公元 102 年），漢和帝詔下詔：「兗、豫、荊州今年水雨淫過，多傷農功。其令被害什四以上皆半入田租、芻稿；其不滿者，以實除之。」〔註78〕延光元年（公元 122 年），京師和二十七個郡國出現澇災，漢安帝下詔：「又田被淹傷者，一切勿收田租。」〔註79〕災害過後，國家減免租賦的例子很多，這樣做除了可以鼓勵百姓恢復生產外，還可以使民不至於外流，減少國家中流民的數量。流民是東漢的一個特殊群體，他們因為天災人禍而遊走四方，統治者也視其為國家不穩定的群體之一。因此，每每皇帝即位、皇后生子、改元之時，流民也和三老、貧者、鰥、寡、孤、獨等社會群體一樣成為國家賞賜的對象，可見國家對流民這個群體的重視。漢和帝曾經下詔：「流民所過郡國皆實稟之，其有販賣者勿出租稅。又欲就賤還歸者，復一歲田租、更賦。」〔註80〕除了通過減免租賦的方法安輯流民外，國家還通過給流民土地供其耕種的辦法試圖將流民錮著在土地上。儘管效果有限，但是，國家可以通過這種方式減少流民的數量，穩定地方，同時使更多的人從事農業生產。

（三）救治疾民，安葬死者

在自然災害中，有很多百姓因災而生病，也有百姓因災而喪命。根據這一情況，東漢統治者採取對疾者進行醫治，對死者進行安葬的政策。對受災百姓中有疾病的人，國家一般都是在給糧食救濟之外，「加致醫藥」。漢順帝時，「詔稟貸荊、豫、袞、冀四州流冗貧人，所在安業之。疾病致醫藥。」〔註81〕漢桓

〔註77〕　《後漢書》卷三八《尚度傳》，第 1284 頁。
〔註78〕　《後漢書》卷四《孝和帝紀》，第 190 頁。
〔註79〕　《後漢書》卷五《孝安帝紀》，第 236 頁。
〔註80〕　《後漢書》卷四《孝和帝紀》，第 178 頁。
〔註81〕　《後漢書》卷六《孝順帝紀》，第 254 頁。

帝元嘉元年（公元 151 年）春，「京師疾疫，使光祿大夫將醫藥案行」〔註82〕。
對待在災害中喪生的百姓，如果死者的親人健在，國家則給安葬費，一般是
死者七歲以上每人兩千錢；如果死者無親人或者全家皆喪生，國家則全權負
責對死者的安葬。延光元年（公元 122 年），如前所述，當時京師和郡國遭受
澇災，漢安帝下詔：「賜壓溺死者年七歲以上錢，人二千。……若一家皆被災
害而弱小存者，郡縣爲收斂之。」〔註83〕本初元年（公元 146 年），國家詔「使
謁者案行，收葬樂安、北海人爲水所漂沒死者」〔註84〕。永康元年（167 年），
六州大水，勃海海溢，「詔州郡賜溺死者七歲以上錢，人二千；一家皆被害者，
悉爲收斂」。〔註85〕

　　兩漢，自然災害十分頻繁，使得漢代的救災政策相對比較成熟，而這些
政策措施也確實在救災過程中起到了較爲重要的作用。從總體上說，賑濟的
最根本原則是「全其性命」〔註86〕，而在保全百姓的性命的同時採取積極的
措施，幫助災民恢復生產。

　　從以上措施我們可以看出，不管漢代統治者是否眞心救災，但他們對救
災的問題還是相對積極的。這裡舉一個例子。漢成帝建始四年（公元前 29 年），
史載：「大水，河決東郡金隄」。〔註87〕當時的狀況是「泛溢兗、豫，入平原、
千乘、濟南，凡灌四郡三十二縣，水居地十五萬餘頃，深者三丈，壞敗官亭
室廬且四萬所」〔註88〕。像這樣黃河決口的事情，在兩漢比較多，直到東漢
王景治黃河以後，黃河決口問題才得以緩解。建始三年（公元前 30 年）廷尉
尹忠爲御史大夫，正好在建始四年（公元前 29 年）尹忠負責治河，但因其辦
事不利，他自殺了。隨後國家採取了「調均錢穀河決所灌之郡」，「謁者二人
發河南以東漕船五百，徙民避水居丘陵，九萬七千餘口」〔註89〕，建築河堤
等措施來救助災民。很快，河堤建成，成帝以爲可以高枕無憂了，他還嘉獎
築堤的校尉王延世。爲了討一個好兆頭，漢成帝將建始改元爲河平，寓意是

〔註82〕《後漢書》卷七《孝桓帝紀》，第 296 頁。
〔註83〕《後漢書》卷五《孝安帝紀》，第 236 頁。
〔註84〕《後漢書》卷六《孝質帝紀》，第 281 頁。
〔註85〕《後漢書》卷七《孝桓帝紀》，第 319 頁。
〔註86〕袁宏：《後漢紀·光武皇帝紀》。袁宏撰，張烈點校：《後漢紀》，《兩漢紀》下
　　　　冊，第 135 頁。
〔註87〕《漢書》卷一〇《成帝紀》，第 308 頁。
〔註88〕《漢書》卷二九《溝洫志》，第 1689 頁。
〔註89〕《漢書》卷二九《溝洫志》，第 1689 頁。

黃河決口平息。但是沒有想到，過了兩年，黃河再次決口。當時權傾朝野的王鳳主持此事，改派楊焉等人前去治河。不過，九年以後黃河依然決口。在黃河反覆決口的這些年中，深受其害的是兩岸的百姓。儘管在建始四年黃河剛決口之時，朝廷採取了一些措施來賑濟災民，但仍然有大量的百姓被迫離開家鄉，流落異地。在敦煌發現的漢簡中有這樣一條記載：「河平元年八月戊辰朔壬午，敦煌太守賢、丞信德謂過所縣、道、遣廣至司空嗇夫尹猛，收流民東海、泰山、當舍傳舍、從者如律令。八月庚寅過東。」〔註90〕這條簡文是敦煌太守要求廣至司空嗇夫尹猛去山東一帶招徠流民的過所錄文。簡文發布的時間是河平元年八月（公元前 28 年）。當時廣至司空嗇夫尹猛去山東一帶所招的流民，就是因為黃河決口所受災的百姓。尹孟找這些流民目的就是讓他們到敦煌去充實邊境，同時也解決他們的生計問題。這也是統治者賑災的舉措。然而，由於後來黃河很快又決口，因此黃河沿岸災民的處境依然很不好。於是，漢成帝在河平四年（公元 25 年）再次發布詔書採取措施賑濟災民，主要措施如下：

第一，賑濟災民。詔書：「遣光祿大夫博士嘉等十一人行舉瀕河之郡水所毀傷困乏不能自存者，財振貸。」

第二，安葬死者。詔書：「其為水所流壓死，不能自葬，令郡國給槥櫝葬埋。已葬者與錢，人二千。」

第三，徙民異地。詔書：「（災民）避水它郡國，在所冗食之，謹遇以文理，無令失職。」

第四，選舉賢良。詔書：「舉惇厚有行能直言之士。」〔註91〕

從漢成帝建始四年所採取的措施，經過五年的時間，問題依然沒有解決。這其中有漢成帝用人不利的原因——校尉王延世治河後兩年，黃河再次決口，當然也有治黃河本身的難度問題。可以說，成帝時的這次黃河決口對漢朝統治者所制定的荒政政策是一個很大考驗。在漢朝社會生產力水平相對當今社會很低的情況下，統治者能夠反覆實踐、積極應對，這本身就說明他們在應對自然災害的問題上，在安撫災民的問題上，不是僅停留口頭上的答覆，而是切實去做了。此外，統治者在詔書中、在朝堂議政中的「君為民父母」「國

〔註90〕 胡平生、張德芳編撰：《敦煌懸泉漢簡釋粹》，上海：上海古籍出版社，2001年第一版，第 44 頁。

〔註91〕 《漢書》卷一○《成帝紀》，第 310～311 頁。

以民爲本」「愛養元元」「垂意黎民」，等等的言辭，也決非是「立金字招牌」式的標榜，而是在一定程度上有所實踐的。這也是我們在評判中國古代帝制、中國古代統治者與民眾關係中需要重新審視、重新定位的地方。

第二節　恤弱民

漢代社會也有我們今天所說的「弱勢群體」。這些弱勢群體主要包括鰥、寡、孤、獨、年高、年幼、貧者、廢疾、篤癃，等等。這些人是社會中最底層、最需要救助的群體。「鰥」指鰥夫，無妻或喪妻的男人。「寡」指寡婦，無夫或喪夫的女人。「孤」指孤兒，幼年死去父親或父母雙亡的孩子。「獨」指年老卻沒有子孫的老人。「年高」指年老之人，一般指八十歲以上的老人。「廢疾」「篤癃」指殘疾、有重病而不能做事之人。「貧者」指前面所說的下戶、小家等以貧困農民爲主的群體。在漢代，人們普遍將「強者脅弱，眾者暴寡，知者詐愚，勇者苦怯，疾病不養，老幼孤寡不得其所」視爲「大亂之道也」。〔註92〕《禮記・禮運》將「矜寡孤獨廢疾者，皆有所養」〔註93〕作爲走向大同世界的基礎。兩漢，一般皇帝會在登基、改元、立后、立太子或天災之時，對鰥、寡、孤、獨、廢疾、貧困之民以救助。主要措施包括外援和自助兩種手段。外援也就是國家給他們以物質上的救濟。自助即國家給這些人一些優惠政策，讓他們靠自己的能力自力更生。

一、「存問致賜」

漢代統治者常常會派人到地方上慰問鰥寡孤獨、廢疾、年老之人，同時給他們財物。漢文帝好敬老，曾下詔要求：「有司請令縣道，年八十已上，賜米人月一石，肉二十斤，酒五斗。其九十已上，又賜帛人二疋，絮三斤。賜物及當稟鬻米者，長吏閱視，丞若尉致。不滿九十，嗇夫、令史致。二千石遣都吏循行，不稱者督之。」〔註94〕文帝要求賜給老人的財物要縣令親自過目，並且九十歲以上的老人要求縣丞或縣尉親自去慰問，而不滿九十歲的老人要求嗇夫、令史去慰問，同時還要求有專門的官吏予以監督。

〔註92〕　《史記》卷二四《樂書》，第1186頁。
〔註93〕　《禮記・禮運》。十三經注疏整理委員會：《禮記正義》，第769頁。
〔註94〕　《漢書》卷四《文帝紀》，第113頁。

漢武帝下詔：「朕嘉孝悌力田，哀夫老眊孤寡鰥獨或匱於衣食，甚憐愍焉。
其遣謁者巡行天下，存問致賜。日『皇帝使謁者賜縣三老、孝者帛，人五
匹。鄉三老、弟者、力田帛，人三匹。年九十以上及鰥寡孤獨帛，人二匹，
絮三斤。八十以上米，人三石。有冤失職，使者以聞。縣鄉即賜，毋贅聚』。」
〔註95〕漢元帝也曾下詔：「關東今年穀不登，民多困乏。其令郡國被災害甚
者毋出租賦。江海陂湖園池屬少府者以假貧民，勿租賦。賜宗室有屬籍者
馬一匹至二駟，三老、孝者帛五匹，弟者、力田三匹，鰥寡孤獨二匹，吏
民五十戶牛酒。」〔註96〕

二、「假民公田」

　　「假民田」的記錄在漢代史書上很多，意思即爲將皇帝或王侯用來遊玩、
打獵的土地以及國家之前禁止砍伐、打獵、開荒的山林等借給貧困無地的百
姓耕種，國家收取一定的租稅，有時也因爲自然災害過於嚴重國家可能免去
租稅。漢代統治者在租給貧民土地的同時，給他們糧食的種子、農具等，幫
他們度過難關。漢元帝時：「詔罷黃門乘輿狗馬，水衡禁囿、宜春下苑、少府
佽飛外池、嚴籞池田假與貧民。」〔註97〕漢宣帝下詔：「鰥寡孤獨高年貧困之
民，朕所憐也。前下詔假公田，貸種、食。」〔註98〕漢代統治者給這些社會
上的弱勢群體以土地，讓他們有地可耕，實際上是希望他們通過政府的優惠
政策實現自助。這樣，靠這些弱勢群體的自救才能從根本上解決他們在物質
上的缺乏。

三、「減罪免刑」

　　對待鰥、寡、孤、獨、年老、幼年、篤癃甚至孕婦之人，有犯罪的，視
其犯罪行爲的輕重而減刑或免罪。漢武帝統治後期，曾下詔：「高年老長，人
所尊敬也。鰥寡不屬逮者，人所哀憐也。其著令：年八十以上，八歲以下，
及孕者未乳，師、朱儒當鞠繫者，頌繫之。」〔註99〕元康四年（公元前62年）

〔註95〕《漢書》卷六《武帝紀》，第174頁。
〔註96〕《漢書》卷九《元帝紀》，第279頁。
〔註97〕《漢書》卷九《元帝紀》，第281頁。
〔註98〕《漢書》卷八《宣帝紀》，第248頁。
〔註99〕《漢書》卷二三《刑法志》，第1106頁。

漢宣帝下詔：「朕惟耆老之人，髮齒墮落，血氣衰微，亦亡暴虐之心，今或羅文法，拘執囹圄，不終天命，朕甚憐之。自今以來，諸年八十以上，非誣告殺傷人，它皆勿坐。」〔註100〕除了誣告人和殺傷人的老者，其餘八十歲以上的老人都免罪。至成帝鴻嘉元年（公元前 20 年），國家定令：「年未滿七歲，賊鬭殺人及犯殊死者，上請廷尉以聞，得減死。」〔註101〕漢順帝下詔：「鰥、寡、孤、獨、篤癃、貧不能自存者粟，人五斛。貞婦帛，人三匹。坐法當徙，勿徙。亡徒當傳，勿傳。」〔註102〕統治者認為這些鰥、寡、孤、獨、篤癃、年老之人，是社會的弱者，即使犯法也是「亡暴虐之心」，對他們的優待有利於緩和下層民眾與上層的緊張關係，亦可以顯示漢朝統治者在處理刑法問題上的變通性。

漢代統治者對鰥、寡、孤、獨、篤癃、年老之人等的救助，一方面體現了君為民父母、官為民父母之意，另一方面也是為了解決社會問題、緩和社會矛盾所做的努力。我們看到，這些對鰥、寡、孤、獨、篤癃、年老之人的賞賜、借給他們土地甚至是減免他們罪行的政策，都不全是常制，也就是很多政策實際上是因時因事而頒佈的。頒佈這些優待措施的前提或是國家有大型慶典，如皇帝即位、立后、立太子、改元等；或是出現不詳的天象，如日食、月食、災星等；或是地方遇到嚴重的自然災害，如水災、旱災、冰雹、蝗患、疾病等，或是地方出現嚴重的治民問題，如吏治嚴苛、冤獄過多、百姓暴亂等。只有在出現上述問題時才會採取以上措施，國家才會對這些弱者予以救助。這反映了漢代統治者在對弱勢群體救助的過程中更多的是「補救」而較少「防患」。然而，由於歲歲年年的天災人禍，使得這些措施在漢代歷代皇帝掌權時都或多或少地有所實行，尤其是對百姓的賞賜和給貧民土地這兩方面，皇帝們更是歲歲「躬行」的。這在一定意義上形成了治民的一種傳統。一旦遇到類似的問題，相應的措施就可以很快到位，下屬執行起來也頗為得心應手。

〔註100〕《漢書》卷二三《刑法志》，第 1106 頁。
〔註101〕《漢書》卷二三《刑法志》，第 1106 頁。
〔註102〕《後漢書》卷六《孝順帝紀》，第 252 頁。

第五章　民樸論

　　漢代統治者在詔書中、朝堂議政裏、大臣的上書中，甚至是在朝廷之外的思想家們，在討論政治問題的時候，總會流露出對理想政治圖景、對理想之民的嚮往和期許。他們希望通過朝野上下的努力建立一個社會等級分明、沒有貧窮、沒有紛爭、沒有叛亂、人人都恪守三綱五常信條的美好世界。漢代統治者非常推崇的《禮記》中就有對大同世界的細緻描寫。漢初陸賈在《新語》中對「至德之世」的描寫更是為漢朝人描繪了一個與世無爭、秩序井然的理想社會。如何才能達到這樣一個理想社會呢？漢代統治者認為教化、塑造一群理想之民是走向理想社會的基礎。他們篤信：理想之民的出現能夠引領整個社會走向一個光明的理想之世。在漢代統治者眼中，理想之民的最主要特點是「樸」，由此，他們構建了民樸論。

第一節　統治者對民「樸」的塑造

　　漢代統治者在民論中，蘊含著對理想之民的期許。他們希望通過各種治民方略的施行，使得世間百姓都具有「樸」的特質，都符合漢代所倡導的倫理道德標準。與此同時，漢代統治者還通過選官、樹立民之典範的方法，在社會中不斷地塑造他們理想當中的民所應具有的各種品性。這些民本性淳樸，好謙讓，而又奉行孝道，是社會中孝子順孫、貞婦順女的典範。

一、「樸」字釋義

　　在漢代統治者眼中，理想之民最重要的特點就是「樸」。「民樸」是漢代

統治者對理想之民的最主要概括。「樸」的本義是「木素」，是指沒有加工的木材，引申義指人性的質樸、淳樸。漢代統治者在政論中，常將「樸」字與「敦」「素」「質」等字連起來一起用，旨在表示民品性的樸實無華。

二、「樸」的內容

（一）「敦樸」「素樸」「質樸」

「敦樸」意為敦厚樸素。漢文帝寵幸的慎夫人本人「令衣不得曳地，幃帳不得文繡，以示敦樸，為天下先」〔註1〕。慎夫人以「敦樸」為天下的榜樣，可見，統治者希望普通的百姓都能傚仿慎夫人的敦樸，做到衣著樸素、生活簡樸。漢哀帝曾下詔「欲黎庶敦樸家給」〔註2〕也表達了統治者希望百姓敦樸的願望。

為什麼百姓「樸」是統治者的理想呢？因為在他們看來，「樸」是人最原初的本性，這樣的質樸之民更加易於統治。西漢的粟邑縣，「民謹樸易治」〔註3〕。漢成帝時，朱博上書：「古者民樸事約」〔註4〕。

除了「民樸」以外，漢代的統治者還希望百姓具有符合漢代倫理道德的特質，即民具有「五常之性」——仁義禮智信。漢代統治者通過對各種「樸」的強調與宣揚，最終還是希望其所統治下的百姓能夠如三皇五帝之時的民一樣「可比屋而封」〔註5〕，從而易於統治。

「素樸」意為質樸無華。賈誼曾在上書中提到「百姓素樸」，「則天下順治」〔註6〕的理想。班固在評價文帝的統治時也用了「百姓素樸」〔註7〕之語來說明當時穩定的社會與良好的民風。

「質樸」意為樸實淳厚。漢宣帝時，王吉曾上書表達他對當時社會風氣的看法：「是以詐偽萌生，刑罰無極，質樸日消，恩愛寖薄。」〔註8〕漢順帝時，翟酺上書：「漢四百年將有弱主閉門聽難之禍，數在三百年之間。斗歷改憲，宜行先王至德要道，奉率時禁，抑損奢侈，宣明質樸，以延四百年之難。」

〔註1〕 《史記》一〇《文帝本紀》，第433頁；《漢書》卷四《文帝紀》，第134頁。
〔註2〕 《漢書》卷二二《禮樂志》，第1073頁。
〔註3〕 《漢書》卷八三《薛宣傳》，第3389頁。
〔註4〕 《漢書》卷八三《朱博傳》，第3404頁。
〔註5〕 《後漢書》卷四八《楊終傳》，第1599頁。
〔註6〕 《漢書》卷四八《賈誼傳》，第2231頁。
〔註7〕 《漢書》卷二二《禮樂志第》，第1030頁。
〔註8〕 《漢書》卷二二《禮樂志》，第1033頁；《漢書》卷七二《王吉傳》，第3063頁，文字稍有不同。

〔註9〕這裡翟酺告誡順帝，要想延續王朝的「命」其中一點就要「宣明質樸」，也就是要提倡質樸的風氣。順帝同意了他的建議。

「敦樸」「素樸」「質樸」意義都是相近的，都是表示人的品性樸實無華。除了以上這些詞語外，淳樸、淳厚、純樸等也與「樸」義相近。

（二）「篤厚」

除了「樸」以外，漢代統治者還用與「樸」義相近的「篤」等來描繪理想之民。「篤」與「厚」字常常連在一起，用來強調人品性的忠厚、厚道，沒有爭訟之事。人們認為在漢文帝的統治下，百姓才稱得上「風流篤厚」〔註10〕。史載：「潁川好爭訟分異，黃、韓化以篤厚」〔註11〕。這裡是說西漢時，潁川地區的百姓訴訟之事很多，經過黃霸、韓延壽的治理，該地的百姓就變得老實忠厚了。漢代，統治者向來以「無訟」作為理想政治的目標，如陸賈所說「閭里不訟於巷」〔註12〕之類。因此，當某地訴訟過多，就是該地百姓品性不忠厚的表現，這樣的民，是不符合統治者的理想的。

（三）「孝」

「孝」是民「樸」中必須具備的品質。我們可以從漢代察舉制中的「孝廉」一科的設置，看出漢代統治者對孝這個品質的注重。孝廉，據顏師古的解釋為「孝謂善事父母者」，「廉謂清潔有廉隅者」。「廉隅」一般用來比喻端方不苟的行為、品性。「孝廉」即「孝子」和「廉潔之士」。漢代，舉孝廉已經成為察舉制的常設之科。馬端臨認為：「漢世諸科，雖以賢良方正為至重，而得人之盛，則莫如孝廉，斯以後世之所不能及。」〔註13〕據統計，兩漢自漢武帝元光元年（前 134 年）到漢獻帝禪讓曹丕的三百五十年，共舉孝廉七萬四千餘人。可見兩漢因舉孝廉而得官爵之民數量之多。武帝因何舉孝廉呢？武帝在元朔元年（公元前 128 年）下詔：「令二千石舉孝廉，所以化元元，移風易俗也。不舉孝，不奉詔，當以不敬論。不察廉，不勝任也，當免。」〔註14〕漢武帝要求舉孝廉的原因在於「化元元」「移風易俗」。統治者尤其強調「孝

〔註9〕　《後漢書》卷四八《翟酺傳》，（唐）李賢等注引《益部耆舊傳》，第 1605 頁。
〔註10〕　《漢書》卷二三《刑法志》，第 1097 頁。
〔註11〕　《漢書》卷二八下《地理志下》，第 1654 頁。
〔註12〕　《新語・至德》。王利器撰：《新語校注》，第 118 頁。
〔註13〕　《文獻通考》卷三十四《選舉考》，（元）馬端臨撰，上海師範大學古籍研究所點校：《文獻通考》，北京：中華書局，2011 年第一版，第 991 頁。
〔註14〕　《漢書》卷六《武帝紀》，第 167 頁。

廉」在對地方百姓進行教化的意義，從而也凸顯了漢代統治者對有孝行之民和廉吏的標榜。此處我們重點討論有孝行之民。這些因為孝行而著稱於世的民，可以有機會走入仕途，無疑給地方百姓指出了一個獲得官職的途徑——奉行孝道、躬行孝道就有可能為官。這樣的結果是舉國上下都以行孝為榮，而在普通百姓中間也推廣了「孝道」的觀念，從而申明了統治者對理想之民具有「孝」這一崇高美德的期許。

有些時候，除了舉孝廉，統治者還會下詔選拔「至孝」「孝悌」到朝為官，但這些屬於特科，不是常制。例如漢宣帝曾下詔：「傳曰：『孝悌也者，其為仁之本與。』其令郡國舉孝悌、有行義聞於鄉里者各一人。」〔註15〕漢哀帝也曾下詔「舉孝悌」。漢安帝曾下詔選拔「至孝與眾卓異者」〔註16〕。漢桓帝曾兩次下詔舉「至孝」之士。漢獻帝也曾下詔舉「至孝」。這裡，無論是舉孝廉還是選拔孝悌、至孝者，都體現出漢代統治者對有孝行之民的鍾愛。由此，漢代舉孝廉、舉孝悌之科，足以表明統治者對民中孝行卓著者的鼓勵。而「孝」也成為「樸」所必須具備的特質。

（四）敦厚

敦厚是指誠樸寬厚。漢代選官有敦厚一科，或寫作「惇樸」「惇厚」「敦樸」。漢代統治者將敦厚一科作為特科，不定期下詔地方推薦誠樸寬厚之民為官。「特科是指偶而一舉或數舉，或者性質較為殊異的察舉科目。」〔註17〕漢元帝下詔舉「敦厚」之民。〔註18〕漢成帝下詔：「舉惇厚有行能直言之士。」又下詔舉「敦厚」之民、舉「惇樸」之民。〔註19〕哀帝下詔舉「惇厚」之民。〔註20〕漢安帝：「詔三公、特進、列侯、中二千石、二千石、郡守舉敦厚質直者，各一人。」〔註21〕可見，漢代敦厚之民為統治者所推崇。即使對治理民風問題，大臣也認為：「方今時俗奢佚，淺恩薄義。夫救奢必於儉約，拯薄無若敦厚，安上理人，莫善於禮。」〔註22〕治理奢佚之風要倡導節儉，而改變恩淺義薄之風則需要推崇敦厚。這種想法也是統治者選擇敦厚、惇厚之人為

〔註15〕 《漢書》卷八《宣帝紀》，第 250 頁。
〔註16〕 《後漢書》卷五《孝安帝紀》，第 217 頁。
〔註17〕 黃留珠：《秦漢仕進制度》，第 190 頁。
〔註18〕 《漢書》卷九《元帝紀》，第 287 頁。
〔註19〕 《漢書》卷一○《成帝紀》，第 311 頁；第 317 頁；第 323 頁。
〔註20〕 《漢書》卷一一《哀帝紀》，第 338 頁。
〔註21〕 《後漢書》卷五《孝安帝紀》，第 221 頁。
〔註22〕 《後漢書》卷三○下《郎顗傳》，第 1054 頁。

官的原因。統治者設立敦厚之科，足以顯出其對有敦厚性情之民的偏愛，也足以證明在統治者眼中，敦厚、惇厚、惇樸之性是民之「樸」的特質。

（五）遜讓

遜讓是謙虛禮讓之意。漢代設有遜讓一科，爲選官之特科。漢代統治者舉遜讓一科，常常並不是單獨選舉，而是將遜讓一科與其他科一起並舉。一般認爲，質樸、敦厚、遜讓、有行這四者爲「四科」，即漢代以德義取士的標準。也有人說四科爲「質樸、敦厚、遜讓、節儉」。漢元帝在舉敦厚的同時，也舉遜讓。元帝「詔丞相、御史舉質樸敦厚遜讓有行者，光祿歲以此科第郎、從官」〔註23〕。漢成帝下詔：「其（大中大夫嘉等）與部刺史舉惇樸遜讓有行義者各一人。」〔註24〕到了東漢，遜讓作爲四科之一，依然作爲選拔官吏的標準。如東漢吳祐就是以四行而任膠東侯相，范滂也因舉四行而爲官。東漢劉愷是大臣劉般的長子，劉般死後，按照規定，應該是劉愷繼承劉般的爵位，但是劉愷卻將爵位讓給了他的弟弟劉憲。漢章帝時，有人上奏應該將劉愷讓給劉憲的爵位廢除，章帝認爲劉愷的德義高，沒有廢其爵位。到了漢和帝永元十年（公元98年），又有人提出這個問題。此時侍中賈逵上書和帝說：「竊見居巢侯劉般嗣子愷，素行孝友，謙遜絜清，讓封弟憲，潛身遠蹟。……今愷景仰前修，有伯夷之節，宜蒙矜宥，全其先功，以增聖朝尙德之美。」和帝採納了賈逵的建議，下詔：「故居巢侯劉般嗣子愷，當襲般爵，而稱父遺意，致國弟憲，遁亡七年，所守彌篤。蓋王法崇善，成人之美。其聽憲嗣爵。遭事之宜，後不得以爲比。」〔註25〕於是劉愷又被選拔到朝廷爲官，後官至侍中。漢章帝、漢和帝之所以沒有按照規定廢除劉般之子所世襲的爵位，是因爲劉愷將爵位讓給弟弟，雖然不合法，但是「謙遜絜清」的品格值得肯定和提倡。漢代統治者在選官之科中設立遜讓一科以及統治者對劉愷讓爵的肯定，表明謙遜之性在統治者看來是可貴又值得提倡的，也是「樸」的特質之一。

漢代統治者通過對「樸」字本義和內容的闡釋，包括通過選官科目的設定來彰顯對世間民眾的評價標準。

〔註23〕　《漢書》卷九《元帝紀》，第287頁。
〔註24〕　《漢書》卷一〇《成帝紀》，第323頁。
〔註25〕　《後漢書》卷三九《劉般列傳》，第1306頁。

三、統治者樹立民「樸」典範

漢代統治者標榜孝子順孫、貞婦順女，將其列爲民之典範，而這些人都是具備「樸」特質的人。

孝子、順孫是有孝行之人。統治者除了選擇有孝行者爲官以外，他們還在民眾中樹立孝子、順孫的典範，希望百姓都能以他們爲榜樣，人人皆孝。東漢時的江革因爲孝行卓著，而被稱爲「巨孝」。到了漢章帝元和年間，章帝顧念江革的孝行制詔齊相曰：「諫議大夫江革，前以病歸，今起居何如？夫孝，百行之冠，眾善之始也。國家每惟志士，未嘗不及革。縣以見穀千斛賜『巨孝』，常以八月長吏存問，致羊酒，以終厥身。如有不幸，祠以中牢。」漢章帝對江革又是讚賞又是賞賜，這樣一來，「由是『巨孝』之稱，行於天下。」〔註26〕

漢代，貞婦、順女是女性中的楷模。貞婦即貞潔之婦，指從一而終的婦女。順女，即和順淑善的女性。統治者通過給地方評選出的貞婦、順女以帛、糧的獎勵來鼓勵漢代女性向貞婦、順女學習。漢宣帝是下詔：「及潁川吏民有行義者爵，人二級，力田一級，貞婦順女帛。」〔註27〕漢平帝時下詔：「天下女徒已論，歸家，顧山錢月三百。復貞婦，鄉一人。」〔註28〕漢安帝時曾賜「貞婦帛」兩次，又賜「貞婦有節義十斛」其目的在於「甄表門閭，旌顯厥行」。〔註29〕漢順帝也下詔賜「貞婦帛，人三匹」〔註30〕。漢桓帝亦是。漢代統治者通過不定期的賞賜申明國家對貞婦的推崇，而貞婦也成爲漢代婦女的典範。此外，東漢班昭作《女誡》也成爲漢代女性行爲操守的準則。

在漢代統治者眼中，道德淳樸、內心蘊含仁、義、禮、智、信又注重孝道的百姓是理想化的民眾。統治者通過對「樸」的品性，諸如淳樸、謙遜、重孝、貞潔的標榜，希望在現實社會中塑造一批理想之民，這些民雖然在眾多百姓中是少數，但他們的榜樣作用則可能有助於改變一方民風。然而，現實中出現這樣理想之民的幾率還是相對較少的。我們在史料中雖然能讀到「民樸」「民孝」等典型，但對兩漢四百餘年的統治來說，對漢代數以萬計的人口來講，還是極少數。某地的百姓可能「樸」，但那是因爲當時該地可能相對封

〔註26〕《後漢書》卷三九《江革傳》，第1303頁。
〔註27〕《漢書》卷八《宣帝紀》，第264頁。
〔註28〕《漢書》卷一二《平帝紀》，第351頁。
〔註29〕《後漢書》卷五《孝安帝紀》，第220頁；第235頁；第229～230頁。
〔註30〕《後漢書》卷六《孝順帝紀》，第252頁。

閉。還有一些地區通過良吏的治理而「路不拾遺」，但只是一時，換了治民不利之官，或者逢災年，可能當地民風又會改變。因此，理想之民可能終究是「理想」，某時某地的「民風淳樸」「獄訟衰息」只能代表當時當地的情況，而我們在史料中看到的更多是「民漸奢侈」「民多姦猾」「元元愁恨」。漢代統治者希望通過治理百姓而造就理想之民的想法，更多的是流於理想，而缺少現實基礎。

第二節　「君聖民樸」的理想政治圖景

在漢代統治者看來，國家的理想狀態是「君聖民樸」「陰陽和調」。「君聖」指的是統治者要像聖人一樣統治國家；「民樸」指的是百姓本性淳樸，並懷有五常之性。在漢代統治者眼中，全知全能、道德完備、治民有方的聖人是他們頂禮膜拜的偶像。《白虎通義・聖人》這樣描述：「聖人者何？聖者，通也，道也，聲也。道無所不通，明無所不照，聞聲知情，與天地合德，日月合明，四時合序，鬼神合吉凶。」〔註 31〕據說，無所不知、無所不能的聖人十分重視陰陽哲理，並將其應用到治國理民中去。魏相向漢宣帝「數表採《易陰陽》及《明堂月令》奏之」，他上疏說：「臣愚以為陰陽者，王事之本，群生之命，自古賢聖未有不繇者也。天子之義，必純取法天地，而觀於先聖。」〔註 32〕漢代的許多思想家也有類似說法。例如蔡邕在《月令章句》中說：「上古聖人本陰陽，別風聲，審清濁，而不可以文載口傳也。」〔註 33〕由此可見，陰陽哲理不僅是漢代統治者認識世界的一種思想方法，更是他們用來統治國家的政治策略和手段。「聖人」形象不斷被抬高的過程，也是統治者認為治國理民必須「調和陰陽」的思想不斷加深的過程。漢代統治者認為，君主不僅要在道德上、才能上像聖人學習，也要如聖人一樣重「陰陽」、用「陰陽」，從而實現國泰民安、天下太平的理想。

為漢高祖稱道的《新語》這樣描述百姓理想的生活狀態：「閭里不訟於巷，老幼不愁於庭，近者無所議，遠者無所聽，郵驛無夜行之吏，鄉閭無夜名之征，犬不夜吠，鳥不夜鳴，老者息於堂，丁壯者耕耘於田」。〔註 34〕

〔註 31〕　《白虎通・聖人》。陳立撰，吳則虞點校：《白虎通疏證》，第 334 頁。
〔註 32〕　《漢書》卷七四《魏相傳》，第 3139 頁。
〔註 33〕　《後漢書》卷九一《律曆上・律準》，注，第 3000 頁。
〔註 34〕　《新語・至德》。王利器撰：《新語校注》，第 118 頁。

這是一個秩序井然、民風淳樸的理想狀態。這也是漢代人理想的「至德之世」。漢代的君臣非常強調「民樸」「民淳」。漢文帝時，賈誼上疏認爲不應徵戰匈奴，他認爲兵戈不動才能實現「百姓素樸，獄訟衰息，大數既得，則天下順治，海內之氣，清和咸理」〔註35〕的理想。而後代人在對文景之際的回顧中，也將「民樸」作爲理想政治的典範而備受推崇。所謂「文、景之際，建元之始，民樸而歸本，吏廉而自重，殷殷屯屯，人衍而家富」〔註36〕。百姓淳樸會影響地方上的民風。統治者認爲民風樸實的地方則易於治理。而他們對民的另一個期望則是具備仁、義、禮、智、信的儒家基本道德，也就是具有「五常之性」，這樣的民才符合國家的統治意志，也是統治者治民所期許的目標。

無論是「君聖」還是「民樸」，最終的實現還需要「陰陽和調」。那麼，「陰陽和調」是一種什麼狀態呢？元光五年（前130年），漢武帝徵賢良文學，他詔策群儒：「蓋聞上古至治，畫衣冠，異章服，而民不犯。陰陽和，五穀登，六畜蕃，甘露降，風雨時，嘉禾興，朱少生，山不童，澤不涸；麟鳳在郊藪，龜龍遊於沼，河洛出圖書……」〔註37〕漢元帝說：「蓋聞賢聖在位，陰陽和，風雨時，日月光，星辰靜，黎庶康寧，考終厥命。」〔註38〕可以說，「陰陽和調」帶來的是國富民安、祥瑞屢現的美好圖景。《白虎通・封禪》：「天下太平，符瑞所以來至者，以爲王者承天統理，調和陰陽，陰陽和，萬物序，休氣充塞，故符瑞並臻，皆應德而至。」〔註39〕《白虎通・封禪》還記載了各種祥瑞出現的原因。「陰陽和調」既是君主聖明、政治清明的結果，也是評價政治明闇的有力標準，更是統治者對國家政治的期許。也正是對「陰陽和調」理想政治狀態的追求，才使得統治者如此重視陰陽思想在治國理民中的應用。

運用陰陽哲理，漢代統治者既論證了君主與臣民的尊卑、主從、貴賤關係，又論證了君主與臣民相須一體、相互依存關係，還論證了君主治民的剛柔、寬猛、德刑、禮樂等各種方略和手段，從而形成了一套完整的理想政治模式理論和爲君治國之道，並在一定程度上付諸政治實踐。但是，在現實中，

〔註35〕　《漢書》卷四八《賈誼傳》，第2231頁。
〔註36〕　《鹽鐵論・國疾》。王利器校注：《鹽鐵論校注》，第333頁。
〔註37〕　《漢書》卷五八《公孫弘傳》，第2613～2614頁。
〔註38〕　《漢書》卷九《元帝紀》，第281頁。
〔註39〕　《白虎通・封禪》。陳立撰，吳則虞點校：《白虎通疏證》，第283頁。

國家不可能出現名副其實的「陰陽和調」。從思想文化的角度看，其根本原因在於儒家的陰陽哲理是與君主制度相匹配的，「君聖」「民樸」的理想境界純屬子虛烏有。

漢代統治者塑造了理想之民的形象──淳樸、奉行孝道、謙遜，符合漢代社會的倫理道德。這樣的民是統治者構建「君聖民樸」理想政治模式的基礎和前提。他們在對民的認識和處理與民相關問題的思考中，不斷地強化這種理想。儘管某時某地的百姓可能被統治者樹為典型，但從總體上說，在漢代很難找出很多符合理想之民品性的民，因為這樣的理想之民，只能存在於「君聖民樸」的理想政治模式之下，而「君聖」「民樸」只能歸於理想而很難成為現實。不過，也正是因為統治者擁有了對「君聖民樸」理想政治的追求，才使得原本時常因為政變、天災、人禍、動亂而導致的政治昏暗、政局混亂的局面中存有一些正義的、利國利民的政論主張，才使得漢代統治者經常顧及民生問題。從這個意義上來說，漢代統治者對政治理想的追求是具有現實意義的，並不是紙上談兵、毫無用處。甚至我們可以說，漢代統治者對理想之民的塑造和對「君聖民樸」理想政治的追求在某些方面已經成為評價治民效果好壞、統治者執政水平高低的標準──某地百姓品性淳樸就會被認為該地的官吏治民有方；某個時期的國內統治君主聖明、百姓安樂就會被奉為這個王朝的治世、盛世，直至今日仍然被人稱頌。可見，漢代統治者對理想之民和理想政治的期許，也是鞭策他們不斷進行自我反省、不斷調整統治政策的動力之一。

事實上，漢代統治者對民的認識，從對民政治的定位到民性的把握，再到對治民之道的探索，對理想政治的追求，他們思考最多的還是治民之道。他們在政治實踐中，總結出一整套治民方略，在這期間，各種言論並起，各種思想交匯，人們在實踐中思考，在思考中實踐，這是我們需要予以特別重視的方面。統治者結合實踐的政論，更具有實踐性和可操作性。不過，這些政論內容的根本出發點還在於實現「君聖民樸」的理想政治，還在於塑造統治者所期許的理想之民。他們所發之論與所為之事無不圍繞著這個理想展開了，理解了這一層內容，我們才能從根本上抓住漢代統治者民論的歸結點。

餘　論

　　一個國家要良好的運行、一國之君要號令天下、一個普通官吏要對民施政，都需要一些標準、準則、方略、方針的指導，才能使國家的統治者在這個界定的政策之中有所作為。這就需要當朝的統治者在繼承前人治國理民方略的前提下，結合當時的社會問題，提出相應的治國理民之策。漢代統治者對民的認識、對如何治民的思考恰恰是這些治國理民方略中最為重要的內容。

　　漢代是繼秦朝短命而亡所建立的朝代。統治者在吸取秦朝的經驗和教訓基礎上開始了系統思考有關民的問題。在對漢代統治者民論的考察過程中，我們深感統治者對民認識程度之深、處理政務之現實，其政策措施往往充滿了理性的、智慧的光輝。然而，兩漢的政治總會因為皇帝昏庸或幼沖、太后專政、外戚干政、宦官專權、地方暴亂等而顯得混亂，使人們認為漢代的統治者往往將注意力放在了如何奪取政權、穩固政權、鎮壓叛亂的事情上，而無暇顧及百姓的安危、民生的好壞。於是，整個漢代統治者在治國理民中所顯現的政治智慧大部分都淹沒在了此起彼伏的皇權爭奪、宮內鬥爭和朝廷鬥爭當中了。事實上，兩漢統治者的民論遠比人們的想像要系統、完備、深刻得多。這也是我們在較為系統地總結出漢代統治者民論內容的前提下獲得的最大體會。儘管兩漢王朝距今已經快兩千年了，但其對與民相關問題的論述及政治實踐的內容還是值得我們思考和重新審視的。

　　民性論、民本論、治民論、恤民論和民樸論具備不同的理論功能：民性論是民論的理論基礎，統治者對民性的認識和把握直接關係著他們對如何治民深入思考的走向；民本論是民論的理論核心，統治者只有清楚地意識民在國家中的地位，天與民、君與民、臣與民的關係才能在治民、恤民的實踐中

擁有衡量是非對錯的標準；治民論和恤民論是民論中具有可操作性的內容，治民論是普遍意義上治理民眾的方略，恤民論是針對災民、弱民等的治理方案；民樸論是民論的理論願景，是漢代統治者最高的理想政治圖景。此外，漢代統治者的民論還具有全息性、陰陽組合性以及實踐性的特點。

一、漢代統治者民論的命題具有陰陽組合性

漢代統治者民論的命題具有的陰陽組合性是指理論中的一些命題具備一陰、一陽的結構特點。中國古代政治思想中的陰陽組合命題最早為劉澤華先生提出。[註1] 比如民本論中，我們提到「以民為本」但同時還存在「以君為本」，也就是存在「民本—君本」的陰陽組合命題。同樣，有「民本」也有「農本」，也就出現了「民本—農本」的組合命題。「君聖—民樸」也是一對陰陽組合命題，君主「聖」，民眾「樸」才能實現理想政治，只有「民樸」，沒有「君聖」，不能稱之為漢代統治者眼中的理想之治。「以德治民」與「以刑治民」最終歸結為「德—刑」治民的組合命題。此外，還有「無為—有為」「民本—賢本」「治民—制君」「治民—治官」等陰陽組合命題。民論中陰陽組合命題的調節功能、理論互證功能體現了漢代統治者政治思維的貫通性和可操作性。

這樣的陰陽組合命題常常是一個問題的兩個方面。漢代統治者不執著於問題的某一端，而是盡可能利用這樣的命題來調節政治關係、處理政治實踐中出現的各種問題。在討論如何治民時，統治集團內部的大臣們頭腦非常清楚，他們深知「治官」與「治民」之間的關係。當官侵民時，必須要「治官」。漢哀帝時，太后宦官亂政，弄得民不聊生。鮑宣為西漢大儒，其儒學造詣很高，哀帝初年為諫大夫。當時哀帝的祖母傅太后想和成帝的母親一起享有尊號並為其親屬加官進爵。丞相孔光、大司空師丹、何武、大司馬傅喜都上書進諫，但是結果都被罷免了。於是鮑宣上書進諫，他從百姓的生存狀態入手，提出了「民有七亡」「民有七死」的說法。鮑宣說：「凡民有七亡：陰陽不和，水旱為災，一亡也；縣官重責更賦租稅，二亡也；貪吏並公，受取不已，三亡也；豪強大姓蠶食亡厭，四亡也；苛吏繇役，失農桑時，五亡也；部落鼓鳴，男女遮迣，六亡也；盜賊劫略，取民財物，七亡也。七亡尚可，又有七

[註 1] 詳見劉澤華：《傳統政治思維的陰陽組合結構》，《南開學報（哲學社會科學版）》，2006 年第 5 期。

死：酷吏毆殺，一死也；治獄深刻，二死也；冤陷亡辜，三死也；盜賊橫發，四死也；怨仇相殘，五死也；歲惡飢餓，六死也；時氣疾疫，七死也。」又說：「民有七亡而無一得，欲望國安，誠難。民有七死而無一生，欲望刑措，誠難。」而當時社會的狀況則是「貧民糠食不厭，衣又穿空，父子夫婦不能相保」。這種民不聊生的狀態，就是民「七死」「七亡」的寫照。那又是什麼原因造成這種狀況的呢？鮑宣認爲其根本在於「公卿守相貪殘成化之所致」。同時，他更尖銳地指出：「群臣幸得居尊官，食重祿，豈有肯加惻隱於細民，助陛下流教化者邪？志但在營私家，稱賓客，爲奸利而已。以苟容曲從爲賢，以拱默尸祿爲智，謂如臣宣等爲愚。陛下擢臣岩穴，誠冀有益豪毛，豈徒欲使臣美食大官，重高門之地哉。」〔註2〕這裡鮑宣所說的民，是一般普通的小民，主要是從事農業的百姓。鮑宣論民有「七亡」「七死」一方面是當時社會狀況的實際反映，另一方面也是對漢哀帝的警戒，作爲皇帝此時必須要「治官」才能眞正做到「治民」。「治民—治官」的陰陽組合命題作爲處理日常政務的理論標準在兩漢很常見。例如漢景帝下詔：「或詐僞爲吏，吏以貨賂爲市，漁奪百姓，侵牟萬民。」〔註3〕漢宣帝下詔：「吏不廉平則治道衰。今小吏皆勤事，而奉祿薄，欲其毋侵漁百姓，難矣。」〔註4〕漢和帝下詔：「（吏）今猶不改，競爲苛暴，侵愁小民，以求虛名，委任下吏，假勢行邪。」〔註5〕

　　另外一種陰陽組合命題如「民本—農本」「民本—賢本」實際上是一體兩面，互爲表裏，或者說是互證關係。如前文已經論述過的張奮在給漢和帝所陳表中提到：「夫國以民爲本，民以穀爲命，政之急務，憂之重者也。」〔註6〕這裡的「國以民爲本」與「民以穀爲命」實際上就是「民本—農本」的命題的思路。而諸如「夫張官置吏，所以爲人也」〔註7〕，如果「官人不得於上」，那麼就會導致「黎民不安於下」〔註8〕的後果，則遵循的是「民本—賢本」的命題思路。

〔註2〕　《漢書》卷七二《鮑宣傳》，第3088頁。
〔註3〕　《漢書》卷五《景帝紀》，第151頁。
〔註4〕　《漢書》卷八《宣帝紀》，第263頁。
〔註5〕　《後漢書》卷四《孝和帝紀》，第186頁。
〔註6〕　《後漢書》卷三五《張奮傳》，第1199頁。
〔註7〕　《後漢書》卷一上《光武帝紀上》，第49頁。
〔註8〕　《後漢書》卷四《孝和帝紀》，第178頁。

二、漢代統治者民論的全息性

漢代統治者民論的全息性〔註 9〕是指「民性論」「民本論」「治民論」「恤民論」「民樸論」中的每一個命題不僅是民論的局部內容，而且是能夠貫通民論體系全部的命題。每一個命題可以統領民論理論體系的全部內容，且彼此之間有聯繫。比如，民本論是民論中的重要組成部分，但同時，民本論又貫穿民論體系的全部。民性論回答了民何以為本；治民論、恤民論回答了如何以民為本；民樸論是民本論最終的理想。因此，漢代統治者的民論可將民本論作為一條主要的線索進行展開。再如民性論，民本論解釋了民性論中民性愚的原因；治民論和恤民論思考了民性論中如何應對民性善情惡、民性趨利的問題；民樸論討論了如何抑制民性中的「惡」而激發「善」，也就是「樸」的問題。治民論、恤民論、民樸論也如民性論、民本論一樣能夠貫穿民論理論體系的全部。

三、漢代統治者民論的實踐性

由於史料的限制，為了更加全面、深刻、細緻地展現統治者民論的內容，我們選擇了兩漢這兩個具有前後承繼性的王朝，將其視為一個整體加以論述。事實上，先秦思想內容涵蓋了大部分兩漢統治者民論的內容。「民」這一群體始終是人們最為關注的對象，在先秦時期亦是如此。從夏商時期到春秋戰國時期，統治者、思想家都對與民相關問題有過系統論述。如最為人熟知的民本思想、安民思想、無為治民論、德刑治民、禮樂問題，等等。兩漢統治者在討論民的問題時，常常會引經據典。他們要麼追述三皇五帝、要麼讚頌夏啓商湯、要麼慨歎文王周公，而《易》《尚書》《詩經》《禮記》《論語》《孟子》《墨子》《老子》《韓非子》等著作的內容大都會出現在詔書中、朝堂議政中和大臣的上奏裏。他們為了解決某一問題所闡發的理論基礎就源於先秦的思想，而這些思想也被他們當作毋庸置疑的論據來證明他們的論點。

儘管兩漢統治者民論的理論核心內容來源於對先秦政治思想，但因其是結合具體的社會問題而闡發，所以更具實踐性。漢統治者的民論是從基本認

〔註 9〕 全息性這個詞借用的是現代全息理論的概念。現代全息理論之父是物理學家大衛‧玻姆。他認為一張照片如果把它撕成許多碎片，我們依然能夠從每塊小碎片中看到完整的影像。在此基礎上，全息理論出現。全息理論的核心思想是，宇宙是一個不可分割的整體，任何一個部分都包含整體的信息。

識到理論核心、從理論核心到統治方略、從方略到政治實踐、再到構建理想
政治的一個較爲完備、具有自我調節能力的體系。這一理論不同於以往的某
個思想家、某個學派的理論，而是來源實踐、結合實踐、指導實踐的理論。
漢代統治者會根據某時、某地、某一件事，因時、因事、因勢採取措施。例
如漢代到底是任用酷吏還是任用循吏，統治者討論時所用的依據主要是這些
地方官吏的治民效果。西漢、東漢酷吏與循吏都存在，皇帝鼓勵循吏治民，
同時也曾下詔表彰治民效果好的酷吏。從這一意義來說，漢代統治者更多的
是出於對現實問題的思考，其採取的措施往往具有現實性——凡是有利於國
家統治的決定就是統治者的決定。他們並不單純地任用儒生或者文法吏，儘
管他們舉起了「尊崇儒術」的大旗。另一方面，就具體的治民方略、措施而
言，也有一些是過於理想化的，當然這一方面並不是主流。例如，在對讀經
作用的闡釋中，有的統治者就認爲百姓讀《孝經》可以平息叛亂，這樣的想
法未免有些過於理想化了。

　　漢代統治者民論構建的根本目的是要保證社會的穩定、民心的安定。這
時，治民效果的好壞就是衡量地方乃至整個國家太平與否的標準。漢代治民
效果評價的標準主要有兩大方面：治民效果好的稱之爲「大化」「大治」「民
風樸」「路不拾遺」；治民效果差的稱之爲「民風不樸」「風俗薄」「姦猾之民
過多」等。治民效果實行的好壞直接影響著統治者對國家大政方針的制定、
對政治關係的調整、對政治措施的調節等方面。

　　事實上，除了文景之治、昭宣中興、光武中興的盛世值得稱道以外，兩
漢間，很少再有值得稱道的盛世出現了。當然，這是就整個國家來說的。在
地方上，倒是有不少關於某地「大化」「大治」「路不拾遺」的記載，用來表
示當地官吏治民有方、執政爲民，而這些官吏也爲統治者所表揚，甚至得到
當地百姓的認可。即使這些官吏死後，地方百姓也像對待神一樣年年歲歲祭
祀他們。只是這些「大化」「大治」的例子僅僅是在個別時間、個別地方出現
的，並不能代表整個漢王朝。於是，漢代統治者的治民效果呈現出一種不穩
定的態勢。

　　我們在兩漢史料中除了看到地方「大治」「大化」的記載外，更多的是看
到「民饑」「民貧」「民相食」「民相啖」的字眼。爲什麼漢代統治者對民問題
的認識如此深刻，並採取相應的措施，還是會出現治民效果時好時壞的情況
呢？

其一，兩漢天災頻繁是導致地方百姓生活不穩定的重要原因。只要翻開《史記》《漢書》《後漢書》中皇帝《本紀》就可以看到，大部分年份都有天災——地震、水災、旱災、雹災、蝗患等的記載。儘管朝廷會派人到地方組織救災工作，儘管統治者倡導地方儲蓄糧食，但依然使百姓遭受了很大的衝擊。漢代「民」中人數最多的是耕種土地的農民，他們只能靠天吃飯。因此，一旦遇到天災，普通的農民則會衣食不保，甚至被迫流落他鄉。漢代的流民很多，就是例證。面對這種情況，只有好的治民方略、治民措施是遠遠不夠的。在生產力水平相對低下的漢代，統治者只能救災，而不能很好地防患於未然。這是漢代統治者在客觀上無法避免的。他們用再好的政策、措施也不能完全保障地方百姓生活的溫飽，只能在出現災害時盡力救援。再加上有些地方官吏藉此盤剝朝廷救濟百姓的財物，普通百姓的生活就更無從保障了。

其二，兩漢皇帝個人品性的好壞、能力的強弱是影響治民效果的主要原因。由於缺少制度的限制，使得「制君說」對皇帝行為的制約非常有限。一個皇帝如果有才有能、愛民如子、勤於政事，那麼他可能造就一個盛世；一個皇帝如果無德無能、昏庸無道、荒廢政事，那麼他可能造就一個衰世。兩漢，勤政愛民的皇帝有之，如文帝、景帝；而昏庸無道的皇帝有之，桓帝、靈帝。同樣，皇帝個人能力的強大有時會導致兩極的問題。如漢武帝，他的雄才大略為後世所稱道，在制度的、文化的、思想的方面所有的成就也值得肯定，但是由於連年征戰所帶來的民生凋敝情況，則理應歸咎於武帝的開疆擴土、大興建設。武帝時，很多大臣建議他不要再對外出兵，應該更多地關注民生問題，而武帝依然我行我素。那些皇帝對待百姓理應如何的言論，在此時已經沒有什麼效力可言了，即使武帝晚年有過悔悟。此外，兩漢的皇帝、外戚、宦官，三者勢力之間的此消彼長、相互攻擊，使得真正的大權往往不在皇帝本人手中，而旁落到太后、權臣、宦官手中，這也影響了兩漢的統治，甚至是政策的推行。東漢中後期的太學生運動，就是反對宦官專權、朝政腐敗的例證。與此同時，各地都會時常爆發一些起義，有不能忍受地方官吏治理之民的起義，也有想謀朝篡位的起義，兩漢統治者始終在這種危機四伏的情況下，憑藉個人好惡、個人能力強弱來治民，其治民效果當然會出現波動，呈現不穩定的特點。

儘管漢代統治者的治民效果時好時壞，但其並不缺乏對治國理民政治理論的建設，更不缺乏對處理各種社會問題的應對之策。以往我們在探討漢代

政治思想史時僅僅關注思想家——陸賈、賈誼、董仲舒、桓譚、王充、王符、仲長統、崔寔、荀悅等人著作中的政治思想，而忽視詔書、朝堂議政中的政治思想內容，可以說是對漢代統治者政治思想的忽視。

我們對兩漢統治者民論的研究，還只是一個開始，其中很多問題還有待進一步開拓，尤其是漢代統治者民論的政治實踐部分，還需要進行更爲細緻的梳理、剖析。

在對漢代統治者民論的研究過程中，我們感到：任何一個王朝、任何一個政權，其政治理論的系統、制度的完備，可能會造就一個盛世，但僅僅是可能。眞正的理論還需要將其放到實踐當中去檢驗，並在政治實踐中不斷進行調整，平衡各種利益關係。當然，要想成就一個治世，實現國泰民安、天下太平後，還需要明君賢臣的努力。不過，眞正要實現這個理想，尤其是漢代統治者所期許的「君聖民樸」的政治理想，並非易事。儘管如此，漢代統治者的民論，不僅對漢代的現實政治具有指導意義，也爲後代統治者的民論奠定了理論與實踐的基礎。

參考文獻

史籍類

1. 司馬遷：《史記》，北京：中華書局，1959 年第一版。

2. 班固：《漢書》，北京：中華書局，1962 年第一版。

3. 范曄：《後漢書》，北京：中華書局，1965 年第一版。

4. 陳壽：《三國志》，北京：中華書局，1959 年第一版。

5. 房玄齡等撰：《晉書》，北京：中華書局，1974 年第一版。

6. 徐元誥撰，王樹民、沈長雲點校：《國語集解》，北京：中華書局，2002 年第一版。

7. 荀悅撰，袁宏撰，張烈點校：《兩漢紀》，北京：中華書局，2002 年第一版。

8. 劉珍等撰，吳樹平點校：《東觀漢記校注》，北京：中華書局，2008 年第一版。

9. 周天遊輯注：《八家後漢書輯注》，上海：上海古籍出版社，1986 年第一版。

10. 司馬光編著，胡三省音注：《資治通鑒》，北京：中華書局，1956 年第一版。

11. 徐天麟：《東漢會要》，上海：上海古籍出版社，1978 年第一版。

12. 十三經注疏整理委員會：《周易正義》，北京：北京大學出版社，2000 年第一版。

13. 十三經注疏整理委員會：《尚書正義》，北京：北京大學出版社，2000 年第一版。

14. 十三經注疏整理委員會：《禮記正義》，北京：北京大學出版社，2000 年第一版。

15. 十三經注疏整理委員會：《春秋左傳正義》，北京：北京大學出版社，2000 年第一版。

16. 十三經注疏整理委員會：《論語注疏》，北京：北京大學出版社，2000 年第一版。

17. 十三經注疏整理委員會：《孟子注疏》，北京：北京大學出版社，2000 年第一版。

18. 十三經注疏整理委員會：《孝經注疏》，北京：北京大學出版社，2000 年第一版。

19. 漢魏古注十三經注疏》，北京：中華書局，影印本，1998 年第一版。

20. 王聘珍撰，王文錦點校：《大戴禮記解詁》，北京：中華書局，1983 年第一版。

21. 朱之謙撰：《老子校釋》，北京：中華書局，1984 年第一版。

22. 吳毓江撰，孫啓治點校：《墨子校注》，北京：中華書局，1993 年第一版。

23. 蔣禮鴻撰：《商君書錐指》，北京：中華書局，1986 年第一版。

24. 黎翔鳳撰，梁運華整理：《管子校注》，北京：中華書局，2004 年第一版。

25. 郭慶藩撰，王孝魚點校：《莊子集釋》，北京：中華書局，1961 年第一版。

26. 王先謙撰，沈嘯寰、王星賢點校：《荀子集解》，北京：中華書局，1988 年第一版。

27. 王先謙撰，鍾哲點校：《韓非子集解》，北京：中華書局，1998 年第一版。

28. 王利器撰：《文子疏義》，北京：中華書局，2000 年第一版。

29. 高明撰：《帛書老子校注》，北京：中華書局，1996 年第一版。

30. 許維遹撰，梁運華整理：《呂氏春秋集釋》，北京：中華書局，2009 年第一版。

31. 王利器撰：《新語校注》，北京：中華書局，1989 年第一版。

32. 賈誼撰，閻振益、鍾夏校注：《新書校注》，北京：中華書局，2000 年第一版。

33. 何寧撰：《淮南子集釋》，北京：中華書局，1998 年第一版。

34. 蘇輿撰，鍾哲點校：《春秋繁露義證》，北京：中華書局，1992 年第一版。

35. 劉向編著，石光瑛校釋，陳新整理：《新序校釋》，北京：中華書局，2009 年第二版。

36. 劉向撰，向宗魯校正：《說苑校正》，北京：中華書局，1987 年第一版。

37. 王利器校注：《鹽鐵論校注（定本）》，北京：中華書局，1992 年第一版。

38. 桓譚撰，朱謙之校輯：《新輯本桓譚新論》，北京：中華書局，2009 年第一版。

39. 陳立撰，吳則虞點校：《白虎通疏證》，北京：中華書局，1994 年第一版。

40. 黃暉撰：《論衡校釋》，北京：中華書局，1990 年第一版。

41. 王符著，汪繼培箋，彭鐸校正：《潛夫論箋校正》，北京：中華書局，1985 年第一版。

42. 許慎著，段玉裁注：《說文解字注》，杭州：浙江古籍出版社，2006 年第二版。

43. 崔寔：《政論》，《全後漢文》本，北京：中華書局，1958 年第一版。

44. 蔡邕：《獨斷》，《全後漢文》本，北京：中華書局，1958 年第一版。

45. 仲長統：《昌言》，《全後漢文》本，北京：中華書局，1958 年第一版。

46. 應劭著，王利器校注：《風俗通義校注》，北京：中華書局，1981 年第一版。

47. 荀悅：《申鑒》，諸子集成本，上海：上海書店，1986 年第一版。

48. 王明校注：《太平經合校》，北京：中華書局，1960 年第一版。

49. 葛洪撰：《西京雜記》，北京：中華書局，1985 年第一版。

50. 陳亮：《陳亮集》，北京：中華書局，1974 年第一版。

51. 皮錫瑞著，周予同注釋：《經學歷史》，北京：中華書局，1959 年第一版。

52. 嚴可均校輯：《全上古三代秦漢三國六朝文》，北京：中華書局，1958 年第一版。

53. 杜佑撰，王文錦等點校：《通典》，北京：中華書局，1988 年第一版。

54. （日）安居香山、中村璋八輯：《緯書集成》，石家莊：河北人民出版社，1994 年第一版。

55. 荊門市博物館編：《郭店楚墓竹簡》，北京：文物出版社，1998 年第一版。

56. 中國科學院考古研究所、甘肅博物館編：《武威漢簡》，北京：文物出版社，1964 年第一版。

57. 胡平生、張德芳編撰：《敦煌懸泉漢簡釋粹》，上海：上海古籍出版社，2001 年第一版。

專著類

1. 安作璋、熊鐵基：《秦漢官制史稿》，濟南：齊魯書社，2007 年第二版。

2. 包遵信主編：《中國哲學》第十二輯，北京：人民出版社，1984 年第一版。

3. 曹德本主編：《中國政治思想史》，北京：高等教育出版社，2004 年第一版。

4. 陳安仁：《中國政治思想史大綱》，上海：商務印書館，1932 年版。

5. 丁原植：《郭店楚簡：儒家佚籍四種釋析》，臺北：臺灣古籍出版社，2000年第一版。

6. 馮友蘭：《中國哲學史》，上海：商務印書館，1947 年增訂第三版。

7. 馮天瑜：《中華元典精神》，上海：上海人民出版社，1994 年第一版。

8. 馮天瑜、謝貴安：《解構專制——明末清初「新民本」思想研究》，武漢：湖北人民出版社，2003 年第一版。

9. 甘肅省文物工作隊、甘肅省博物館編：《漢簡研究文集》，蘭州：甘肅人民出版社，1984 年第一版。

10. 郭沫若：《古代研究的自我批判》，《十批判書》，《郭沫若全集（歷史編）》第二卷，北京：人民出版社，1991 年第一版。

11. 侯外廬、趙紀彬、杜國庠、邱漢生著：《中國思想通史》第二卷，北京：人民出版社，1957 年第一版。

12. 胡適：《中國哲學史大綱》，上海：商務印書館，1919 年再版。

13. 黃留珠：《秦漢仕進制度》，西安：西北大學出版社，1985 年第一版。

14. 梁啓超：《先秦政治思想史》，上海：中華書局、上海書店，1986 年第一版。

15. 李中華主編：《人學理論與歷史・中國人學思想史卷》，北京：北京出版社，2005 年第一版。

16. 歷史研究編輯部編：《中國的奴隸制與封建制分期問題論文選集》，北京：三聯書店，1956 年第一版。

17. 廖其發：《兩漢人性論與教育思想研究》，重慶：重慶出版社，1999 年第一版。

18. 劉釗：《郭店楚簡校釋》，福州：福建人民出版社，2005 年第一版。

19. 劉澤華主編：《中國政治思想史（先秦卷）》，杭州：浙江人民出版社，1996年第一版。

20. 劉澤華主編：《中國政治思想史（秦漢魏晉南北朝卷)》，杭州：浙江人民出版社，1996 年第一版。

21. 劉澤華、羅宗強主編：《思想與社會研究（第一輯)》，北京：社會科學文獻出版社，2007 年第一版。

22. 盧瑞容：《西漢儒家政治思想與現實政治的互動》，臺北：花木蘭文化出版社，2009 年第一版。

23. 姜國柱、朱葵菊：《中國人性論史》，鄭州：河南人民出版社，1997 年第一版。

24. 金春峰：《漢代思想史（增補第三版）》，北京：中國社會科學出版社，2006 年第三版。

25. 金耀基：《中國民本思想史》，北京：法律出版社，2008 年第一版。

26. 孟昭華、謝志武、傅陽：《中國民政思想史》，北京：中國社會出版社，2000 年第一版。

27. 祁志祥：《中國人學史》，上海：上海大學出版社，2002 年第一版。

28. 任繼愈主編：《中國哲學發展史（秦漢）》，北京：人民出版社，1985 年第一版。

29. 薩孟武：《中國政治思想史》，北京：東方出版社，2008 年第一版。

30. 尚明：《中國人學史（古代卷）》，北京：對外經濟貿易大學出版社，1995 年第一版。

31. 石峻：《石峻文存》，北京：華夏出版社，2006 年第一版。

32. 唐君毅：《中國哲學原論·原性篇》，北京：中國社會科學出版社，2005 年第一版。

33. 田餘慶：《秦漢魏晉史探微（重訂本）》，北京：中華書局，2004 年第一版。

34. 王筠：《說文句讀》，北京：中國書店，影印本，1983 年第一版。

35. 王子今、方光華、黃留珠：《中國思想學說史（秦漢卷）》，桂林：廣西師範大學出版社，2008 年第一版。

36. 韋政通：《中國的智慧》，北京：中國和平出版社，1988 年第一版。

37. 蕭公權：《中國政治思想史》，上冊，瀋陽：遼寧教育出版社，1998 年第一版。

38. 謝扶雅：《中國政治思想史綱》，長沙：新中國書局，1943 年版。

39. 謝无量：《古代政治思想研究》，北京：商務印書館，1923 年版。

40. 徐大同主編：《中外政治思想史》，北京：中央廣播電視大學出版社，2004 年第一版。

41. 薛農山：《中國農民戰爭之史的研究》，上海：神州光國社，1935 年版。

42. 楊幼炯：《中國政治思想史》，上海：上海書店，1984 年第一版（據商務印書館 1937 年複印）。

43. 宇同（張岱年）：《中國哲學大綱》，北京：商務印書館，1958 年第一版。

44. 張分田：《中國帝王觀念──社會普遍意識中的「尊君─罪君」文化範式》，北京：中國人民大學出版社，2004 年第一版。

45. 張分田：《民本思想與中國古代統治思想》，天津：南開大學出版社，2009年第一版。

46. 張榮明：《權力的謊言——中國傳統的政治宗教》，杭州：浙江人民出版社，2000年第一版。

47. 張榮明：《中國的國教：從上古到東漢》，北京：中國社會科學出版社，2001年第一版。

48. 周桂鈿：《秦漢思想史》，石家莊：河北人民出版社，2000年第一版。

49. 周桂鈿：《董學探微》，北京：北京師範大學出版社，1989年第一版。

50. 朱伯崑：《易學哲學史》，北京：華夏出版社，1995年第一版。

51. 朱日耀主編：《中國政治思想史》，北京：高等教育出版社，1992年第一版。

52. 朱義祿、張勁：《中國近現代政治思潮研究》，上海：上海社會科學出版社，1988年第一版。

53. 祝瑞開：《兩漢思想史》，上海：上海古籍出版社，1989年第一版。

54. （美）安樂哲著、滕復譯：《主術：中國政治藝術之研究》，北京：北京大學出版社，1995年第一版。

55. （意大利）加塔諾·莫斯卡著、賈鶴彭譯：《統治階級》，上海：譯林出版社，2002年第一版。

56. （日）板野長八：《中國古代的帝王思想》，日本評論社，1950年版。

57. （日）岩間一雄：《中國政治思想史研究》，東京：未來社，1968年版。

58. （日）中江丑吉：《中國政治思想史》，岩波書店，1950年版。

59. Elbert Duncan Thomas, Chinese political thought: a study based upon the theories of the principal thinkers of the Chou period, New York: Books for Libraries Press, 1969.

60. Yuri Pines, Envisioning eternal empire: Chinese political thought of the Warring States, University of Hawai Press, 2009.

論文類

1. 艾森：《試論漢光武帝用人與治國》，《探索》，1988年第3期。

2. 曹金華：《劉秀「柔道」思想述論》，《南都學壇》，1990年第2期。

3. 曹金華：《東漢前期統治方略的演變與得失》，《安徽史學》，2003年第3期。

4. 陳勇：《論光武帝「退功臣而進文吏」》，《歷史研究》，1995年第4期。

5. 戴君仁：《漢武帝罷黜百家非發自董仲舒考》，《孔孟學報》，1968年第16卷。

6. 杜永梅：《荀悅政治思想淺論》，《江淮論壇》，2007 年第 1 期。

7. 高敏：《東漢鹽、鐵官制度辨疑》，《中州學刊》，1986 年第 4 期。

8. 關健英：《陸賈與漢初的治國理念》，《齊魯學刊》，2003 年第 3 期。

9. 管峰：《賈誼的政治哲學》，《學術論壇》，2007 年第 7 期。

10. 郭浩：《漢代王杖制度若干問題考辨》，《史學集刊》，2008 年第 5 期。

11. 郭沂：《郭店楚簡〈天降大常〉，（〈成之聞之〉）篇疏證》，《孔子研究》，1998 年第 3 期。

12. 韓進軍：《董仲舒社會控制思想初論》，《河北學刊》，1998 年第 5 期。

13. 韓星：《「霸王道雜之」：秦漢政治文化模式考論》，《哲學研究》，2009 年第 2 期。

14. 胡波：《20 世紀中國民本思想研究述評》，《學術月刊》，2001 年第 5 期。

15. 黃開國：《獨尊儒術與西漢學術大勢——與王葆玹先生商榷》，《哲學研究》，1990 年第 4 期。

16. 黃開國：《論王符的人性思想》，《甘肅社會科學》，1991 年第 1 期。

17. 黃開國：《關於董仲舒人性論的兩個問題——與廖其發同志商榷》，《西南師範大學學報（人文社會科學版）》，1992 年第 3 期。

18. 黃樸民：《董仲舒社會政治思想新探》，《學術月刊》，1989 年第 2 期。

19. 姜榮海：《孟子「民貴君輕」思想述評》，《齊魯學刊》，1984 年第 5 期。

20. 黎虎：《論「吏民」的社會屬性——原「吏民」之二》，《文史哲》，2007 年第 2 期。

21. 李森：《賈誼的民本思想及其歷史地位》，《鄭州大學學報（哲學社會科學版）》，1992 年第 5 期。

22. 李森：《董仲舒治國方略簡論》，《殷都學刊》，2000 年第 1 期。

23. 李濬陽：《漢代人性論研究》，指導教師：劉韶軍，華中師範大學 2008 年博士論文。

24. 李學勇：《試論民本思想在王符思想體系中的地位》，《甘肅社會科學》，1994 年第 3 期。

25. 李之喆：《漢初政治非「黃老刑名之治」論》，《人文雜誌》，1998 年第 6 期。

26. 李宗桂：《董仲舒人性論析要》，《齊魯學刊》，1992 年第 5 期。

27. 廖其發：《董仲舒的人性論與教育思想研究》，《西南師範大學學報（人文社會科學版）》，1991 年第 2 期。

28. 林風：《陸賈與漢初政治》，《史學月刊》，1988 年第 3 期。

29. 劉家和：《〈左傳〉中的人本思想與民本思想》，《歷史研究》，1995 年第 6期。

30. 劉國民：《董仲舒對策之年辨兼考公孫弘對策之年》，《古籍整理研究學刊》，2004 年第 3 期。

31. 劉淩：《論董仲舒的政治思想》，《天津師範大學學報（社會科學版）》，1988年第 2 期。

32. 劉敏：《秦漢時期「吏民」的一體性和等級特點》，《中國史研究》，2008年第 3 期。

33. 劉修明：《賈誼的民本思想和漢初社會》，《學術月刊》，1986 年第 9 期。

34. 劉永豔：《論賈誼崇仁尚禮的治國方略》，《貴州社會科學》，2007 年第 9期。

35. 劉澤華：《董仲舒的政治思想》，《歷史教學》，1965 年第 6 期。

36. 劉澤華：《論由崇聖向平等、自有觀念的轉變》，《天津社會科學》，1993年第 4 期。

37. 劉澤華：《開展思想與社會互動的整體研究》，《歷史教學》，2001 年第 1期。

38. 劉澤華、張分田：《開展統治思想與民間社會意識互動研究》，《天津社會科學》，2004 年第 3 期。

39. 羅慶康、羅威：《漢代鹽制研究（續）》，《鹽鐵史研究》，1996 年第 1 期。

40. 呂濤：《孟子「民貴君輕」思想述評》，《文匯報》，1981 年 1 月 28 日。

41. 馬新：《時政謠諺與兩漢民眾參與意識》，《齊魯學刊》，2001 年第 6 期。

42. 馬育良：《漢初政治與賈誼的禮治思想》，《孔子研究》，1993 年第 4 期。

43. 孟祥才：《曹參治齊與漢初統治思想與統治政策的選擇》，《管子學刊》，1998 年第 4 期。

44. 寧國良：《論黃老思想與劉邦的治國實踐》，《西北大學學報（哲學社會科學版）》，2005 年第 2 期。

45. 逄振鎬：《試論漢代鹽鐵政策的演變》，《江漢論壇》，1987 年第 2 期。

46. 龐樸：《思想與社會的互動》，《天津社會科學》，2001 年第 1 期。

47. 曲興亞：《董仲舒人性論思想之我見》，《吉林師範大學學報（人文社會科學版）》，1987 年第 4 期。

48. 邵勤：《釋「民」——兼談民在概念上的模糊性》，《歷史教學問題》，1986年第 5 期。

49. 邵勤：《析「民本」》，《歷史研究》，1985 年第 6 期。

50. 商聚德：《試論董仲舒人性論的邏輯層次》，《中國哲學史》，1998 年第 2期。

51. 施丁：《董仲舒天人三策作於元光元年辨》，《社會科學輯刊》，1980 年第 3 期。

52. 施之勉：《董仲舒對策年歲考》，《東方雜誌》，1944 年 7 月，第四十卷第十三期。

53. 蘇誠鑒：《董仲舒對策在元朔五年議》，《中國史研究》，1984 年第 3 期。

54. 孫家州：《秦漢祭天禮儀與儒家文化》，《孔子研究》，1994 年第 2 期。

55. 仝晰綱：《漢代鄉里風謠與謠言》，《人文雜誌》，1999 年第 4 期。

56. 萬廣義、林倩：《董仲舒的民本思想新探》，《江西師範大學學報（哲學社會科學版）》，2004 年第 5 期。

57. 汪高鑫：《略論董仲舒民本思想》，《學術界》，1994 年第 4 期。

58. 王步貴：《試論王符的政治思想》，《甘肅社會科學》，1983 年第 3 期。

59. 王步貴：《王符人性思想發微》，《蘭州學刊》，1989 年第 2 期。

60. 王葆玹：《中國學術從百家爭鳴時期向獨尊儒術時期的轉變》，《哲學研究》，1990 年第 1 期。

61. 王葆玹：《天人三策與西漢中葉的官方學術——再論「罷黜百家，獨尊儒術」的時間問題》，《哲學研究》，1990 年第 6 期。

62. 王俊峰：《劉秀君臣「儒者氣象」試探》，《中國史研究》，1987 年第 4 期。

63. 王蘭鎖：《試論陸賈的治國之道》，《齊魯學刊》，1986 年第 5 期。

64. 王繼訓：《漢代「隱逸」考辨》，《理論學刊》，2005 年第 5 期。

65. 王健：《東漢鹽鐵業制度探析》，《鹽鐵史研究》，1989 年第 3 期。

66. 王鑫義：《略論王符的民本思想》，《人文雜誌》，1986 年第 1 期。

67. 王鑫義：《先秦兩漢時期民本思想的發展軌跡》，《安徽大學學報（哲學社會科學版）》，1993 年第 3 期。

68. 王彥輝：《漢代的「分田劫假」與豪民兼併》，《東北師範大學學報（哲學社會科學版）》，2000 年第 5 期。

69. 王子今：《秦漢民間謠諺略說》，《人文雜誌》，1987 年第 4 期。

70. 謝貴安：《試論明末清初「新民本」思想》，《明清史》，2004 年第 2 期。

71. 徐立新、陳萍萍：《蒼生與鬼神：賈誼民本思想的現代詮釋》，《貴州社會科學》，2003 年第 2 期。

72. 熊鐵基：《秦漢時期的統治思想和思想統治》，《華中師範大學學報（人文社會科學版）》，1987 年第 2 期。

73. 楊生民：《漢宣帝時「霸王道雜之」與「純任德教」之爭的考察》，《文史哲》，2004 第 6 期。

74. 楊振紅：《漢代自然災害初探》，《中國史研究》，1999 年第 4 期。

75. 岳慶平：《董仲舒對策年代辨》，《北京大學學報（哲學社會科學版）》，1986年第 3 期。

76. 臧知非：《「王杖詔書」與漢代養老制度》，《史林》，2002年第 2 期。

77. 曾振羽：《董仲舒人性論在認識》，《史學月刊》，2002年第 3 期。

78. 張大可：《董仲舒天人三策應作於建元元年》，《蘭州大學學報（社會科學版）1987年第 4 期。

79. 張分田、張鴻：《中國古代「民本思想」內涵與外延芻議》，《西北大學學報（哲社版）》，2005年第 1 期。

80. 張分田：《秦漢之際法、道、儒三種「無為」的互動與共性——兼論「無為而治」是中國古代的一種統治思想》，《政治學研究》，2006年第 2 期。

81. 張分田：《深化中國古代統治思想研究的幾點思考》，《天津師範大學學報（哲學社會科學版）》，2007年第 3 期。

82. 張分田：《政治文化符號視角的「民」字核心詞義解讀》，《人文雜誌》，2007年第 6 期。

83. 張鶴全：《西漢養老制度簡論》，《學習與探索》，1992年第 6 期。

84. 張俊峰：《從「制君安民」到「尊君制民」——漢代民本思想的特點及其價值悖反》，《船山學刊》，2004年第 1 期。

85. 張強：《道德倫理的政治化與秦漢統治術》，《北京大學學報（哲學社會科學版）》，2003年第 2 期。

86. 張尚謙：《董仲舒對策考》，《雲南民族大學學報（哲學社會科學版）》，2008年第 4 期。

87. 張一中：《賈誼的民本思想》，《湖南師範大學社會科學學報》，1983年第 2 期。

88. 張躍年：《董仲舒的社會政治思想芻議》，《湖北社會科學》，2009年第 12 期。

89. 趙光懷：《民間上書與漢代政治》，《求索》，2005年第 1 期。

90. 甄盡忠：《漢宣帝的治國法律思想》，《文博》，2006年第 2 期。

91. 鄭慧生：《「天子」考》，《歷史教學》，1982年第 11 期。

92. 周桂鈿：《議邊·論赦——王符民本思想的特色》，《甘肅社會科學》，1991年第 1 期。

93. 朱紅林：《漢代「七十賜杖」制度及相關問題考辨——張家山漢簡〈傅律〉初探》，《東南文化》，2006年第 4 期。

94. （美）San Jose 姚：《民字本義試探》，《學術論壇》，2001年第 3 期。